Gerhard Oberkofler

Franz Huter (1899-1997)

Im Gedenken an
Arnold Reisberg (1904–1980)

Gerhard Oberkofler

Franz Huter
(1899-1997)

Soldat und Historiker Tirols

STUDIENVerlag

Gedruckt mit Unterstützung durch das Bundesministerium für Wissenschaft und Verkehr in Wien, die Kulturabteilung der Tiroler Landesregierung, das Dekanat der Geisteswissenschaftlichen Fakultät der Leopold-Franzens-Universität Innsbruck und die Südtiroler Landesregierung.

Die Deutsche Bibliothek - CIP-Einheitsaufnahme

Oberkofler, Gerhard:
Franz Huter (1899 - 1997) : Soldat und Historiker Tirols / Gerhard Oberkofler. - Innsbruck ; Wien : Studien-Verl., 1999
ISBN 3-7065-1425-74

© 1999 by StudienVerlag Ges.m.b.H., Amraser Straße 118, A-6010 Innsbruck
e-mail: studienverlag@netway.at
Internet: http://www.studienverlag.at

Layout und Umschlaggestaltung: STUDIENVerlag/Bernhard Klammer

Das Umschlagbild ist die Reproduktion eines Porträts, das Rudolf Parsch 1958 in Öl ausgeführt hat. Im Bergiselmuseum befinden sich zahlreiche Bilder, Skizzen und Zeichnungen von Rudolf Parsch (1883-1972), der im ersten Weltkrieg zuletzt Kommandant des Gefechtstrains des 2. Regiments der Tiroler Kaiserjäger und nach 1918 Gründungsmitglied des Südtiroler Künstlerbundes war.

Gedruckt auf umweltfreundlichem, chlor- und säurefrei gebleichtem Papier.

Inhalt

Vorwort

Die bleibenden wissenschaftlichen Leistungen von Franz Huter sind das Tiroler Urkundenbuch, seine damit im Zusammenhang stehenden Spezialstudien und andere editorische Arbeiten. Die Beschäftigung mit der Biographie von Franz Huter kann aber über die Darbietung des individuellen wissenschaftlichen Erfolgsberichtes hinausgehen und versuchen, Erkenntnisse über die Interessensgemeinschaft zwischen dem von Franz Huter mitrepräsentierten einflußreichsten österreichischen Historikerkollektiv des 20. Jahrhunderts und der herrschenden Klasse gewinnen. Diese mögen im allgemeinen nicht neu, ja banal sein, verdienen aber doch in Erinnerung gerufen zu werden, weil das gesellschaftlich-politische Agieren des zeitgenössischen Historikerchors sich bloß in der Raffinesse der sich kritisch gebenden Koloratur geändert hat.

Grundlage des Textes sind Teile des Nachlasses von Franz Huter, die er zu seinen Lebzeiten im Universitätsarchiv Innsbruck, für den Verfasser ohne Auflagen und Sperrfristen, deponiert hat. Durch ihren Erhalt sollte, wie der Verfasser weiß, eine Beschäftigung mit ihnen stimuliert werden. Viele Gespräche mit Franz Huter sind dem Verfasser präsent und natürlich sind diese in die Bearbeitung der schriftlichen Materialien miteingeflossen. Die meisten Briefe seit 1966 hat Franz Huter dem Verfasser im Konzept zur Reinschrift gegeben oder in die Schreibmaschine diktiert. Es hieße die Persönlichkeit von Franz Huter erniedrigen, wenn seine Biographie als Ikone in den Himmel universitärer Anbetung entrückt und ihm damit seine historisch-konkrete Identität genommen werden würde. Der Verfasser hat manche Abschnitte dieser Biographie in z.T. etwas geänderter Form und anderen Zusammenhängen bereits veröffentlicht, so schon 1969 im Einvernehmen mit Franz Huter über seine Lehrer und Berufung nach Innsbruck, dann wiederholt über verschiedene wissenschaftshistorische Aspekte der mit Franz Huter definitiv zu Ende gegangenen Innsbrucker Schule der Geschichtswissenschaft, über den bedeutenden, international tätigen Südtiroler Historiker Leo Santifaller, über die Personalsituation der Innsbrucker Geschichte vor und nach 1945, über den Einsatz der Tiroler Kaiserjäger am Beginn des ersten Weltkrieges oder über das von Franz Huter und seinen Kaiserjägerkameraden sehr geschätzte Kaiserjägerdenkmal am Bergisel. Das resümierende Schlußkapitel wurde bei einer Gedächtnisveranstaltung zu Ehren von Alfons Huber vorgetragen.

Der Verfasser verbindet diese Arbeit mit einer Erinnerung an den altösterreichischen Historiker Arnold Reisberg (1904-1980), der, wie Franz Huter, bei Alphons Dopsch und Heinrich von Sbrik im Wien der Zwanzigerjahre Geschichte studiert hat, aber infolge seiner Herkunft und unerschütterlichen Treue zur kommunistischen Arbeiterbewegung ein völlig anderes, nichtprofessorales und in die Vergessenheit gedrängtes Leben gelebt hat. Danken möchte der Verfasser insbesondere Dr. Beat Glaus (Zürich) für seine freundschaftliche Ermunterungen und Dr. Peter Goller (Innsbruck) für seine weiterführenden Einwände.

Gerhard Oberkofler

I. Bozner Kindheit

Als der Schüler Franz Huter der vierten Klasse des Gymnasiums der Franziskaner in Bozen[1] in die Sommerferien des Jahres 1914 ging,[2] hatte er eine umsorgte und geborgene Kindheit hinter sich. Am 14. August 1899 war er in der Bozner Altstadt als erster Sohn des Bozner Kaufmanns Anton Huter (1861-1937) und der Regina Grünberger (1868-1944), Witwe nach dem Buchbindermeister Franz Jordan (+1892), geboren worden. Sein jüngerer Bruder war Paul (1901-1938). Die Vorfahren väterlicherseits stammten vom Pulser Hof in Völseraicha hoch über dem Bozner Becken ab. Franz Huter konnte seinen Familiennamen dort bis 1634 rückverfolgen. Peter Huter (1816-1868), weichender Sohn vom Pulserhof, lernte ein Gewerbe und war Schuhmachermeister in Bozen, dessen Sohn Anton, Prokurist der Firma Krautschneider in Bozen, der Vater von Franz Huter. Auch die Grünberger waren bäuerlicher Herkunft aus dem Eisacktal (Grienwergerhof in Latzfons bei Klausen), dann über zwei Generationen in zwei Gewerben, zuerst des Hafners, dann des Schneiders, in die Stadt Bozen gekommen, die mit ihren rund 11.000 Einwohnern der gesellschaftliche Mittelpunkt des tirolischen Kleinbürgertums mehr noch als Innsbruck war. Das Grab der Mutter, die in Sand i. Taufers begraben war, besuchte Franz Huter jedes Jahr zu Allerseelen, ehe er gegen Ende seines Lebens 1988 für die Überstellung des Grabkreuzes nach Bozen, wo er am Bozner Friedhof eine Grabstätte für sich und seine Familie vom Bozner Architekten Erich Pattis (1902-1996) gestalten ließ, Sorge trug. Franz Huter sah in seiner Ahnenreihe einen Schlüssel zu seinem eigenen Lebensschicksal. Weniger dürfte er daran gedacht haben, daß „die Tradition aller toten Geschlechter lastet wie ein Alp auf dem Gehirne der Lebenden".[3]

Die schulischen Gegenstände bedeuteten keine Anstrengung, obschon die Ansprüche des Bozner Franziskanergymnasiums, in das er nach der

---

1 200 Jahre Franziskanergymnasium Bozen 1781-1981. Festschrift zum 200jährigen Bestehen des Franziskanergymnasiums in Bozen. Hg. im Auftrag des Lehrkörpers von der Direktion des Gymnasiumns P. Bruno Klammer. Bozen (1981).

2 Das vom Direktor Pater Ludwig Bertrand (Franz) Andergassen (1860-1930) und vom Klassenvorstand Pater Valentin (Franz) Ruedl (1860-1932) am 27. Juni 1914 unterzeichnete Jahres-Zeugnis wies Franz Huter als „vorzüglich geeignet, in die nächste Klasse aufzusteigen", aus.

3 MEW 8 (1973), 115.

vierklassigen Übungsschule der k.k. Lehrerbildungsanstalt in Bozen und nach der V. Klasse, Abteilung A der siebenklassigen öffentlichen allgemeinen Volksschule für Knaben in Bozen eingeschrieben worden war, keine geringen waren. Sie unterschieden sich aber nicht von jenen in Czernowitz, Osijek oder anderen Orten der weitläufigen Monarchie. Der Lesestoff, sei es in Deutsch, Latein oder Griechisch, war in der Oberstufe der Gymnasien ebenso austauschbar wie die Mathematikaufgaben, das macht ein Blick in die Jahresberichte der Schulen deutlich. 68 Schüler waren mit Franz Huter 1910/11 in die erste Klasse eingetreten, die fünfte Klasse absolvierten noch 24 Schüler. Die Frage, weshalb fast zwei Drittel nicht zur Matura gelangten, wurde nirgends gestellt. Nicht mangelnde Begabung war es, jedenfalls mehrheitlich, sondern der brutale Schulmechanismus, der aus den unteren Klassen die Geeignetsten für die Führungskräfte der bürgerlichen Gesellschaft auslesen sollte. Aber in einer Konkurrenzgesellschaft sollte man keine Assoziation erwarten, „worin die freie Entwicklung eines jeden die Bedingung für die freie Entwicklung aller ist".[4] Geistige Neugierde wurde nicht erwartet, alles war striktes Schulpensum. Franz Huter hat diese kapitalkonforme Erziehung als reifer Mann relativiert, wenn auch aufgrund seiner bürgerlichen Lebensauffassung als notwendig angesehen. Den in Österreich nach 1945 eingeführten Berufsreifeprüfungen, die mithelfen sollten, der Arbeiterklasse den Zugang zu den Universitäten irgendwie zu ermöglichen, stand er deshalb reserviert bis ablehnend gegenüber.[5] Aus Anlaß eines Absol012ententreffens am 27. Juni 1978 sagt er zu seinen Konmaturanten: „Als wir das erstemal nach dem zweiten Krieg zusammentraten, da lag vielleicht dem einen oder anderen die Frage an den anderen auf den Lippen, was bist Du geworden, was verdienst Du, was hast Du für eine Stellung unter unseresgleichen".[6] Während der Schulferien war Franz Huter zur „Frisch" auf dem Bauernhof. Die Sonntags- und Feiertagsmessen, die vielen Prozessionen, Bittgänge, Wallfahrten und alten Bräuche verstärkten gerade in den Ferien die weltanschaulichen Koordinaten. Die institutionellen und tradierten Werte profilierten und vertieften sich wie von selbst. Welcher Unterschied zu den Wiener Arbeiter-

---

4   MEW, Band 4, 482.
5   Am 3. August 1954 schreibt Franz Huter an den in Peru weilenden Hans Kinzl: *„Interessieren wird Dich auch, dass wir eine Berufsreifeprüfung mit zwei Kandidaten hatten, die nicht die Voraussetzungen mitbrachten und daher beide zu Fall kamen; vielleicht hat das die wohltätige Wirkung, dass es sich andere überlegen."*
6   Handschriftliches Konzept einer Ansprache „Liebe Freunde!" aus Anlaß eines Maturantentreffens am 27. Juni 1978 in Bozen.

kindern, zu den Schwabenkindern im Tiroler Oberland oder zur völlig verarmten ostgalizischen jüdischen Kindheit! Welcher Unterschied zu Teilen der heranwachsenden Wiener Intelligenz! Die kleinbürgerlich-römischkatholische Ordnung der braven Bozner Welt war für jene Menschen, die von ihr im Denken und Handeln Nutzen zogen, ihre historische Wirklichkeit, eine wahrhaft selige und ihre Obsession. Da mag die Ermordung des Thronfolgers Franz Ferdinand und seiner Ehefrau Sophie von Hohenberg durch serbische Patrioten am 28. Juni 1914 zunächst nicht viel mehr als aufgeregter Gesprächsstoff gewesen sein. Das lokale Blatt, die „Bozner Nachrichten", ging schon bald zur Tagesordnung über, als es am 3. Juli die Beratung im Tiroler Landtag über die Lehrergehaltsfrage auf seine Titelseite einschob. Die letzte Fahrt des Thronfolgerpaares und die Leichenfeier in Wien waren noch tränenreich aufbereitete Berichte, die mit der Rückkehr des alten Kaisers Franz Joseph (1830-1916) am 8. Juli 1914 nach Ischl, er wollte dort den „Sommersejour" fortsetzen, abgeschlossen schienen. Die raffinierten Maßnahmen der herrschenden Klasse zur Kriegsvorbereitung und zur Erzwingung des Krieges blieben in der bürgerlichen Berichterstattung im Verborgenen. Der Krieg hatte stattzufinden. Die Meldungen über die Zunahme der „österreichisch-serbischen Spannung" verdichteten sich bis hin zum österreichisch–ungarischen Ultimatum (23. Juli 1914), das von der Behauptung ausging, der Mord von Sarajevo sei „in Belgrad ausgeheckt" und von serbischen Offizieren und Beamten unterstützt worden. Am 28. Juli 1914 erfolgte schließlich auf Drängen Deutschlands die Kriegserklärung Österreichs an Serbien. Am 30. Juli 1914 konnten Bozens Bürger dann das Manifest des Kaisers „An meine Völker" lesen mit seinem Vertrauen „auf den Allmächtigen, daß Er Meinen Waffen den Sieg verleihen werde". Patriotische Kriegsbegeisterung griff um sich, und Reservisten und Ersatzreservisten der Tiroler Kaiserjäger, die vier Regimenter stellten, strömten noch vor dem ersten Einrückungstag am 4. August in die Kaderorte. Nicht nur Bozen war im Taumel, auch Wien wurde vom Kriegsenthusiasmus erfaßt und selbst bürgerliche Pazifisten wie Stefan Zweig (1881-1942) wurden davon zunächst verführt.[7] Bei der Vereidigung des zweiten Regiments in Brixen am 9. August, vor dem Transport nach dem Osten der Monarchie, hielt Oberst Alexander Brosch von Aarenau (1870-1914) eine zündende Rede: „Soldaten! /.../ Unsere Balkanarmee ist bereits auf dem Marsche. In kur-

---

7 Stefan Zweig: Die Welt von Gestern. Erinnerungen eines Europäers. Frankfurt/
   Main 1989, 257 f.

zer Zeit wird sie die serbische Armee vernichtet und das Land der Mordbuben gezüchtigt haben. Die größere, darum aber noch ehrenvollere Aufgabe fällt uns zu; wir marschieren gegen Rußland, Soldaten! Ihr werdet von der Riesenarmee Rußlands gehört haben. Das soll Euch nicht verzagt machen. Die russische Armee besteht zum Großteil aus unzivilisierten Barbaren, die weder Liebe zum Kaiser noch zum Vaterlande kennen. Von Begeisterung und Siegeszuversicht ist beim russischen Soldaten wenig vorhanden und die militärische Ausbildung steht weit hinter der unseren zurück. Innere Unruhen und der Schutz der weiten Grenzen verhindern Rußland, seine ganze Armee gegen uns zu wenden. Mit uns geht überdies Deutschland mit seinem mächtigen glorreichen Heer. Mit uns geht aber, was noch viel mehr wiegt, die Begeisterung aller Völker der Monarchie, mit uns geht das Recht und mit uns daher auch Gott./.../ Tiroler! Wir führen einen heiligen Krieg! Es gilt das Blut unseres Thronfolgers zu rächen, es gilt für unseren vielgeliebten alten Kaiser und für Habsburgs edlen Sproß zu streiten, es gilt für die Ehre und Existenz unseres Vaterlandes zu kämpfen. /.../ Wie Eure Vorfahren werdet Ihr für Kaiser und Reich begeistert zu siegen oder zu sterben wissen. Der Sieg muß dann unser sein! Da walte Gott!". Nach fünftägiger Fahrt im Viehwaggon zwischen dem 13. und 18. August gelangten die vier Tiroler Kaiserjägerregimenter in das galizische Aufmarschgebiet nach Rudki, auf halbem Weg von Przemysl nach Lemberg. Der k.u.k. Kadett Alois Garber, ein junger Theologie- und Philosophiestudent aus Tscherms in Südtirol, schreibt über das Ende der langen Fahrt von der Tiroler Heimat in den galizischen Einsatzraum zu Mitte August 1914: „... Jetzt ist's aus mit dem Deutschreden. Die Fahrt hierher war ein Triumphzug, aber jetzt hört die Volksbegeisterung auf". Hermann Candussi, Oberleutnant im 2. Tiroler Kaiserjägerregiment, notiert in sein Tagebuch, nachdem er zuerst über die jubelnde Aufnahme und über die Bewirtung, über Empfänge mit Musik und hübschen Frauen auf der Fahrt berichten hatte können, am 16. August nach der Auswaggonierung in Clopczize: „...Zagroce, dreckiges Ruthenennest, in Goldwasser armseliges, dreckiges verkümmertes Gesindel". Am 18. August kommt in Oberleutnant Candussi nochmals Kriegsbegeisterung hoch: „Kaisers Geburtstag!... Wundervoll stimmungsvolle Feldmesse mit Ansprache eines Tiroler Geistlichen. Festessen, Kneipe mit schweren Weinen, Studentenlieder, abends kommt Befehl zum Vormarsch". Am 19. August notiert er dann: „Durch Rudki marschiert, eine Anzahl von Juden, schauderhaft. Überhaupt nichts als Juden". Am 20. August: „Weitermarsch auf der endlos immer gleich schnurgeraden Landstraße". 21. August: „Wir marschieren durch Lemberg, durch grausliche Juden, schandbares Pflaster, von der Stadt nichts gesehen". Zur Sicherung dieses Aufmarschgebietes hatte die Armeeführung der Monarchie zu ihrer schon 1848 angewandten barbarischen, völkerrechtswidrigen Methode, Geiseln aus der heimischen Bevölkerung zu nehmen, gegriffen. Diese hatten, obschon unschuldige Menschen und Bürger der Monarchie, mit ihrem Leben für die Handlungen anderer zu haften. Das 2. Tiroler Kaiserjägerregiment hatte am 15. August 1914 vom 14. k.u.k. Korpskommando in Sambor den Befehl Nr. 10 erhalten, das ganze Aufmarschgebiet strengstgens abzusperren und russophil verdächtige Personen festzunehmen. Insbesondere wären Popen, Lehrer und russische Studenten zu verhaften und „zur eventuellen standrechtlichen Behandlung den zuständigen Landwehr-Gerichten einzuliefern". „Der Krieg der österreichischen Armee begann mit Militärgerichten. Tagelang hingen die echten und vermeintlichen Verräter an den Bäumen auf den Kirchplätzen, zur Abschreckung der Lebendigen" – so läßt Joseph Roth seinen Leutnant Trotta aus Ostgalizien sprechen. Doch nach den ersten sechs Wochen des Krieges betrugen die Verluste der vier Tiroler Kaiserjägerregimenter 9.700 Mann, im Durchschnitt 64%! Die Blüte der Mannschaften war von der verblendeten Armeeführung hingeopfert worden, nur ein kleiner Teil geriet in Gefangenschaft.[8] Trotz der blutigen Ergebnisse schon in den ersten Wochen des zum Weltkrieg eskalierten Krieges entwickelte sich in Tirol kein politisch geeignetes Klima für eine antikriegerische Zielsetzung. Wenn es da und dort Ansätze gegeben haben sollte, wurden diese durch den Kriegseintritt Italiens (23. Mai 1915) im Keim erstickt. Nun war die Heimat bedroht, wohin die Kaiserjäger transferiert wurden. Große Teile der heranwachsenden männlichen Jugend drängte selbst und wurde gedrängt, möglichst bald zu den Waffen zu eilen. So auch der inzwischen in die achte Gymnasialklasse aufsteigende Franz Huter. Die Schüler wurden mit den Waffen am Schießstand bekannt gemacht und arbeiteten im Sommer 1915, da die Standschützen eingezogen worden waren, zusammen mit russischen Kriegsgefangenen auf den Äckern und Wiesen. Der Schüler Franz Huter arbeitete in diesem Sommer am Geburtshof des Tiroler Freiheitshelden Peter Mayr (1767–1810) am Ritten. Im Herbst halfen die Schüler im Tal beim Obstklauben. Im Sommer 1916 arbeitete Franz Huter als Ochsenbub in Nals. Die auch von Kaiser Karl und Kaiserin Zita am 22. April 1917 besuchte Kaiserjäger-

---

8 Zitate nach Gerhard Oberkofler/Eduard Rabofsky: Tiroler Kaiserjäger in Galizien. In: Innsbrucker Beiträge zur Kulturwissenschaft 25 (1988), 506-527.

Ausstellung hatte auf ihn tiefen Eindruck gemacht. Als 77jähriger erinnert sich Franz Huter noch an die „vielen Bilder, welche die Kriegslandschaft aller Fronten, an denen die vier Regimenter gestanden hatten, und die Leistung der Truppe erkennen ließen und die Porträts von ausgeprägten Typen der Frontsoldaten, aber auch Einzelbildnisse der Tapfersten der Tapferen zeigten".[9] Kein Zweifel, einer von ihnen wollte Franz Huter werden. Der ganze Umkreis der Bedingungen drängte ihn dazu. Im Sommer 1917, am 11. Juni 1917, unterzog er sich in Prag vor der dort vom k.u.k. Militärkommando eingesetzten Prüfungskommission für Bewerber zum einjährig-freiwilligen Dienste der Prüfung aus den Fächern: Hauptsprache (deutsch), Zweite Sprache (Latein), Geographie, Geschichte, Naturgeschichte, Physik, Chemie und Mathematik und wurde zum einjährig-freiwilligen Dienste als „befähigt" qualifiziert.[10] Noch aber stand das am 12. September 1917 mit einem feierlichen Gottesdienst eröffnete Schuljahr der achten Klasse und die Reifeprüfung bevor, die Franz Huter am 12. Dezember 1917 vorzeitig und mit Auszeichnung ablegte. Der vorzeitigen Reifeprüfung hatten sich an acht verschiedenen Terminen 17 Kandidaten unterzogen, von denen drei, darunter eben Franz Huter, reif mit Auszeichnung und 13 für einfach reif erklärt wurden: Franz Bombieri (18 Jahre alt, Geburtsort Bozen; später zuletzt ausgeübter Beruf: Steuerdirektor der Stadt Bozen), Wilhelm Brigl (19, Girlan; Eigenbau-Weinkellerei in Girlan), Christian Delago (20, Pufels; Beamter der Staatsbahn in Venedig), Johann Grones (22, Buchenstein; Dr. med.), Franz Huter (18, Bozen), Anton Lechthaler (18, Linz; Dr.Ing., Prof. der Landwirtschaftlichen Schule in S. Michele), Josef Linhard (19, Bozen; Pfarrer in Riffian), Oswald Marchesani (18, Schwaz; Dr. med., Univ.Prof. in Hamburg), Johann Obexer (20, Villnöß; Kooperator), Viktor Perathoner (18, Bozen; Dr. iur., Rechtsanwalt in Bozen), Heinrich Steck (20, Tschengls; Dr. med., Gemeindearzt in Tisens), Karl Trafojer (18, Gries b. Bozen; Dr. med., Zahnarzt in Bozen), Josef Unterpertinger (19, Brixen a. E.; Ing.), Johann Waldthaler (21, Blumau), Walter von Walther (18, Bozen; Dr. iur., Präsident der Handels-, Gewerbe- und Landwirtschaftskammer und Präsident der Bozner Messe) und Karl Zacchia (19, Buchenstein; Pfarrer in Kollmann).

9   Franz Huter: Oberst Ludwig (Freiherr) von Tschan. Ein Kaiserjägeroffizier. Tiroler Heimat 40 (1976), 203-209, 205.

10   K.u.k. Militärkommando in Prag. Auszug aus dem Prüfungsprotokolle über den im Monate Juni 1917 geprüften Bewerber (Franz Huter)zum einjährig-freiwilligen-Dienste. Geschlossen zu Prag am 12. Juni 1917.

Ein Kandidat war während der Prüfung zurückgetreten. 19 Schüler und 1 Externist hatten das letzte achte Schuljahr begonnen. Ihr Klassenvorstand war Pater Viktor von Schlechtleitner (1885-1953), Professor der Mathematik und Physik. In hohem Alter erinnerte sich Franz Huter gerne seines Geschichtelehrers in der Unterstufe, des Historikers Pater Josef Calas. Rief (1861-1915), der, Schüler von Alfons Huber (1834-1898), Urkundenmaterial zur Geschichte des ehemaligen Karthäuserklosters Allerengelberg in Schnals ediert hat, und des Griechischprofessors Pater Heinrich Müller (1861-1937), der zu seiner eigenen Hilfe in die Griechischtexte mit Bleistift die Übersetzung eintrug, was seiner Autorität bei den Schülern nicht förderlich war. An den auf die Vermittlung historischer Zusammenhänge hinzielenden Geschichteunterricht des Pater Rief, der gelegentlich aus seiner eigenen Forschung erzählte, hat auch Leo Santifaller (1890-1974) freundlich sich erinnert.[11] Vom Deutschunterricht des Professor Pater Antonius Luttna (1882-1919) sprach Franz Huter deshalb anerkennend, weil die freie Rede mit Nachdruck eingeübt wurde.Sämtliche öffentlichen Schüler der VIII. Klasse standen am Ende des Schuljahres 1917/18 im Kriegsdienst. Wie war die Stimmung am Gymnasium in diesem Spätherbst 1917? Im Jahresbericht für das Schuljahr 1917/18 lesen wird: „Anläßlich des Allerh. Namensfestes Sr. Majestät des Kaisers feierlicher Gottesdienst am 3. November /1917/ in der Gymnasialkapelle. Darauf im Korridor des ersten Stockwerkes eine erhebende Kaiser-Huldigungsfeier, zugleich Siegesfeier anläßlich der glänzenden Waffentaten unserer und der Verbündeten Armeen am Isonzo. Prof. P. Arsenius Noggler[12] hielt eine begeisternde Anrede vor dem mit den „Wehrschilden" umgebenen, festlich geschmückten Kaiserbilde. /.../ Den Schluß bildete die Absingung der Kaiserhymne." Franz Huter galt dem Gymnasium der Franziskaner in Bozen als herausragender Schüler. Am 2. Mai 1919 stellte ihm Direktor Michael Beránek (1871-1919) das Zeugnis aus: „Die gefertigte Direktion bestätigt, daß Herr Franz Huter, ein ehemaliger Schüler der Anstalt, ein in jeder Beziehung musterhafter junger Mann ist und somit ohne Bedenken jedermann bestens empfohlen werden kann".

---

11 Leo Santifaller: Oswald Redlich. Ein Nachruf. Zugleich ein Beitrag zur Geschichte der Geschichtswissenschaft. Graz 1948, 191.
12 Pater Arsenius Noggler (1873-1932) unterrichtete Geschichte und Geographie.

II. „In Treue fest!"

Ist wieder das Reich einst
in Not und Gefahr
Steh' auf aus den Gräbern
Du Heldenschar,
Entflamme für Kaiser, für Freiheit
und Recht,
Zu siegen, zu sterben
das neue Geschlecht
Franz Huter im Sommer 1982[13]

Am 7. März 1917 rückte Franz Huter zum 2. Regiment der Kaiserjäger, dem Bozner Hausregiment, ein und erhielt in der Garnison seines Ersatzkaders in Beneschau in der Nähe von Prag die Grundausbildung. Er lernte das böhmische Land mit der Goldenen Stadt kennen und besuchte mit Infanteristen aus Ungarn und Egerländern die Reserve-Offiziersschule beim k.u.k. Infanterie-Regiment Nr. 73. An einer kleineren antisemitischen Attacke gegen einen Juden in seiner Stube war er, der in Bozen keinem Juden begegnet war, mitbeteiligt. Es war eben das Justemilieu der altösterreichischen Offiziere. Auf Beneschau und einen Säbelchargenkurs in Povo folgte der sechsmonatige Einsatz an vorderster Front als Infanteriebeobachter auf dem Pasubio, wo er in die 4. Feld-Kompanie des 2. Tiroler Kaiserjägerregiments eingewiesen worden war. Zuvor war er dem legendären Oberst Ludwig von Tschan (1865-1929) vorgestellt worden. Der Pasubio war ein Hauptpfeiler der Verteidigung der Südfront Tirols. An schönen und klaren Tagen konnte er bis nach Venedig sehen. Franz Huter bewährte sich in der Vertretung des Dienstführenden, wurde Zugsführer (28. Juli 1918) und Oberjäger (30. August 1918), als solcher auch Adjutant des Plattenkommandanten Hauptmann Johann Conzatti, eines Trentiner aktiven Offiziers aus Sacco bei Rovereto. Er war Huter „ein vorbildlicher Offizier vom Scheitel bis zur Sohle".[14] Am 27. Oktober 1918 konnte Franz Huter im Divisions-

---

13 Franz Huter formulierte diese Textvorlage im Sommer 1982 für die Tafel auf einem Gedenkstein für die Toten des Bozner Hausregiments der Tiroler Kaiserjäger (II) auf dem vom Militär-Veteranen-Verein betreuten Soldatenfriedhof in Sankt Jakob bei Bozen. Statt „Freiheit" steht dann „Heimat".

14 Franz Huter: Zum Geleit: Pasubio, Erlebnis und Erinnerung. In: Generalmajor Viktor Schemfil: Die Pasubio-Kämpfe. Das Ringen um den Eckpfeiler der Tiroler Front. 1916/1918. Schriftenreihe zur Zeitgeschichte Tirols. Band 4. III-VII, hier IV. Dort berichtet Franz Huter am ausführlichsten über sein Pasubio-Erlebnis.

kommandobefehl die Verleihung der Silbernen Tapferkeitsmedaille zweiter Klasse in Anerkennung tapferen Verhaltens vor dem Feinde lesen. Trotz feindlichen Feuers hatte er im Schützengraben aufrecht stehend das ihm unterstellte MG gegen die angreifenden Italiener gelenkt. Als Fähnrich i.d.R. (1. November 1918) kam er mit seinen Kameraden der ganzen Kaiserjägerdivision am 3. November 1918 in Gefangenschaft, aus der er am 25. Februar 1919 heimkehrte.

„Das Bewußtsein, als 18/19jähriger, noch dazu am Monte Pasubio, seinen Mann gestellt zu haben in der Verteidigung von Vaterland und Heimat und den toten Kameraden der Oktoberschlacht /1916/ ein treuer Nachfahre gewesen zu sein, bestimmte mein ganzes weiteres Leben" so blickt Franz Huter als über Achtzigjähriger auf seine Kriegsjugend zurück. Daß diese Erinnerung eine ihm mit aufsteigendem Alter sich „verklärende" war, war ihm selbst klar.[15] Das gilt besonders seit jenen Jahren, in denen er sich im Alt-Kaiserjägerclub am Bergisel betätigte. Der Altkaiserjägerclub war 1920 zur Wahrung des Andenkens an die Kaiserjägerregimenter von ehemaligen Kaiserjägeroffizieren gegründet worden.[16] Bald nach seiner Gründung hatte der Altkaiserjäger-Club rund 2.400 Mitglieder, 1980 waren es noch 43 Alt-Mitglieder. Regiments-Offiziersvereine wie den Altkaiserjäger-Club gab es in Österreich und Deutschland in großer Zahl. Vielfach sorgten sie für die Ausarbeitung und Verbreitung der Regimentsgeschichten, die eine große Rolle bei der Erhaltung der militaristischen Traditionen spielten. Eine wichtige Aufgabe war sicher auch die Aufrechterhaltung des Kastengeistes und Hilfestellungen im bürgerlichen Leben. Seit Beginn der Siebziger Jahre nahm der Club der alten Kaiserjäger-Offiziere auch jüngere traditionsbewußte Herren, nach Möglichkeit Söhne von Kaiserjägeroffizieren, auf. Erfüllung und Kameradschaft wurden geboten, die im bürgerlichen Leben nicht zu finden waren. Der Club verwaltet und betreut vor allem das Kaiserjäger-Museum mit der Tiroler Ehrenhalle, dem Denkmal des Landes Tirol für alle gefallenen Tiroler von den Franzosenkriegen bis einschließlich des Zweiten Weltkrieges, den Tiroler Heldenbüchern sowie die anderen am Bergisel stehenden Denkmäler und Baulichkeiten und die Schießstätte. Noch nach 1945 war dieser Club Franz Huter eher fremd, ja er wollte mit den Monarchisten eigentlich nichts zu tun haben. Mit den Jahren näherte sich Franz Huter, bedingt auch durch

---

15 Schemfil, Die Pasubio-Kämpfe, V.
16 Franz Huter: Ein Kaiserjägerbuch. II. Kurzgeschichte des Bergiselmuseums und Katalog. Innsbruck 1985.

Relief am Ehrengrab der Tiroler Kaiserjäger von Hans Piffrader (mit Kommentar von Franz Huter)

Die politische Einstellung Piffraders war ja bekannt. Der künstlerische Wert des Denkmals bleibt davon unberührt. Die Auffassung der Devise „Treu bis in den Tod" kommt darin ergreifend zum Ausdruck.

die persönliche Bekanntschaft mit einigen der Herren, ihm an, wurde Ausschußmitglied und schließlich auf Vorschlag des Rechtsfreundes und Mitgliedes und Altkaiserjägerclubs Dr. Anton Cornet in der Ausschußsitzung des Altkaiserjägerclubs vom 5. Februar 1972 einhellig als Nachfolger des im Austrofaschismus als Tiroler Landeshauptmann agierenden (1935-1938) Dr. Josef Schumacher (1894-1971)[17], der als Reserveoffizier, zuletzt im Range eines Hauptmannes, im 1. Kaiserjägerregiment an der Südfront im Einsatz gewesen war, zum Präsidenten gewählt. Schumacher hatte sich auch im Tiroler Schützenwesen betätigt, war Landeskommandant der Tiroler Schützenkompanien. Ältere Tiroler werden sich noch an den strammen alten Herren mit dem Säbel an der Spitze von Ausmärschen der Tiroler Schützenkompagnien erinnern. Zum Vizepräsidenten wurde in der selben Ausschußsitzung Dr. Hans (Graf) Trapp (1896-1983), zum Geschäftsführer Dr. Anton Heinz (Freiherr von) Spielmann und zum Kassier Dr. Robert Salcher (1897-1972) gewählt. Anton Cornet (1895-1979), aus alter Tiroler Familie stammend, Absolvent des Jesuitengymnasiums Stella matutina in Feldkirch, war als Student der Rechte nach der ersten Staatsprüfung als Offizier zum 1. Tiroler Kaiserjägerregiment eingerückt und hatte nach dreieinhalb Jahren Krieg sein Studium innerhalb von nur drei Monaten mit der 2. und 3. Staatsprüfung und allen drei Rigorosen, sämtliche mit Auszeichnung, abgeschlossen (Promotion am 2. April 1919). Im März 1923 war Cornet der jüngste Anwalt Österreichs. Er war von 1945 an bis 1964 Präsident der Tiroler Rechtsanwaltskammer, von 1964 bis 1970 1. Vizepräsident der ständigen Vertreterversammlung der österreichischen Rechtsanwaltskammern.[18] Die Universität Innsbruck hat ihn „in Anerkennung seiner Verdienste um die Wahrung des Rechts und der Gerechtigkeit in Österreich" mit Beschluß des Akademischen Senats vom 27. Juni 1969 zum Ehrensenator der Universität Innsbruck ernannt.[19] Anton Cornet war einer der angesehensten Persönlichkeiten der Landeshauptstadt und als juristischer Ratgeber auch im Kulturleben Tirols tätig. In der Bergiselverwaltung stand Franz Huter nach dem plötzlichen Tod von Dr. Robert Salcher, Fähnrich im 1. Tiroler Kaiserjägerregiment, der viele Jahre als ehrenamtlicher Kassier des Clubs und Mitglied der Bergisel-Verwaltung tätig gewesen war, vor allem Ing. Robert Egger (1899-1990) zur

---

17 Oswald Gschließer: Nachruf auf Dr. Josef Schumacher. Tiroler Tageszeitung vom 17. Juni 1971.
18 Ernst F. Mayr: In memoriam Präsident Dr. Anton Cornet. Tiroler Tageszeitung vom 20. April 1979.
19 Die Formulierung wurde vom Kirchenrechtler Peter Leisching vorgeschlagen.

Seite, ein Jahrgangskamerad, der mit ihm im März 1917 zum 2. Regiment der Kaiserjäger nach Beneschau einberufen und auf dem Pasubio im Kaiserjägersturmbataillon zum Einsatz gekommen war. Robert Egger wurde in Wartmannstätten (NÖ) geboren, dorthin war sein aus Tiroler Familie stammender Vater Dominikus nach der Innsbrucker Lehrerbildungsanstalt und kurzem Schuldienst in Südtirol als Volksschullehrer abgewandert. Nach Kriegsende beteiligte sich der Kaiserjägerleutnant Robert Egger bei den Kärntner Abwehrkämpfen (Rückeroberung des Kleinen Loiblpasses), schloß im Herbst 1918 sein Ingenieurstudium ab und fand 1927 eine Lebensstellung bei der RAWAG in Innsbruck-Aldrans. Während des zweiten Weltkrieges zunächst UK gestellt, war er ab Oktober 1944 in einem Sicherungsbataillon der Wehrmacht in Kroatien, nach jugoslawischer Gefangenschaft wieder im Dienste des Österreichischen Rundfunks (bis 1964). 1984 ernannte ihn der Club zu seinem Ehrenmitglied.

Bis 1983 war Franz Huter in der Funktion des Präsidenten des Altkaiserjägerclubs. Mit Beschluß der Hauptversammlung des Altkaiserjägerclubs vom 14. Jänner 1984 wurde er zum Ehrenpräsidenten auf Lebenszeit ernannt. Die Laudatio zu diesem Anlaß sprach Clubpräsident Dr. Anton Heinz Spielmann (*1923), der von Franz Huter viele Jahre hindurch als sein Nachfolger vorbereitet wurde. Unter der Präsidentschaft von Franz Huter wurden die jüngeren Mitglieder voll integriert. Heinz Spielmann war Franz Huter bis zuletzt eng und freundschaftlich verbunden, in ihm, dessen Vorfahren Generationen hindurch Offiziere der alten Armee gewesen waren und der selbst Offizier der Wehrmacht gewesen war, ehe er nach dem zweiten Weltkrieg das Jusstudium absolvierte und in Innsbruck als Richter tätig wurde, sah er die Verkörperung der Bergiseltradition. Am ersten Samstag jeden Monats trafen sich die Kameraden zum Clubabend im Jagerstüberl des Urichhauses am Bergisel, tauschten Erinnerungen aus und pflegten bei einem „guten Tropfen" mitunter den Gesang im Kameradenkreis. Gelegentlich wurden Fahrten zu den Fronten unternommen. Franz Huter führte 1972 Kurzvorträge als Mittelpunkt der Clubabende ein. Dabei wurden wichtige Punkte im Einsatz der Kaiserjäger hervorgehoben, z. B. die Kaiserjäger in Galizien, Gefangenschaft, die letzten Tage am Pasubio. Auch aktivierte Huter Schießveranstaltungen und er war über seine Treffsicherheit recht zufrieden. Das eine oder andere Schießblatt hob er in seinem Jahreskalender auf. 1974 ließ er zwei Luftgewehre moderner Bauart ankaufen, damit dem Schießbetrieb wieder mehr gehuldigt werden konnte. Noch 1996 hielt Franz Huter in völlig freier Rede einen Vortragszyklus über Südtirol. Kein Zweifel, in solchen Begegnungen und

Zusammenkünften verfestigte sich die Haltung, einem elitären Kreis anzugehören, dessen Werte aus einer glorifizierten Vergangenheit genommen werden und die sich im Denken und Handeln widerspiegeln. Seine individuelle Haltung mündete dabei nicht in Hochmut und Antidemokratismus, doch die Ränder des Umfeldes sind unscharf. Die innere und dauernde Bindung war als solche Franz Huter ein leitendes Ideal, das sich mit den Jahren verdichtete. Menschen, die eine dauernde Bindung ablehnten, widersprachen dem ihm von der römisch-katholischen Kirche vermittelten Schöpfungsgedanken. Seine Auffassung von Ordnung als Unterordnung, von Religiosität und Universitas Christiana, erhalten in manchen historischen Arbeiten wie in seinem Handbuchartikel „Niedergang der Mitte, Aufstieg der Randstaaten Europas im Spätmittelalter" (1958)[20], nehmen einen strikt konservativ-reaktionären politischen Charakter an. Über die Niederungen der Tagespolitik hinaus sollte sich der Status des Clubs erheben, doch blieb gerade deswegen der „Bergisel" deren zu passenden Gelegenheiten aufstellbare historische Kulisse. Vergeblich bemühte sich der Altkaiserjägerclub unter der Präsidentschaft von Franz Huter zu verhindern, daß die Politik seit den achtziger Jahren das Bergiselareal auch zur Spektakelarena degradierte. In die Öffentlichkeit wollte er deswegen freilich nicht gehen, er sah die Aussichtslosigkeit, aus seiner Position heraus gegen den Zeitgeist argumentieren zu müssen. Die Geburtstage Kaiser Franz Josefs (18. August 1830) und Kaiser Karls (17. August 1887), der beiden letzten Regimentsinhaber, waren für den Altkaiserjägerclub alljährlich Anlaß, am Samstag Mitte August am Bergisel um 18 Uhr zusammenzutreten, an einer Feldmesse in der Ehrenhalle des Bergisel-Museums teilzunehmen, der toten Kameraden zu gedenken und an den Denkmälern (Denkmäler der beiden Regiments-Inhaber, Obelisk von Custozza und Kaiserjägerdenkmal) mit Kranzniederlegung innezuhalten. Franz Huter sprach dabei als Präsident zu seinen Kameraden. Um Franz Huter und mit ihm den Altkaiserjägerclub näher zu kommen, wollen wir mit ihm zu den Denkmälern treten (17. August 1974):

„Wiederum sind wir, wie alljährlich im August, im heiligen Hain am Bergisel versammelt, um unserer Regimentsinhaber und der toten Kameraden aus den Kriegen des 19. und 20. Jahrhunderts zu gedenken. Anlaß sind die Geburtstage des 18. und 17. 8. 1830 bzw. 1887, der Custozzatag des 24. 6. und der Tag der Feuertaufe der 4 Kaiserjägerregimenter am 28. 8. 1914.

In der Kapelle Unserer Lieben Frau von Tirol gaben wir zunächst Gott

---

20 In: Historia Mundi. Ein Handbuch der Weltgeschichte in zehn Bänden. Band VI: Hohes und Spätes Mittelalter. Bern 1958, 190–261.

die Ehre und beteten für unsere Toten. Nunmehr treten wir vor die Denkmale, um Kränze niederzulegen. Grüne Kränze, um zu bezeugen, daß unsere Verehrung und Dankbarkeit sich immer wieder erneut.

Zuerst am Erinnerungsmal Kaiser Franz Josefs I. In einer Zeit, in der durch ein Massenmedium in beschämend einseitiger Darstellung die Monarchie und das verbündete Deutsche Reich als kriegsschuldig hingestellt werden, halten wir Kaiserjäger daran fest, daß Altösterreich in Notwehr um die Erhaltung des Vielvölkerreiches gehandelt hat. Das kommt schon in der Begeisterung des Sommers 1914 zum Ausdruck und zwar bei allen Nationalitäten, denen ein Eroberungskrieg nicht nur aus eigenem Interesse, sondern auch dem Volkscharakter nach völlig fremd war. Am allermeisten unserem Regimentsinhaber selbst, für den die Kriegserklärung die größte Enttäuschung seines an Enttäuschungen reichen Lebens bedeutet hat. Zu ihm bekennen wir uns 60 Jahre nach dem Kriegsbeginn, so wie er sich allzeit – von den ersten Jahren seiner militärischen Laufbahn bis zu jenem Julitag 1915, da die Kaiserjäger als einzige Truppe gleichsam zum Abschied vor ihm in Schönbrunn defilieren durften – zu uns bekannt hat.

Kaiser Karl ist uns im Gedenken zunächst als Kommandant des 20. Korps in der Maioffensive verbunden. Denn diesem Korps gehörten neben anderen alpenländischen Kerntruppen wie den 59ern und 14ern die vier Kaiserjägerregimenter an. Die Offensive erreichte trotz blendender Anfangserfolge ihre Ziele nicht, weil die Kraft zum Nachstoß fehlte und die Brusilowoffensive den Abbruch des Vormarsches erzwang. Auch die Friedensbemühungen des jungen Kaisers scheiterten. Das „Zu spät" steht wie ein Menetekel über seinem Leben und verhinderte alle Versuche, dem todgeweihten Reich das Leben zu erhalten. Das ewige Stirb und Werde gilt nicht nur dem Einzelnen, sondern, wie die Geschichte lehrt, auch den Staaten und Völkern. Des jungen Kaisers früher Tod mit 36 Jahren und in der Verbannung des fernen Madeira hat seine tragische Gestalt mit der Märtyrerkrone umwunden. Wir verneigen uns vor seinem Opfer und denken in dieser Stunde zurück an jenen hellen Frühlingstag, da des Thronfolgers jugendlich schlanke Gestalt unter seinen Kaiserjägern auf der Malga Milegna erschien, um ihnen für ihre Tapferkeit und Treue zu danken.

Die Kriegsjahre 1848/49, 1859 und 1866 zählen zu den Schicksalsjahren Altösterreichs. Es ging um die Vormachtstellung des Habsburgerreiches in Italien und Deutschland, die es im Wiener Kongreß von 1815 nach Napoleons Niederlage zurückerhalten hatte. Die damalige Taktik führte den Angriff mit dichtgedrängten Sturmmassen und massiven Flankenangriffen oder Kavallerie, die Verteidigung im massierten Karree. Dies verhinderte, daß dem Unterführer und dem gemeinen Mann in der Durchführung der Befehle erhöhte Möglichkeiten der Bewährung geboten gewesen wären. Und es erforderte schwere Verluste. Umso mehr kam es auf Ausbildung, Verantwortung und Mut des Einzelnen an und auf die Nutzung entsprechenden Geländes. Die einzelnen Bataillone des Regiments der Tiroler Jäger, oft bei verschiedenen Brigaden eingesetzt, waren stets das Rückgrat der Truppe, ihr Beispiel oft entscheidend. So kann man gerade von ihnen - mit einem Wort Grillparzers - sagen: In Euerem Lager war Österreich. In diesem Sinne denken wir in dieser Stunde an die Tapferen der italienischen Kriege, die den Ruf der Kaiserjäger begründeten, und auch an jene, die ihnen im bosnisch herzegowinischen Feldzug 1878 hierin gefolgt sind.

Und nun treten wir vor das Denkmal der Kaiserjäger des Weltkrieges und grüßen sie in treuem Gedenken alle, ganz gleich ob sie in den Ebenen Rußlands und Galiziens, in den Karpathen, im Karst oder in den Alpen ihr Leben gaben. An die 20.000 sind es, darunter viele, viele Blumen der Jugend, die der grausame Schnitter mähte vor der Zeit.

Das Denkmal zeigt die Helden von Huicze im Tode. Nur der Fahnenträger schreitet, den Stumpf der wallenden Fahne unterm Arm, über das Leichenfeld. Er gibt die Fahne weiter an jene, die noch sind. Und das sind wir, Kameraden, die wir die Traditionen hochhalten in dieser dem Ideellen feindlichen, dem Wohlsein allzusehr verhafteten Zeit. Indem wir durch unser Beispiel an die Jugend weitergeben von den Tugenden, die die Toten uns vorlebten, nicht nur im Wort und in der Gesinnung, auch in der Tat, vom Opfermut, vom Verzicht auf Genuß und vom tätigen Bekenntnis zur Pflicht, damit wir ihnen würdig seien, bis auch uns die Fahne entfällt.‘‘[21]

Viele Kaiserjägerkameraden verabschiedete Franz Huter am offenen Grab. Immer steht der vom Heimweh nach dem Vorgestern gemilderte kämpferische Einsatz für das gesellschaftliche System der Vergangenheit und Gegenwart im Vordergrund, dem, weil es sich eben um entfremdetes Leben handelt, im angenommenen Gottesreich der Lohn gewiß ist.‘‘Lieber Kanonikus‘‘, so verabschiedet sich Franz Huter von Toni Maurer am 15. September 1978: „Als edler Seelenhirte wurdest Du am Katafalk bedankt, doch auch als dem, der unsern Dom aus Schutt und Asch wieder auferbauen half, gebührt unserer Heimat heißer Dank. Du warst auch Kaiserjägeroffizier, gehörst der Heldenschar vom Col di Lana zu und kämpftest dann in Fels und Eis für Heimat, Volk und Vaterland. Und als das Vater-

---

21 Handschriftliches Konzept für die Kurzansprachen aus Anlaß der Kranzniederlegungen an den Denkmälern am Bergisel am 17. August 1974.

land zerbrochen war, wandtest Du Dich, dem Vorsatz Deiner Kindheit treu, dem geistlichen Berufe zu, um mit dem Licht der Wahrheit zu bekämpfen der Bosheit dunkle Finsternis. Allüberall hast Du den guten Kampf gekämpft, drum wird des ewigen Lebens Krone Dir gesichert sein. Lieber Kamerad! Laß Dich noch einmal von den Kaiserjägerkameraden herzhaft grüßen und Dir für Lieb und Treue danken, die Du gabst. Und wenn Du drüben bist beim ewigen Licht, vergiß uns nicht, die um das letzte höchste Ziel, das Du bereits erreichst, noch kämpfen müssen. In Treue fest!"

Franz Huter war der Auffassung, daß das Haus Österreich-Ungarn Platz geboten hat für die nationale Idee, nicht aber für die nationalstaatliche Idee, „die Todfeindin des Vielvölkerreiches".[22] Den Emigranten aus der k.u.k. Habsburgermonarchie warf er vor, „mit Hilfe der Entente die innere Widerstandskraft der Nationalitäten der Monarchie auszuhöhlen, und das gemeinsame Haus zum Einsturz zu bringen, damit den Soldaten an der Front den Boden für Pflicht und Eid zu entziehen. Wir Kaiserjäger", so Huter auf dem Bergiselrundgang im Mitsommer 1976 weiter, „dürfen mit Stolz sagen, daß unsre Verbände im Schützengraben bis zur letzten Stunde, ja als das Reich zerbrochen war, den Schild von Pflichterfüllung und Eid rein und hoch gehalten, obwohl auch Angehörige anderer Nationalitäten in den Reihen kämpften. Diese Haltung soll uns, die wir in einer Zeit der allgemeinen Unordnung und des Mißbrauches der Freiheit für die Geltung alter Ideale eintreten, immer Beispiel sein! So wie es der Fahnenträger am Ehrenmal zeigt: Der Fahnenstock ist nur mehr ein Stumpf, aber die Fahne wallt und der Schritt geht vorwärts über die toten Kameraden hinweg voll Hoffnung in die Zukunft".[23]

Dem Altkaiserjägerclub, aber nicht der Öffentlichkeit, war bekannt, daß das an der Rückseite der Heilig-Kreuz-Kapelle auf dem Bergisel aufgestellte Denkmal des „Unbekannten Kaiserjägers", welches am 6. Mai 1923 von Oberst Ludwig Tschan, bei Anwesenheit von etwa 8000 Mitgliedern der Alt-Kaiserjäger, Vertretern der Schützen- und Kriegervereine mit Feldmesse, Ansprachen und Umzug eingeweiht worden war und an dem also alljährlich ein Kranz niedergelegt wurde, eine besondere Eigenheit zukam. Am Gründonnerstag des Jahres 1919 (17. April) war es auf dem Wiener Ring in Richtung Parlamentsgebäude zu einer großen Demonstration von Arbeitslosen, Invaliden und Heimkehrern gekommen, die von der Polizei beschossen wurde. Links und rechts vom Fahnenträger

---

22 Handschriftliches Konzept für die Kurzansprachen aus Anlaß der Kranzniederlegungen an den Denkmälern am Bergisel Mitte August 1976.
23 Ebenda.

Gedenkfeier auf dem Monte Piano am 20. August 1978 (Bildmitte Franz Huter)

an der Spitze der Demonstration fielen von Kugeln getroffen mehrere Kommunisten, unter ihnen auch der Südtiroler Künstler Hans Piffrader (1888-1950) leicht verwundet. Aus Klausen gebürtig und in Wien an der Akademie ausgebildet, war Hans Piffrader 1915 als Landsturmjäger an die Südfront eingezogen worden. 1916 zum Landsturmleutnant und am 1. November 1918 zum Landsturmoberleutnant befördert, hatte er „in Anerkennung tapferen Verhaltens vor dem Feind" das Militärverdienstkreuz III. Kl. mit der Kriegsdekoration und den Schwertern am 12. Februar 1918 verliehen erhalten. Grauen und Entsetzen des Krieges, der Sieg der Oktoberrevolution und die damit verbundene Hoffnung auf eine friedliche, solidarische und menschliche Gemeinschaft ließen ihn nach Kriegsende in Wien für die revolutionäre Arbeiterbewegung Partei nehmen. Sein künstlerisches Schaffen sollten nicht zur Dekoration der bürgerlichen Weltordnung verkommen. Hans Piffrader beteiligte sich an dem vom Altkaiserjägerclub veranstalteten Wettbewerb um die Gestaltung des Kaiserjäger-Denkmals an der Rückseite der Heilig-Kreuz-Kapelle und erhielt den Auftrag, obschon seine kommunistische Gesinnung bekannt war. Er konnte mit seinem Konzept überzeugen, auch wenn er die ihm auferlegte Bedingung, die Soldaten müßten durch mehrere Kennzeichen als Kaiserjäger, zum mindesten aber als Soldaten gekennzeichnet werden, nicht erfüllen wollte. Ohne Details und ohne soldatische Embleme würde, wie Hans Piffrader argumentierte, das Kunstwerk erst seinen höchsten idealen Ausdruck bekommen: Die Fahnengruppe des Kommunistischen Gründonnerstages von Wien, zeitlos Freiheit, Gleichheit, Brüderlichkeit, die Menschenrechte einklagend.[24] „Die Auffassung der Devise ‚Treu bis in den Tod' kommt darin ergreifend zum Ausdruck" – so Franz Huter.[25] Und Hans Hochenegg (1894-1993) schreibt: „Immer schon hatte ich die ergreifende Darstellung besonders geschätzt. Das ist keine pathetische Dutzendarbeit, sondern das Werk eines vom Inhalt seiner Aussage beseelten Künstlers! Seine politischen Beweggründe treten zurück; Piffrader war ein selbständiger Gestalter und das muß man achten!"[26]

Dem Bergisel, seinen Gedenkstätten und der Kaiserjägertradition widmete Franz Huter mit seinem Kaiserjägerbuch eine bleibende Erinnerung.[27]

---

24 Vgl. Gerhard Oberkofler: Das Kaiserjäger-Denkmal am Bergisel. Weg und Ziel 10 (1991), 465 f.

25 Handschriftliche Notiz. Ende 1991.

26 Hans Hochenegg am 24. November 1991 an G. Oberkofler.

27 Ein Kaiserjägerbuch I. Die Kaiserjäger und ihre Waffentaten 1816-1918. Innsbruck 1980. 112 Seiten, 8 Kartenskizzen, 8 Farb- und 64 Schwarzweißbilder. II. Kurzgeschichte des Bergiselmuseums und Katalog. Innsbruck 1985. 68 Seiten, 4 Farbbilder und 1 Schwarzweißbild.

III. Studium in Innsbruck, Freiburg i. Br. und Wien

Hoch droben über den Schatten der Täler
Im Lichte der Freiheit zu wandern,
Ist uralte Sehnsucht der Menschen geblieben bis heut*.
Denn dort finden wir Erdgebundenen
Seelige Freude und Stärkung
In der täglichen Sorge und Pflicht.
Franz Huter am 13. November 1960.

Im Sommersemester 1919 ging Franz Huter, aus der italienischen Gefangenschaft heimgekehrt, an die Innsbrucker Universität. Die Wahl des Studiums war von ihm selbständig getroffen worden. Ein Einfluß von seiten seiner Eltern, die ihn lieber als Mediziner gesehen hätten, ist nicht erfolgt. Südtirol, das er mit den Waffen vor der Besitznahme durch Italien verteidigt hatte, wollte Franz Huter nun als Philosoph, und zwar als Historiker dienen. War Franz Huter ein Idealist? Joseph Roth schreibt über eine ähnliche Berufswahl des Anton Wanzl in der Erzählung „Der Vorzugsschüler": „Ein ‚Bettlerberuf' – sagten die Leute. Aber man konnte zu Geld und Ansehn kommen, wenn man es geschickt anstellte. Und etwas geschickt anstellen - das konnte Anton."[28] Da war die Berufswahl bei Intellektuellen, die sich der Arbeiterbewegung annäherten, schon schwieriger. Wolfgang Abendroth (1906-1985) hätte am liebsten Geschichte studiert, er wählte Jura, um irgendeine Chance zu haben, als aktiver Funktionär der Arbeiterbewegung seinen Lebensunterhalt zu verdienen.[29] In Österreich konnten jüdische Intellektuelle nicht hoffen, eine Stelle als Berufshistoriker in den Höheren Schulen oder in Archiven zu erlangen. An der Innsbrucker Universität zogen Franz Huter die Historiker Harold Steinacker (1875-1965) und Hermann Wopfner (1876-1963) sowie der Altgermanist Josef Schatz (1871-1950) besonders an. Während Steinacker offen die Positionen des deutschen Imperialismus vertrat, suchte Wopfner mit der Erforschung des bäuerlichen Lebens Tirols der geschichtlichen

---

28 Joseph Roth: Der Vorzugsschüler. In: Meistererzählungen. Köln. o.J., 7-24, hier 12.
29 Intellektuelle und Arbeiterbewegung. Eine Diskussion mit Wolfgang Abendroth, Hans Brender und Josef Schleifstein. Deutsche Volkszeitung vom 8. November 1985.

Gegenwart Wurzeln zu geben. Er entwarf keine ländliche Idylle, die Sehnsüchte von Städtern nach Gewesenem wachwerden ließen, sondern blieb im großen und ganzen realistisch. Für beide Lehrern schrieb Franz Huter im Almanach der österreichischen Akademie die Nachrufe, für Steinacker konzipierte er als 95jähriger noch den Artikel für die Neue Deutsche Biographie, in welchem er ihn als „Prediger Mitteleuropas und deren Ordnung auf volklicher Grundlage" bezeichnete. Über die Vorlesungen von Harold Steinacker schreibt auch seine gläubige Schülerin Gertrud Fussenegger: „ /.../ bestimmt, so jedenfalls schien er uns, das Ideal eines akademischen Lehrers, redegewandt und sicher in seinen Formulierungen, war er doch immer vorzüglich vorbereitet, ein sachlicher Kompilator so gut wie ein zu großen Übersichten befähigter Geist. /.../ Harold Steinacker war Nationalist und leugnete nicht, daß ihn die Geschichte vor allem unter dem Blickpunkt der Morphologie der Völker interessierte. Aber er ließ immer wieder durchblicken, daß sich jenseits des Nationalen und darüber ein Reich des Geistes bewegte, eine Instanz menschlicher Erkenntnis, menschlicher Entwürfe, die noch mehr wogen und die es erst lohnend machten, die zugrunde liegenden natürlichen Strukturen zu untersuchen".[30] Insgesamt war das ganze Umfeld bürgerlich-konservativ, reaktionär, irrational. Nicht einmal Manifestationen eskapistischer Bürgersöhnchen wie in Wien gab es hier. Ein Ausdruck der sozialen Atmosphäre der Innsbrucker Universität war im Frühjahr 1920 die Störung der Vorlesungen von Karl Kraus in den Innsbrucker Stadtsälen durch die organisierte Studentenschaft. Nur ein einziger Innsbrucker Professor, der Philosophieprofessor Alfred Kastil (1874–1950) protestierte dagegen. Kastil wurde deshalb seitens aller Chargen und Zuträger der Universitätsrepräsentanz bedroht und isoliert. Am 13. Februar 1920 überreichte die offizielle Studentenschaft der Universität Innsbruck, auftretend als deutschfreiheitlicher und als katholisch-deutscher Hochschulausschuß dem Senat folgende Terrornote gegen Kastil: „Professor Dr. Kastil hat es gewagt, nicht nur in der Vorlesung, sondern auch öffentlich das Vorgehen der Studentenschaft zu verurteilen. (...). Die Studentenschaft erhebt gegen das Benehmen des Prof. Dr. Kastil feierlichen Einspruch, denn es wurde dadurch nicht nur das Ansehen unserer Alma mater schwer geschädigt, sondern auch ein Eingriff in die Rechte der Studentenschaft vorgenommen. Die Studentenschaft der Universität Innsbruck erklärt, daß im Falle einer

---

30 Gertrud Fussenegger: Ein Spiegelbild mit Feuersäule. Lebensbericht. Stuttgart 1979, 208.

Wiederholung einer derartigen Kritik gegen Prof. Dr. Kastil mit den schärfsten Mitteln vorgegangen wird." Diese Drohung wurde vom Akademischen Senat nicht zurückgewiesen, vielmehr wurde am 11. März 1920 in universitär zeitlos gültiger Weise ein einstimmiger Beschluß herbeigeführt, sie Alfred Kastil zur Kenntnis zu bringen. Die über ihren Tischvorlagen brütenden Senatoren der Alma Mater Oenipontana waren sogar noch stolz darauf, daß man physischen Terror gegen Kastil hintangehalten habe. Karl Kraus würdigte in der „Fackel" die Haltung von Alfred Kastil: „Hier hat einer, der in Innsbruck lebt, nicht meinen Mut verloren, sondern ihn in meiner Vertretung - ich war verhindert - bewährt." Kastil hatte in einem Schreiben an Magnifizenz, ordentlichen Professor der Alten Philologie Ernst Diehl (1874-1947) erklärt, er werde sich dem akademischen Terror nie beugen. Die Note der Studenten stellte Kastil dem Rektor zur weiteren aktentechnischen Verwahrung zurück, was diesen mit Blick auf Karl Kraus in einer Aktennotiz vom 13. Mai 1920 von „einem solchen Mass von Schmutz und Niedertracht" murmelnden Talarträger umso mehr empörte, als zuvor die Spektabilität der Philosophenfakultät herbeigerannt war, um Kastil in universitätsüblicher Manier zu verpfeifen. So universitätssolidarisch gewappnet brachte Rektor Diehl am 25. April 1920 die Vorgänge um die Vorlesungen von Karl Kraus auf Innsbrucker akademisches Niveau. Diehl schrieb an Kastil: „Sehr geehrter Herr Kollege! Der Herr Dekan der philosophischen Fakultät erstattete mir am Freitag nach meiner Rückkehr von einem kurzen Erholungsurlaub Bericht über Ihre 'Mitteilung' während der letzten Fakultätssitzung. Zu meinem grössten Befremden vernahm ich, dass Sie trotz meiner Abwesenheit während der tatsächlichen Ferien der Fakultät u.a. auch Ihr Schreiben vom 29. März bekannt gaben, dem weder seiner äusseren noch inneren Form nach der Charakter eines amtlichen Schriftstückes eignet. Überdies haben Sie veranlasst, dass auch dieser persönliche Brief dem Protokoll der Fakultätssitzung einverleibt wird. /......./. Wegen dieses Umfeldes ist der Philosoph Alfred Kastil dann im Jahr 1934 aus Innsbruck weg in die Frühpension geflüchtet - „weil bei dem Verhalten meiner Kollegen mir braun vor den Augen wurde".[31] So wie Alfred Kastil blieb auch der Schriftsteller und Herausgeber des „Brenner" Ludwig Ficker (1880-1967) isoliert, wenn er vor dem

---

31 Dieses Zitat überliefert Dietrich von Hildebrand, ein vor den Nazifaschisten aus München geflüchteter, von der Dollfuß-Schuschnigg-Regierung in Wien untergebrachter Philosoph. 1938 mußte Hildebrand aufs neue fliehen. In: Memoiren und Aufsätze gegen den Nationalsozialismus. 1933-1938. Mainz 1994, 92.

„geistigen Tiefstand der Professorenschaft" warnte und gegenüber Karl Kraus am 17. Februar 1920 klagte: „Weiß Gott, diese akademischen Lehrer sind doch von allen die geistig verlorenste Schicht".[32] Anlaß dazu war die Weigerung der Innsbrucker Professoren, für Heinrich Lammasch (1853-1920), letzter Ministerpräsident der Monarchie Österreich-Ungarn und vormals an der Innsbrucker Universität lehrender international anerkannter Völkerrechtslehrer, auf dessen Anregung der Haager Schiedsgerichtshof zustandegekommen ist, eine akademische Trauerfeier abzuhalten. Die Innsbrucker Professorenschaft hat es Heinrich Lammasch nicht verziehen, daß dieser schon vor dem ersten Weltkrieg vor dem kriegstreiberischen Bündnis mit Deutschland eindringlich gewarnt hat, dieses während des Krieges für einen Verständigungsfrieden, für einen Frieden ohne Annexionen, mit Gleichberechtigung der Nationen und mit Rüstungsbeschränkungen lösen wollte und in St. Germain für ein von Deutschland, dessen profitsüchtiges Aggressionspotential er ungebrochen hielt, unabhängiges und neutrales Österreich eingetreten war. Lammasch wollte die Neutralität nicht als ein „Stillsitzen" auffassen, sondern als andauernde Tätigkeit, sie wirksam, vor allem friedenserhaltend zu gestalten.[33] Die Friedenskonzeption von Lammasch war den Interessen der herrschenden Klasse in Österreich völlig entgegengesetzt und wurde deshalb von seinen akademischen Kollegen scharf abgelehnt. Für diese galt, was Friedrich Engels so ausdrückte: „Und wie die Bourgeois sangen, so pfiffen die Professoren".[34]

Ende seines ersten Semesters kolloquierte Franz Huter bei Wopfner dessen fünfstündige Vorlesung „Deutsche Wirtschafts- und Rechtsgeschichte im Mittelalter" mit ausgezeichnetem Erfolge. Von Steinacker erwarb er Ende des Wintersemesters 1919/20 ein Kolloquienzeugnis mit ausgezeichnetem Erfolg über dessen zweistündige Vorlesung „Deutsche Kaiserzeit", von Richard Heuberger (1884-1968) ein Kolloquienzeugnis über dessen zweistündige Vorlesung „Urkundenlehre III. (Privaturkunden)", ebenfalls mit ausgezeichnetem Erfolg. Hermann Wopfner empfahl ihm schon bald über Innsbruck hinauszuschauen und nach Freiburg

---

32 Ludwig von Ficker: Briefwechsel 1914-1925. Hg. von Ignaz Zangerle, Walter Methlagl, Franz Seyr, Anton Unterkircher. Innsbruck 1988 (=Brenner-Studien VIII), 234 f.

33 Gerhard Oberkofler/Eduard Rabofsky: Heinrich Lammasch (1853-1920). Notizen zur akademischen Laufbahn des großen österreichischen Völker- und Strafrechtsgelehrten. Innsbruck 1993.

34 Friedrich Engels: Die Rolle der Gewalt in der Geschichte. Aus dem handschriftlichen Nachlaß. MEW 21, Berlin 1981, 405-461, hier 422.

Hermann Wopfner

zu gehen, wohin Franz Huter mit Beginn des Studienjahres 1920/21 auch übersiedelte. Wopfner schätzte die Bedeutung eines Studienortwechsels hoch ein, er selbst war 1898/99 in Leipzig bei Karl Lamprecht (1856-1915) gewesen und hatte dessen kultur- und wirtschaftshistorische Methode und dessen Wertschätzung der Provinzial- bzw. grenzüberschreitenden Regionalgeschichte aufgenommen.[35] Finanzielle Sorgen brauchte Huter keine haben, da er mit den ihm von zuhause geschickten Lire gut zurechtkam. In Innsbruck hatte er im Akademisch alpinen Verein gleich Anschluß gefunden. Dieser 1900 gegründete Verein schloß statutengemäß jede politische Tendenz aus, setzte aber „Treue gegen Staat und

---

35 Vgl. Gerald Diesener (Hg.): Karl Lamprecht weiterdenken. Universal- und Kulturgeschichte heute. Leipzig 1993.

Kirche" voraus.[36] Das war natürlich auch politische Parteinahme, die der herrschenden Klasse dienlich war. Hermann Wopfner war eines der prominentesten Mitglieder des Vereins zu Franz Huters Studienzeit. Mit ihm, der schon etwas schrullig war, machte Franz Huter auch Bergwanderungen. Das Ansehen des Vereins war durch Einzelleistungen, auch durch den Gesamttourenstand und durch die von Vereinsbrüdern herausgegebenen Führer und Erschließungskarten recht groß. In diesem Kreis der Studentenschaft, wo weder geraucht, noch gesoffen noch geschlagen wurde, der als seinen Zweck die Veranstaltung von Hochtouren und Ausflügen, die Förderung der Kenntnisse aus alpinen und heimatkundlichen Gebieten durch Vorträge und Besprechungen und die Pflege der Freundschaft, auch des Frohsinns ansah, verstärkte sich die romantische deutschvölkische Qualität, welche das Vorfeld des Nazifaschismus mitaufbereitete. Weniger aggressiv als dies in den rechten Verbindungskartellen auftrat, aber doch recht deutlich. 1922 qualifizierte der Verein seine Statuten in diese Richtung: „Vertiefung des deutschen Bewusstseins und der katholischen Überzeugung".[37]

Zum 50. Stiftungsfest des akademischen alpinen Vereines hielt Franz Huter die Festrede auf der Bergfeier in Alpach am 14. Jänner 1950. Dabei bot er alles auf, was der Fundus seiner Rhetorik in Prosa und Versen hergab, vor allem aber präsentierte er jenen Mythos von Blut und Boden auf tirolerisch aufgefrommt, der seine Lebenshaltung verdeutlicht: „Der Boden, auf dem die junge Zirbe erwächst, kann nur in den Idealen bestehen, welche die Gründer auf ihre Fahne schrieben: es ziemt sich, daß wir uns in dieser feierlichen Stunde ihrer erinnern, uns zu ihnen aufrichtigen Herzens feierlich bekennen. Sie hießen und heißen: Väterglaube, Berge und Heimat.

Väterglaube heißt festhalten an der Frohbotschaft des Gottessohnes, die uns das Erreichen des ewigen Zieles unserer Erdenpilgerschaft verheißt, heißt lebendiges Bekenntnis zu den Grundsätzen christlicher Ethik,

---

36 Statuten des „Academischen alpinen Vereines" gemäß Beschluß der außerordentlichen Versammlung des academischen Vereines für tirolisch-vorarlbergische Heimatkunde vom 26. October 1900 (§ 1: Der Verein führt den Namen: Academischer alpiner Verein und hat seinen Sitz in Innsbruck). Statthalterei Z. 42583 vom 19. November 1900. Auch die etwas geänderten Statuten o.D. (§ 1: Der Verein führt den Namen „Akademischer Alpiner Verein Innsbruck" (A.A.V.J.), hat seinen Sitz in Innsbruck und ist ein Verein deutscher katholischer Hochschüler.) Statthalterei Z. 71424 vom 3. Dezember 1909. UAI.
37 Statuten des Akademischen A(a)lpinen Vereines (A. A. V.) von 1905 und 1922. UAI.

die unsere Herzen adeln, unseren Geist williger machen zum Guten und Schönen und unsere menschlichen Schwächen bändigen. Väterglaube heißt endlich den Blick ausgerichtet halten nach dem ewigen Licht, das uns mit magnetischer Kraft aus allen Enttäuschungen und Irrfahrten dieses Lebens immer wieder auf den rechten Weg zurückzwingt. /.../

Von den irdischen Idealen gilt zunächst der Berg. Berg heißt für uns mehr als Wanderschaft in Gottes freier Natur, Berg heißt Ziel und Aufgabe, Kampf mit der Gefahr, Schule des Mutes und der Gesundheit. /.../

Der Berg ist für uns nicht zuletzt Quelle und Zeuge edler Freundschaft, die sich im gemeinsamen Bergerlebnis bindet und immer wieder erneut, die erst der Tod zu lösen vermag. Der Garten der Gottesnatur ist gleichsam der Altar, vor dem wir die Freundschaft des Lebens schließen. Der gemeinsame Kampf um das gemeinsame Ziel, daß einer für den anderen steht, wenns gilt, aber auch mit ihm die Freude des Erfolges teilt, gibt dem Bunde Weihe und Bestand. /.../

Über und in den Bergen lebt die Heimat. Sie ist dort, wo unsere Wiege stand, wo wir die ersten Kindertränen weinten, wo uns in Haus und Schule, Wald und Feld die ersten Freuden winkten und wo wir Weg und Steg und jeden Strauch und Baum wie unsere Stube kannten, Heimat ist dort, wo unsere Väter einst den Pflug geführt, wo sie den Samen in die Heimaterde streuten. Doch Heimat ist auch Land, das Schicksal bedeutet, Schicksal der Ahnen und unser Schicksal, Schicksal ihrer und unserer Gemeinschaft. Und Schicksal beinhaltet Freud und Leid. In Beiden kann der Mensch ach so groß und so klein sein. So umfängt uns die Heimat mit ihrem Geschick von der frühesten Jugend bis zum Ende der Tage. /.../

Der Heimat zu dienen, ihr Schicksal mitzubauen, ist nicht zuletzt verpflichtendes Vermächtnis derer, die für sie starben. So darf ich diese besinnliche Stunde des 50. Stiftungsfestes mit dem Lob der Heimat schließen, das ich den Südtirolern in ihr Lesebuch schrieb:

Heimat. Inbegriff der Liebe zur Mutter Erde bist Du, aus der wir wurden und wuchsen, die in uns lebt und waltet im Denken und Fühlen, im Sinnen und Trachten, im Sprechen, und Schreiten.

Blühender Garten, von der langen Reihe der Ahnen immer wieder im Schweiß und Arbeit dem Wasser und dem Walde abgerungen und zu dem Paradies umgeschaffen, als das Dich alle preisen, die Dich jemals schauten.

Rebenland und Almenreich, von weißen Bergen umstanden, Zeugnis der Allmacht des Schöpfers, der hier auf engstem Raume setzte fast alle Wunder der Welt.

Acker des Lebens und friedliche Zuflucht auf dieser tobenden Erde sollst Du mit Deinen Herrlichkeiten allzeit sein uns und bleiben, bis der Eine in eine andere Heimat uns ruft."

Der seit 1873 existierende Akademische Historiker-Klub, dem Franz Huter angehörte,[38] nahm nicht jenen Einfluß, der eigentlich zu erwarten steht. Aus ihm heraus kamen nicht jene Freundschaften wie sie am Wiener Institut für Österreichische Geschichtsforschung stilisiert wurden. Ein zeitgenössisches Foto aus Anlaß des fünfzigsten Stiftungsfestes im Sommersemester 1923 ist erhalten geblieben. In der ersten Reihe sind sitzend die Professoren Ignaz Philipp Dengel, Harold Steinacker, Franz Wieser, Karl Friedrich Lehmann-Haupt, Hermann Wopfner und Richard Heuberger zu sehen, dann stehend in der ersten Reihe von oben mit Franz Huter die Mitglieder Karl Schalberger, Lina Pohl, Josef Reinthaler, Rudolf Spiler, Ernst Terzer, in der zweiten Reihe von oben Ludwig Knapp, Friedrich Eibelhuber, Julian Thurnher, Karl Inama-Sternegg, Hans Kinzl, Franz Kolb, Rosmarie Gassner, Karl Weingartner, Maria Gaßner, Walter Del-Negro, Sebastian Stecher, in der dritten Reihe von oben Josef Ringler, Herma Hackl, Amalia Fleischer, Hugo Hantsch, Lisl Hafenbraedl, Epiphan Redhammer, Erika Steininger, Josef Rieser, Edith Jülg, Pankraz Stollenmayer, Josef Überbacher; neben den Professoren saßen die Mitglieder Anton Wieser und Rudolf Marsoner. Auf der Rückseite setzte Franz Huter hinter seine Unterschrift den Vereinszirkel des Akademischen Alpinen Vereins. Die aus diesem Anlaß publizierte Festschrift hat der spätere Wiener Professor Hugo Hantsch (1895-1972) redigiert. Hantsch hat bei Harold Steinacker mit einer Arbeit über „Die rechtlichen Grundlagen in der klösterlichen Aufnahmeordnung des hl. Benedikt. I. Teil: Untersuchungen über die historischen Voraussetzungen der benediktinischen Profeßurkunden" in einer Weise dissertiert (Promotion am 4. Juni 1921), die nach der Einschätzung von Franz Huter „der Steinackerschen Schule als Beitrag zur frühmittelalterlichen Urkundenlehre alle Ehre macht".[39] Dieser rechnete sich Hugo Hantsch, wie Günther Hamann (1924-1994) weiß, selbst zu.[40] Franz Kolb (1886-1959), katholischer Priester und

---

38 Festschrift des Akademischen Historikerklubs in Innsbruck, hg. anläßlich seines fünfzigsten Stiftungsfestes 1923. Universitäts-Druckerei Würzburg 1923, 122.
39 Franz Huter: Dem Andenken von Hugo Hantsch (1895-1972). Tiroler Heimat 36 (1972), 165-171.
40 Günther Hamann: Hugo Hantsch. Nachruf. Almanach der ÖAdW 123 (1973), 338-367.

Harold Steinacker

an der Innsbrucker Lehrerbildungsanstalt tätig, hatte als Schüler von Wopfner mit „Untersuchungen zur bäuerlichen Wirtschaftsgeschichte des Tals Navis" promoviert (21. Mai 1921). Franz Huter begegnete ihm in Innsbruck wiederholt, da sich Kolb weiterhin mit Fragen der bäuerlichen Rechts- und Wirtschaftsgeschichte befaßte. Auch der am 9. Juli 1921 mit „Studien über die geistigen und künstlerischen Probleme in der Darstellung der Geburt Christi bis zur Renaissance" promovierte Kunsthistoriker Josef Ringler (1893-1973) blieb als Direktor des Volkskunstmuseums in Innsbruck, und natürlich der am 9. Juni 1923 mit der bei Johann Sölch (1883-1951) eingereichten und als „vorzügliche Leistung" approbierten Dissertation „Die Hauptzüge der Landformung im westlichen Oberösterreich zwischen Traun und Inn" am 9. Juni 1923 promovierte Geograph Hans Kinzl (1898-1979), Franz Huters jahrzehntelanger Kombattant an der Universität. Unterm 17. Juli 1920 findet sich im Verkehrsbuch des

Historikerklubs die Eintragung von Franz Huter: „Wünsche allen recht frohe Ferien, Gesundheit und herrliches Wetter für erhebende Bergfahrten!".

Vor seiner Übersiedlung nach Freiburg, im Oktober 1920, hinterließ er im Verkehrsbuch seine dortige Adresse (Weerthstraße 5/III). An der Freiburger Universität immatrikulierte Franz Huter am 30. Oktober 1920. Er besuchte Vorlesungen und Übungen von Heinrich Finke (1855-1938), Felix Rachfahl (1867-1925) und Georg von Below (1858-1927), bürgerlich-konservative Historiker, die Huters Gespür für quellenmäßige Erfassung eines Stoffgebietes verstärken konnten. Vor allem aber war Franz Huter beeindruckt vom in Freiburg lehrenden Österreicher Norbert Krebs (1876-1947), dessen geographisches Seminar in beiden Semestern sein Hauptstudienplatz war. Nicht nur Wissen häufte sich an, Franz Huter nahm die von nationalistischen Positionen ausgehende Begründung der imperialistischen Geopolitik auf. Krebs, der 1927 nach Berlin ging, operierte mit seinem Projekt der kartographischen „Darstellung des deutschen Raumes im Rahmen seiner Nachbargebiete" zur Rechtfertigung und Propagierung der nationalsozialistischen Geopolitik und Ost- und Südostexpansion.[41] Der Tirol-Atlas, der in den sechziger Jahren von Franz Huter begonnen wurde und ein Grundlagenwerk ist, hat hier ebenso seinen Ursprung wie die die Europaregionen der Gegenwart vordenkenden Überlegungen der „politischen Raumbildung im mittleren Alpenstück"[42]. Die Freiburger Studentenzeit war für Franz Huter ein glücklicher Abschnitt. Die große Mehrheit der Studentenschaft stand selbstverständlich gegen die Arbeiterbewegung und gegen die Revolution. Franz Huter hatte familiären Anschluß in der Familie des in der Freiburger Bürgerschaft angesehenen Mittelschulprofessors und Präsidenten des Landesvereins „Badische Heimat" Dr. Hermann Schwarzweber (1884-1972).[43] Schwarz-

---

41 Über Krebs: NDB 12 (1980), 730 (Edgar Lehmann); Die Berliner Akademie der Wissenschaften in der Zeit des Imperialismus. Teil III. Die Jahre der faschistischen Diktatur 1933 bis 1945. Verfaßt von Conrad Grau/Wolfgang Schlicker/Liane Zeil. Leitung der Arbeiten und Gesamtredaktion Leo Stern. Berlin 1979, 306 ff.

42 Wege der politischen Raumbildung im mittleren Alpenstück. In: Die Alpen in der europäischen Geschichte des Mittelalters. Reichenau-Vorträge 1961-1962 (Vorträge und Forschungen, hg. vom Konstanzer Arbeitskreis für Mittelalterliche Geschichte 10). Konstanz-Stuttgart 1965, 245-260.

43 Franz Laubenberger: Unser Ehrenpräsident Professor Dr. Hermann Schwarzweber +. Badische Heimat. Mein Heimatland. 53 (1973), Heft 1, 1 f. (mit Porträfoto 3); Wilhelm Bergdolt: In memoriam Hermann Schwarzweber. Ebenda, 4 f.

weber hatte von seiner Innsbrucker Studentenzeit (Studienjahr 1903/04), die er viel in den Bergen verbracht hatte, nur gute Erinnerungen mitgenommen. Von dessen Hütte am Sonnhaldeeck im Schwarzwald unternahm Franz Huter viele Wanderungen und Schifahrten. In eine Tochter des „Professors" verliebte er sich, doch kam die von ihren Eltern gerne gesehene Verbindung nicht zustande. Noch in den siebziger Jahren war ein nettes Jugendbild vom „Franzel" in dieser Hütte zu sehen.

Von Freiburg ging Franz Huter für das Wintersemester 1921/22 nach Wien, wo er, wenn auch nicht als förmliches Mitglied, die Vorlesungen am Österreichischen Institut für Geschichtsforschung besuchen konnte. Seine in der historisch-politischen Abteilung des geographischen Seminars bei Eugen Oberhummer (1859-1944) und am Institut bei Emil von Ottenthal (1855-1931) und Oswald Redlich (1858-1944) erworbenen Seminarzeugnisse bestätigten ihm sehr guten Erfolg. Während dieses ersten Wiener Semesters gewann Franz Huter zu seinen Studienkollegen Otto Brunner (1898-1982), Herbert Klein (1900-1972) und Friedrich Walter (1896-1968) näheren Kontakt, der sich zu nützlichen Freundschaften vertiefte. Die Tiroler Ottenthal - bei ihm hatte Franz Huter die Übungen aus Kaiserurkunden im Institut für Geschichtsforschung besucht - und Redlich ermunterten ihn, den Kurs an ihrem Institut nach Beendigung des Innsbrucker Studiums ordentlich zu besuchen. Die Professoren begannen Franz Huter zu achten, zumal er in Gesellschaft das hatte, was man allgemeinhin als „Geist", gute Manieren und sicheres Auftreten bezeichnet. Sie selbst waren daran interessiert, daß aus ihrer „Schule" junge Leute wie Franz Huter hervorgehen sollten, die solide Beiträge zur Geschichte leisten würden.

Nach Innsbruck zurückgekehrt begann Franz Huter an seiner Dissertation zu arbeiten, die er im Spätherbst 1923 fertigstellte. Im Jänner 1922 hatte er im Anschluß an Schitage im Schwarzwald auf Einladung des Deutschen und Österreichischen Alpenvereins im Saal der Kunstgewerbeschule in Pforzheim einen Vortrag „Das deutsche Südtirol" gehalten: „In ergreifender Weise schilderte der Redner, wie der Italiener und seine Lire nunmehr das Land beherrschen und wie die Stützpunkte des Deutschtums, die Hütten des D. u. Oe. Alpenvereins, teils zerstört, teils verwelscht sind. Mit einem Lied, das Hoffnung und Wunsch ausdrückt, wieder zum Stammlande zurückzukehren, schloß der Vortragende seine Schilderungen".[44] Als Dissertationsthema hatte sich Huter in Absprache mit Her-

---

44 Pforzheimer Anzeiger vom 17. Jänner 1922.

mann Wopfner „Die Grundherrschaften des Tales Schnals" gewählt. Die Arbeit ist derzeit verschollen. Wopfner und Harold Steinacker, dieser als Zweitreferent, charakterisieren in ihren Gutachten vom 7. bzw. 10. November 1923 Gründlichkeit und Planmäßigkeit, mit der Franz Huter an die Sammlung des archivalischen Stoffes herangegangen ist, und sein kritisches Eingehen auf die Überlieferung mit ihren Lücken und Zufälligkeiten. Diesen hier von seinen Lehrern hervorgehobenen Arbeitsstil hat Franz Huter bei seinen wissenschaftlich historischen Arbeiten beibehalten. Das einstündige Rigorosum aus Philosophie legte Franz Huter schon am 19. November 1923 beim Psychologen Franz Hillebrand (1863-1926) und beim Philosophen Alfred Kastil ab.[45] Das zweistündige Rigorosum aus Geschichte und Geographie, welches Studium er in Innsbruck bei dem mit Wintersemester 1920/21 dorthin berufenen Johann Sölch betrieben hatte, bestand Franz Huter am 10. Dezember 1923 stimmeneinhellig mit „ausgezeichnet". Prüfer waren Hermann Wopfner, Harold Steinakker und Johann Sölch, als Dekan war der Physiker Egon von Schweidler (1873-1948) anwesend.[46] Am 15. Dezember 1923 promovierte Franz Huter zum Dr. phil. Eigentlich hatte Franz Huter die Absicht gehabt, in den Mittelschuldienst in Südtirol einzutreten. Infolge der Unterdrückung des deutschen Schulwesens durch den italienischen Faschismus faßte er den Plan, sich am Institut für österreichische Geschichtsforschung weitergehend für die Wissenschaft oder den Archivdienst ausbilden zu lassen. Die Institutsleitung, Direktor war Ottenthal, ermöglichte ihm mit Sommersemester 1924 unter Erlassung des Vorbereitungskurses den Eintritt in den laufenden 34. Institutskurs, zuerst als außerordentliches, dann als ordentliches Mitglied.[47] In einem 1964 niedergeschriebenen Lebenslauf merkt Franz Huter an, daß ihm dieser Kurs mit Wilhelm Kraus, Alphons Lhotsky und Rudolf Pühringer „treue Lebensfreundschaften" beschert habe. Der Schriftsteller Heimito Doderer (1896-1966), der wegen seiner österreichischen Gesinnung bekannt gewordene Ernst Karl Winter (1895-1959), aber auch

---

45 Hillebrand gab Franz Huter deshalb auch die Note nicht genügend, Kastil gab die Note genügend. Dekan war der Physiker Egon von Schweidler, der als Gesamtresultat genügend gab. Protokoll vom 19. November 1923. UAI.

46 Protokoll vom 10. Dezember 1923. UAI.

47 Die Ernennung zum ordentlichen Mitglied erfolgte mit Erlaß des Bundesministerium für Unterricht vom 18. Juni 1924 Z. 15160-I-3 unter Einrechnung des früher am Institut zugebrachten Semesters für den Rest des Lehrkursus. Prüfungszeugnis Z. 78/1925 vom 9. Juli 1925. Vgl. Alphons Lhotsky: Geschichte des Instituts für Österreichische Geschichtsforschung 1854-1954. Graz-Köln 1954, 379-372 (XXXIV Kurs).

Hugo Hantsch, die in diesem Kurs eingeschrieben waren, werden in den autobiographischen Skizzen von Franz Huter nirgends erwähnt. Doderer hat die Aura des Wiener Instituts nicht unrichtig beschrieben, „jene tüchtigen, schlauen und biederen Leute aus Oberösterreich oder Tirol, welche in einer öligen Atmosphäre die Probleme der diversen Landesgeschichten urkundlich bearbeiten, untereinander einig, und mit scharfen Sinnen jeden witternd, der Reste eines fremden Stallgeruches an sich trug, und nicht den eigenen, der allen das Vertrauen zu erwecken vermochte".[48] Dachte er auch an Franz Huter, wenn er schreibt: „Auf die Landeshistoriker warteten die Posten in der Provinz, und meistens wartete auch eine dortige Braut."[49] Auf das Thema seiner Hausarbeit „Über das Marktgerichtsprivileg der Erzherzogin Claudia von Tirol für die Bozner Märkte (1635) und über seine Quellen" machte Franz Huter sein an der Juristenfakultät als Professor für Deutsches Recht und Österreichische Reichsgeschichte wirkende Landsmann Hans von Voltelini (1862-1938) aufmerksam. Die über die Mittelmäßigkeit hinausreichenden Professoren des Instituts beschleunigten die wissenschaftliche Ausbildung von Franz Huter. Approbiert wurde die Institutshausarbeit vom Kultur- und Wirtschaftshistoriker Alphons Dopsch (1868-1953) und als „sehr befriedigende" Gesamtleistung gewertet. Alphons Dopsch, der als Forscher und Geschichtsschreiber mit seinen Werken über die Wirtschaftsentwicklung der Karolingerzeit und über die wirtschaftlichen und sozialen Grundlagen der europäischen Kulturentwicklung aus der Zeit von Cäsar bis zu Karl dem Großen im Zenit stand, hat mit seiner Rednergabe und seinem Wissen den Blick von Franz Huter auf geopolitische und wirtschaftsgeschichtliche Zusammenhänge stark beeinflußt. Alphons Dopsch nahm in seiner persönlichen Ausstrahlung großen Einfluß auf junge Leute, was auch von dem von der Gestapo erschossenen französischen Historiker Marc Bloch (1886-1944), der einmal vom „ausgezeichneten Dopsch" spricht, bestätigt wird.[50]

Mit Hans von Voltelini blieb Franz Huter in wissenschaftlichem und persönlichem Austausch, wozu nicht nur das Tiroler Urkundenbuch vielfachen Anlaß gegeben hat. Voltelini hatte Sehnsucht nach Tirol und die

---

48 Doderer: Die Dämonen. Zitiert nach der Ausgabe des Deutschen Taschenbuch Verlags 1985, 203.

49 Ebenda, 204.

50 Zitiert von Steffen Sammler: „Histoire nouvelle" und deutsche Geschichtswissenschaft. Der Einfluß deutscher Historiker auf die Herausbildung der Geschichtskonzeption von Marc Bloch. In: Karl Lamprecht weiterdenken. Hg. von Gerald Diesener. Leipzig 1993, 258-271, hier 269.

Absicht gehabt, eine Geschichte Tirols zu schreiben, wie Hans Kramer (1906-1992), der während seiner Ausbildung am Institut von 1926 bis 1929 in einem Zimmer seiner Wohnung in Wien wohnte und ihm auch sonst näher gekommen war, berichtet.[51] Aus seinem Nachlaß gab Franz Huter 1951 „Die Südtiroler Notariats-Imbreviaturen des 13. Jahrhunderts" heraus[52], deren erster Teil von Voltelini schon 1899 ediert worden war.

An den an der Rechtsgeschichte erprobten Editionsgrundsätzen von Hans von Voltelini, der dem ersten Teil eine bis heute gültige Geschichte des Notariatswesens als Einleitung gab, hatte sich in diesen 52 Jahren nichts geändert. Notariatsimbreviaturen sind im Mittelalter Hefte oder Bücher, in denen die Notare die von ihnen ausgestellten Urkunden gekürzt in zeitlicher Folge eintrugen. Viele Jahre bevor die „Alltagsgeschichte" modern geworden ist, haben Voltelini und dann eben Huter den Alltag der „kleinen Leute" in der Bozner und Trientner Gegend editorisch bearbeitet, denn die Registereintragungen sind vor allem eine Quelle für die Sozial- und die Wirtschaftsgeschichte. Für Heinrich Fichtenau war darüber hinaus das Glossar des Bandes anregend, weil es in instruktiven Beispielen das Urkundenlatein an der Grenze zweier Volkstumskreise und zweier Epochen sichtbar machte.[53] Der Zürcher Rechtshistoriker Karl S. Bader meinte, „daß alle Rechtsgebiete, vor allem Privat- und Prozeßrecht, erfaßt werden und daß wir neue Einblicke in die rechtlichen und tatsächlichen Zusammenhänge einer zeitlich und räumlich geschlossenen und doch nach allen Seiten hin offenen Landschaft erhalten".[54]

Emil von Ottenthal und Oswald Redlich sahen in Franz Huter einen in jeder Hinsicht zu fördernden Nachwuchshistoriker. In seiner Weltanschauung, in seinem ganzen Habitus entsprach er ihren Vorstellungen. Franz Huter kam nie in den Verdacht, mit der Arbeiterbewegung zu sympathisieren. Ottenthal hatte einige Zeit solche Vorbehalte gegenüber Alphons Lhotsky, dessen intellektuelles Flair und tschechische Herkunft ihm schon verdächtig genug waren. Der Kunsthistoriker Julius Schlosser (1866-1938),

---

51 Hans Kramer: Erinnerungen an den Rechtshistoriker Hans von Voltelini. Festschrift Hans Lentze. Innsbruck. 359-368.

52 Acta Tirolensia, urkundliche Quellen zur Geschichte Tirols. Band IV. Die Südtiroler Notariats-Imbreviaturen des 13. Jahrhunderts. Zweiter Teil. Im Auftrage der Historischen Kommission beim Tiroler Landesmuseum Ferdinandeum hg. von Weiland Hans von Voltelini und Franz Huter. Innsbruck 1951. XV und 560 Seiten mit einer Schrifttafel.

53 Historische Zeitschrift 174 (1952), 708.

54 Historisches Jahrbuch der Goerres-Gesellschaft 73 (1954), 368-370.

der Franz Huter bei der mündlichen Schlußprüfung die für einen Archivforscher doch etwas abseits liegende Fragen über das Baptisterium von Florenz und die toskanische Protorenaissance stellte, gab bloß die Note genügend. Alphons Lhotsky hatte die „quälerische Vorbereitung" auf die Prüfung bei Schlosser in Erinnerung, als er seinen Artikel über „Unsere Lehrer" schrieb.[55] Die Staatsprüfung des Instituts – nach Approbation der Hausarbeit wurden die Klausurarbeiten aus Paläographie, Diplomatik, Österreichische Quellenkunde und Verfassungsgeschicht und Kunstgeschichte (26., 27., 30. Juni und 1. Juli 1925) angefertigt, dann erfolgte die mündliche Prüfung aus Paläographie, Dipomatik, Chronologie, Quellenkunde der österreichischen Geschichte, Geschichte der Verfassung und Verwaltung Österreichs, Archivkunde und Kunstgeschichte (9. Juli 1925) – bestand Franz Huter nach einstimmigem Urteil der Prüfungskommission „mit sehr befriedigendem Erfolge" (Staatsprüfungszeugnis vom 9. Juli 1925).

---

55 Aus dem Nachlass. Band V, Wien 1976, 268-277, hier 276.

IV. Archivdienst in Innsbruck und Beginn der Arbeiten am Tiroler Urkundenbuch

Im Oktober 1925 trat Franz Huter als Volontär in das Landesregierungsarchiv für Tirol in Innsbruck ein. Vor allem traten jetzt die Arbeiten am Tiroler Urkundenbuch in das Leben von Franz Huter. Das Museum Ferdinandeum hatte sich in den letzten Jahren vor Ausbruch des Weltkrieges die Herausgabe eines tirolischen Urkundenbuches, vorläufig das frühe Mittelalter umfassend, zum Ziel gesetzt. Dieser zuerst provinziell regionaler Plan gewann nach dem Weltkrieg infolge der Abtrennung Südtirols politische Bedeutung. Das wurde auch so gesehen, wenn Karl Inama von Sternegg (1871-1931) als Vorstand und Otto Stolz (1881-1957) als Geschäftsführer der Historischen Kommission des Museum Ferdinandeum am 24. Juni 1926 an den Präsidenten der Deutschen Akademie Georg Pfeilschifter (1870-1936) in München schreiben: „Trotzdem die finanzielle Lage des Vereines, wenn sie sich auch gebessert hat, noch nicht befriedigt, so muss doch der Plan des tiroler Urkundenbuches wieder aufgenommen werden; denn diese Aufgabe ist infolge des traurigen Schicksals, welches das Land Tirol und damit die deutsche Südmark im Jahre 1918 erlitten haben nicht mehr vorwiegend nur von landesgeschichtlicher Bedeutung, sie ist nunmehr auch von grösster Wichtigkeit für die Stellung des Deutschtums überhaupt. Denn nur aus den Urkunden kann der unumstössliche Beweis erbracht werden, dass Südtirol vom Brenner bis Salurn bereits im früheren Mittelalter ein deutsches Land geworden ist, und dass die gegenteilige Verhauptungen vor dem Forum der Geschichtswissenschaft und damit der allgemeinen Wahrheit nicht bestehen können. Diese Beweisstücke systematisch zu sammeln und sie für jedermann zugänglich zu machen, das ist der Zweck dieses Tiroler Urkundenbuches. Es soll ein eindringliches Denkmal für das hohe Alter des Deutschtums in jenem Gebiete werden." Die Historische Kommission des Tiroler Landesmuseums Ferdinandeum, für die als Vorsitzender Carl Inama von Sternegg zeichnete, schloß mit Franz Huter am 15. Februar 1926 einen Vertrag „zum Zwecke der Sammlung von abschriftlichem Materiale für das Tiroler Urkundenbuch". Einen Tag später, am 16. Februar 1926, nahm Franz Huter die „Weisungen für den Mitarbeiter der Historischen Kommission des Ferdinandeum (beschlossen in der Sitzung vom 13. Februar 1926)" zur Kenntnis, die sein Aufgabengebiet als Sammel-, Kopier- und

Regestrier- und sonstige notwendigen Arbeiten am Tiroler Urkundenbuch für den deutschen Anteil des Bistums Trient (Abteilung I. Deutsches
Etschland und Vintschgau) präzisierten. Für seine volle Arbeitsleistung von
täglich zweieinhalb Stunden für die Zwecke der Historischen Kommission bezog Franz Huter anfangs 100 Schillinge, ferner zum Ersatz von Rei-
sekosten ein monatliches Pauschale von 50 Schillingen im Vorhinein. Nach
Abschluß der Sammeltätigkeit verzichtete Franz Huter während der weiteren Bearbeitung auf jedes Honorar. Beträchtliche Mittel für die Zwecke
des Tiroler Urkundenbuches stellten die Deutsche Akademie in München
und die Stiftung für deutsche Volks- und Kulturbodenforschung, in welcher sich Albrecht Penck (1858-1945) um die Belange des Urkundenbuches kümmerte, zur Verfügung. Albrecht Penck, Spezialist der Eiszeit-
forschung, von dem vor allem richtungsweisende Arbeiten zur Geomor-
phologie stammen und der ein weitgereister Geograph war, war viele Jahre Professor in Wien gewesen, ehe er 1906 nach Berlin ging. Mit ihm
korrespondierte Otto Stolz, beide kannten sich auch vom Alpenverein
her. Das Ferdinandeum als solches erhielt finanzielle Unterstützung von
der österreichischen Bundesregierung, Tiroler Landesregierung und der
Gemeinde Innsbruck. Die Aufwendungen für das Urkundenbuch unterstützte auch die Wiener Akademie der Wissenschaften, deren Präsident
Oswald Redlich war. Am 23. Juni 1928 bewilligte sie aus Klassenmitteln
der philosophisch-historischen Klasse 900 öS. Geld kam auch vom Institut
zur Erforschung des deutschen Volkstums im Süden und Südosten (bei
der Universität München), in dessen Stiftungsrat Karl Alexander von Müller
(1882-1964) die Tiroler Agenda betreute und für welches Institut Franz
Huter die Südtiroler Archive aufnahm. Müller hat sich früh den Nazis
angeschlossen und war nach der Machtergreifung ein Führer ihrer
Historikertruppe. Raimund von Klebelsberg (1886-1967), der die der ganzen landeskundliche Forschung gewidmeten Schlern-Schriften herausgab,
fand bei ihm ebenfalls weitgehende Unterstützung. Die Wahl war nicht
auf Franz Huter gefallen, weil er als junger, bestausgebildeter Historiker
sich gerade anbot. In seinem Schreiben vom 1. Februar 1928 an Penck
führt Otto Stolz aus: „Jedenfalls kann eine solche Arbeit nur von jeman-
den durchgeführt werden, der mit den persönlichen und örtlichen Verhältnissen der Gegen auf das genaueste vertraut ist und es auch versteht,
sich der Aufmerksamkeit der Organe der italienischen Herrschaft zu entziehen." Für Franz Huter bedeutete die Übernahme dieser Aufgabe die
Zurücksetzung seiner wirtschaftsgeschichtlichen Interessen, die an der Universität und am Institut für Geschichtsforschungen im Vordergrund ge-

standen waren. Die Veröffentlichung seiner erweiterten Instituts-Hausarbeit „Die Quellen des Meßgerichts-Privilegs der Erzherzogin Claudia für die Boznermärkte (1635)"[56] konnte Franz Huter noch in die Wege leiten. Er hatte dabei die Unterstützung des Münchner Rates am bayrischen Obersten Landesgerichts und Honorarprofessors Wilhelm Silberschmidt, der über die Entstehung des deutschen Handelsgerichts gearbeitet hatte. Otto Stolz gab Franz Huter die ersten Hilfestellungen in Hinsicht auf die Technik der Aufnahme von Urkunden und blieb auch weiterhin sein Mentor in der Kommission. Die Präzision der Arbeitsmethode, in der sich die Vorteile der Innsbrucker und Wiener Ausbildung vereinigten, und die ausdauernde, durch die Liebe zu seiner von Italien besetzten Südtiroler Heimat gestärkte Arbeitsintensität von Franz Huter war für dieses Vorhaben von großem Nutzen. Die persönliche Durchforstung der Archive war aus politischen und wissenschaftspolitischen Gründen notwendig. Die wenigsten kleinen Archive waren so weit geordnet, daß Anfragen von auswärts zu einem Erfolg führen hätte können, zumal sie in ihrer Mehrheit von Geistlichen betreut wurden, die in dieser Hinsicht überfordert waren. Otto Stolz schreibt einmal an Albrecht Penck (23. Februar 1928): „Zudem bewirkte nur das persönliche Erscheinen das Verschwinden begreiflichen Misstrauens und wirkte allein allen sonst vielleicht gebrauchten Ausflüchten entgegen". Franz Huter konnte durch seine Südtiroler Personalkenntnisse und durch die Berufung auf die Verwandtschaft oder Bekanntschaft mit in der bürgerlichen Gesellschaft Südtirols verankerten Personen sich viele Archivalien entlehnen und zu photographischen Aufnahmen nach Bozen bringen. Vielfach war eine photographische Aufnahme an den kleineren Archivstandorten wegen der Lichtverhältnisse oder der Entfernung gar nicht möglich. Archivleiter war Karl Moeser (1877-1963), der in den Archiven in Brixen viele Abschriften hergestellt hatte und Franz Huter zusammen mit seinem Wissen vom Archivwesen zur Verfügung stellte. 1931 konnte Franz Huter aus dem von Karl Moeser gesammelten Wiltener und Georgenberger Material die für das Urkundenbuch des deutschen Etschlandes in Betracht kommenden Stücke auswählen, sein Vater hat dann in Bozen Abschriften dieser Stücke angefertigt.[57] Zwei Jahre vor seinem Tode übergab Moeser Franz Huter auch seine Bearbeitung des von ihm im Stadtarchiv Meran entdeckten ältesten Tiroler Verfachbuches,

---

56 Bozner Jahrbuch für Geschichte,Kultur und Kunst 1927. Hg. von Dr. Rudolf Marsoner und Dr. Karl M. Mayr. Bolzano 1927, 5-132, mit 1 Bildtafel.
57 Aus einem Briefkonzept an Otto Stolz vom September/Oktober 1931.

welches dieser als Über-Neunzigjähriger herausgab.[58] Das bürgerliche und bäuerliche Rechtsleben Alttirols spiegelt sich darin wider. Der gleichaltrige, frühverstorbene Rudolf Marsoner (1899-1928), Absolvent des Wiener Instituts und seit 1924 Archivar in Bozen und Wiederentdecker des wichtigen Bozner Spitalarchivs, kam ihm sehr entgegen, was Franz Huter in seinen Berichten auch anerkennt. Das von Marsoner für den Druck vorbereitete Bozner Bürgerbuch gab Franz Huter mit einer Einleitung heraus.[59]

Zu Leo Santifaller, der im Eisack- und Pustertal für seine Edition der Urkunden der Brixner Hochstifts-Archive (d.s. die Archive des Bischofs, des Domkapitels und des dem Domkapitel inkorporierten Spitals zum hl. Kreuz in Brixen) 845-1295[60] tätig war, gab es Konkurrenz, die vor Aufnahme der Arbeiten am Urkundenbuch durch Abklärung der südlichen Abgrenzung des Aufnahmegebietes bzw. der Archive von Seiten der Historischen Kommission reduziert werden konnte. Huter konnte mit Santifaller reden, der einsah, daß durch Huter etwas vorwärts ging, und mit Förderung von Paul Kehr (1860-1944) selbst auf dem Weg war, ein „deutscher Professor" zu werden. Ende 1928 habilitierte sich Santifaller an der Berliner Universität bei Albert Brackmann (1871-1952) und Friedrich Meinecke (1862-1954). Die österreichische Schule der Historischen Hilfswissenschaften hatte dort großes Renommee, das durch Michael Tangl (1861-1921) gefestigt war.[61] Wenige Monate später wurde Santifaller ordentlicher Professor an der Breslauer Universität, wo er die editorische Leitung des Schlesischen Urkundenbuches übernahm, aber auch noch die Drucklegung der Urkunden des Rodenegg-Archivs (1288-1340) forcierte.[62] Das Archiv der Grafen Wolkenstein-Rodenegg hatte Santifaller Anfang 1930 im Germanischen Nationalmuseum in Nürnberg für Tirol wie-

58 Das älteste Tiroler Verfachbuch (Landgericht Meran 1468-1471). Aus dem Nachlaß von Karl Moeser hg. von Franz Huter (Schlern-Schriften 283 – Acta Tirolensia. Urkundliche Quellen zur Geschichte Tirols 5). Innsbruck 1990, 321 Seiten.

59 Bozner Jahrbuch 1929/30, XI-XVI.

60 Innsbruck 1929. Schlern-Schriften 15.

61 Gerhard Oberkofler: Die österreichische Schule der Historischen Hilfswissenschaften im Urteil des deutschen Historikers Albert Brackmann (1922). Tiroler Heimat 48/49 (1984/85), 207-215; und: Über den Einfluß der österreichischen Schule der historischen Hilfswissenschaften in Berlin. Die Berufung von Michael Tangl (1861-1921) nach Berlin (1897) und seine Wahl zum ordentlichen Mitglied der Preußischen Akademie der Wissenschaften (1918). Tiroler Heimat 51/52 (1987/88), 234-241.

62 Innsbruck 1933. Schlern-Schriften 21.

der entdeckt und sich die ältesten Urkunden an das Breslauer Stadtarchiv entlehnen lassen. Ganz begeistert schreibt er am 12. März 1930 Klebelsberg: „Es handelt sich um lauter unbekannte und unveröffentlichte Stücke der Jahre 1288-1340, insgesamt 55 Stücke, darunter nur 6 lateinische, alle andern deutsch. Die Urkunden betreffen das Eisacktal und das Pustertal - ein herrliches Material. 3 Urkunden gehören dem 13., alle übrigen dem 14. Jahrhundert an. 42 Stücke habe ich bereits vollständig druckfertig; Den Rest hoffe ich in den nächsten Wochen zu erledigen. /.../ Das Manuskript könnte ich wohl im Laufe des Frühsommers abliefern."[63] Raimund von Kebelsberg half Santifaller bei der schwierigen Aufbringung der Mittel und bei den sich oft spießenden Verhandlungen mit dem Universitätsverlag, in dem die Schlernschriften herauskamen. Das war bei den „Brixner Urkunden" auch besonders notwendig, weil Santifallers Start der Universitätslaufbahn in Berlin seine Privatmittel zu erschöpfen drohte. Im Dezember 1928 war noch ein nicht durch Drucksubvention gedeckter Restbetrag für die Edition der Urkunden der Hochstiftsarchive aufzubringen, worüber Santifaller klagte: „Was ich noch vorschlagen kann ist folgendes: ich würde vorläufig die 5 Freiexemplare auf meine Autorexemplare übernehmen - wären also 100 Mark gedeckt; ich würde sie dann später, wenn ich einmal mehr bei Kasse bin auslösen. Die restlichen 100 Mark kann ich vorläufig nicht decken und mit einer Stundung bis zum Erscheinen des Werkes (das doch im Jänner sein wird!), ist nicht viel geholfen, weil ich nicht sagen kann, ob es mir bis dahin möglich sein wird (denn augenblicklich geht es uns infolge der Habilitationskosten derart lausig, wie schon lange nicht mehr!) - jedenfalls will ich es versuchen."[64] Auf ein Vorwort zu dieser Edition verzichtete Santifaller, was er gegenüber Klebelsberg begründete: „/.../die Entstehungsgeschichte des Werkes wäre ja interessant genug - aber gegenwärtig ist es ganz inopportun sie zu erzählen (der Ausgangspunkt müsste der Stand der tirol. Urkundenpubl. sein - Möser etc.! Sie verstehen)".[65]

Hans von Voltelini übergab Franz Huter seine Sammlung von Abschriften von Tiroler Urkunden, die mit dem Bestand der Historischen Kommission vereinigt wurden. So wie die Abschriften von Voltelini benützte Franz Huter auch andere Abschriftenkonvolute wie jene aus dem Nachlaß von Josef Resch (1716-1782) im Brixner Priesterseminar, von Josef Durig

---

63 Nachlaß Klebelsberg, UAI.
64 Brief aus Berlin an Klebelsberg vom 22. Dezember 1928. Nachlaß Klebelsberg, UAI.
65 Briefkarte vom 17. Jänner 1929 aus Berlin. Nachlaß Klebelsberg, UAI.

(1833-1901), der an einem Trientiner Urkundenbuch gearbeitet hatte, oder von Ludwig Schönach (1854-1916), doch mußte er eigentlich alles selbst überprüfen und kollationieren. Etwas schwierig war die Benützung von Archiven, die von Geistlichen gehütet wurden, die auf ihren Schätzen saßen und selbst edieren wollten. Franz Huter ließ seinen Vetter Prälat Hilber, der Direktor des Brixner Priesterseminars war, intervenieren. Die Klagen wegen der Sperrigkeit des Neustifter Chorherrn Anselm Sparber (1883-1969) weisen daraufhin. Das Verhältnis zu dem auf rasche Publikationen hin arbeitenden Otto Stolz entwickelte sich korrekt. Seine produktive Arbeitskraft beeindruckte Franz Huter sehr, und er brachte ihm Respekt entgegen. Otto Stolz war damals, als Huter in das Tiroler Archiv eintrat und mit dem Urkundenbuch beauftragt wurde, an der Fertigstellung seiner Bände über „Die Ausbreitung des Deutschtums in Südtirol im Lichte der Urkunden"[66], deren Korrekturen Franz Huter auch nach seiner Übersiedlung nach Wien mitlas. Auf eine Nennung im Vorwort wollte aber Franz Huter aus politischen Gründen verzichten. Er mußte mit gutem Grunde von seiten der Italiener bei seiner Sammeltätigkeit in Südtirol Repressionen fürchten. Otto Stolz schreibt am 22. August 1928 an Franz Huter: „Ihrem Wunsch, im Vorwort unter denen, die mich bei dem Werke unterstützt haben, nicht genannt zu werden, trage ich natürlich mit Rücksicht auf die von Ihnen angeführten Gründe Rechnung. Oder soll ich Sie mit Ihrem sonstigen Decknamen „Völser" anführen?" Stolz selbst profitierte von der Materialsammlung für das Urkundenbuch. Am 20. März 1930 schreibt er an Franz Huter: „Ich bin jetzt bei der Ausarbeitung des 3. Bd. meiner Ausbreitung des Deutschtums in Südtirol beschäftigt, insbesondere mit dem Abschnitt Bozen. Hiebei kann ich sehr gut die von Ihnen angefertigten und mir zur Verfügung gestellten Auszüge aus dem Stadtarchiv Bozen verwenden, welche sich auf die Bemühungen der Stadtgemeinde beziehen, dass die dortigen Pfarrgeistlichen deutscher Sprache sein sollen. Wenn ich nicht irre, haben Sie auch noch Auszüge aus den Stadtratsprotokollen, die sich gegen die Festsetzung von Welschen als Einwohner von Bozen beziehen. Ich habe zwar einiges darüber aus dem hiesigen Archiv und auch aus Bozen durch Herrn Dr. Ant. Dörrer erhalten. Falls Sie aber Ihr diesbezügliches Material nicht selbst verarbeiten wollen, wäre ich für dessen Überlassung sehr dankbar". Am 3. März 1931 schreibt Franz

---

66 Hg. vom Institut für Sozialforschung in den Alpenländern an der Universität Innsbruck und der Stiftung für deutsche Volks- und Kulturbodenforschung Leipzig. 4 Bände, München-Berlin 1927, 1928, 1932, 1934 (Nachdruck Bozen 1975).

Huter an Otto Stolz: „Den Auszug aus der Meraner Steuerliste habe ich gerne geliefert. Wenn Sie wieder ähnliche Wünsche haben, so bitte ich mir ungeniert zu schreiben. Sie wissen ja wohl aus Erfahrung, daß ich zu jeder Unterstützung Ihrer Arbeiten, insbes. der ‚Ausbreitung des Deutschtums‘ nach meinen bescheidenen Kräften mit Freuden bereit bin". Aus dem Nachlaß von Stolz brachte Franz Huter die Arbeit über die „Wehrverfassung und Schützenwesen in Tirol von den Anfängen bis 1918" heraus.[67] Die Arbeitsberichte von Franz Huter sind dem Anhang beigegeben, da sie Einblick in ein geschichtswissenschaftliches Laboratorium unter politisch schwierigen Bedingungen geben. Auch wissenschaftsorganisatorische Probleme werden deutlich, deren Handhabung Franz Huter später vielfach zugute kommen sollte. Der erfahrene Otto Stolz, der 1931 die Vorstandschaft des Tiroler Landesmuseum Ferdinandeum übernahm, ermunterte Franz Huter, gelegentliche Lücken in der Arbeit zu akzeptieren: „Daß sich bei der letzten Herstellung des Manuskriptes der ersten Lieferung für das Tir. Urkundenbuch immer wieder Lücken ergeben und die Beendigung dieser Arbeit hinaus zieht, kann ich mir vorstellen. Wie ich schon früher sagte, müssen auch nicht alle Fragen bezüglich der Entstehung und Datierung der einzelnen Stücke (insbesondere aus den Traditionsbüchern) zum Zwecke des Urkundenbuches geklärt werden. Auch daß das eine oder andere Stück für die erste Lieferung übersehen wird, ist wohl unvermeidlich. Nil humani perfectum est, gilt nach meiner Ansicht auch bei einer solchen Publikation. Es kommt auch da auf die Hauptsache an." (14. Juli 1931). Auch für die Einrichtung zum Druck, der außerhalb der Acta Tirolensia geplant wurde, gab Otto Stolz detaillierte Anleitungen. Der I. Band des Tiroler Urkundenbuches: Die Urkunden zur Geschichte des Deutschen Etschlandes und des Vintschgaus. I. Band: Bis zum Jahre 1200 (Innsbruck. LXIII und 390 Seiten) erschien im Frühjahr 1937. Zwei Bände folgten nach 1945 (II. Band: 1200-1230. Innsbruck 1949. XXXXVIII und 440 Seiten. III. Band: 1231-1253. XXXVIII und 523 Seiten, VIII Siegeltafeln. Innsbruck 1957). Im Tiroler Urkundenbuch, welches das wissenschaftliche Kapital von Franz Huter wurde, steckt eine ungeheure Kleinarbeit, von der sich der Benützer meist keine richtige Vorstellung machen kann. Sie verlangte von Franz Huter die völlige Beherrschung der hilfswissenschaftlichen Methode, vor allem des Schrift- und Diktatvergleichs, wie sie die Tradition von Theodor Sickel (1826-1908) und Julius von Ficker (1826-1902) war. Aus Anlaß des Anfang 1958

---

67 Innsbruck 1960, 279 S., 1 farb. Titelbild, 20 Tafeln.

ausgelieferten III. Bandes schreibt Alphons Lhotsky (9. Mai 1958): „Lieber alter Freund! Gestern bescherte mir die Post Dein superbes opus und ich stehe da mit leeren Händen, ohne die Möglichkeit, Dir annähernd eine Freude zu bereiten wie Du mir. Wüßte ich, daß Du meine Geschichte des K/unst/h/istorischen/ Mus/eums/ nicht selbst besitzest und einigen Wert darauf legest, so würde ich sehr froh sein, wenn ich mich damit in Deiner Bibliothek annähernd so vertreten sehen dürfte wie Du in der meinen repräsentiert bist. Nur wer selbst Editor ist, vermag zu ermessen, welche Unsumme Aufmerksamkeit, Scharfsinn, philologische und Sachkenntnis Du auch in diesem Bande bewährt hast – vom Fleiße und der Disziplin soll dabei gar nicht geredet sein. Sehr interessiert hat mich – u. a.! – die Technik Deines Registers. Sei recht freudig darüber, und ein bissel stolz darf man ja auch sein! Schade, daß wir nicht zusammen wirken dürfen – es würden so zwei wesentliche Seiten der Quellentechnik repräsentiert sein." Leo Santifaller hat einmal, als beide schon ältere Herren waren, spontan an Franz Huter geschrieben: „Ich benützte in den letzten Wochen wiederholt Ihr Tiroler Urkundenbuch – und staune immer wieder über diese Ihre gewaltige und für uns alle so unendlich wertvolle Arbeitsleistung – dies wollte ich Ihnen sagen!" (22. Dezember 1965). Die Creme des Instituts für österreichische Geschichtsforschung war stolz darauf, daß sie in Franz Huter mit seinen Urkundeneditionen und seinen damit verbundenen filigranen Einzelstudien wie dem strikt hilfswissenschaftlichen, Leo Santifaller zum 60. Geburtstag gewidmete Artikel „Mit Papsturkunden gegen Vogt und Bischof. Aus der älteren Klostergeschichte von Marienberg-Schuls"[68] oder dem „als literarischer Gruß an den dankbar verehrten Lehrer" und väterlichen Freund" gewidmeten Beitrag zur Festschrift zum 80. Geburtstag von Harold Steinacker über „Die Anfänge einer landesfürstlichen Kanzlei in Tirol"[69] einen Repräsentanten im Westen Österreichs hatte, mit dem sie stets rechnen konnte. Heinrich Fichtenau, Direktor des Instituts für österreichische Geschichtsforschung, benützte wiederholt das Tiroler Urkundenbuch: „Da habe ich oftmals Gelegenheit, nicht nur die Akribie zu bewundern, sondern die Art, wie Sie stets den Nagel auf den Kopf teffen und das Lokale in große Zusammenhänge einordnen. Wie notwendig ist diese Ergänzung des Heimatforschertums!"[70]

---

68 Zeitschrift für Schweizerische Geschichte 30 (1950), 497-529, auch Ausgewählte Aufsätze 82-102.

69 Südost-Forschungen XIV (1955), 66-84.

70 Brief vom 9. August 1969 zum Siebziger von Franz Huter.

Neben dem Urkundenbuch wurde das Tafelwerk „Herzog Rudolf der Stifter und die Tiroler Städte"[71] zu einem häufig benützter Forschungsbehelf am Institut, dem Franz Huter stets zugewendet war. In den Augen von Heinrich Fichtenau, dem Franz Huter das druckfertige Manuskript zur Ansicht übermittelt hatte, war dieses Tafelwerk „eine bedeutende Leistung sowohl für die Geschichte wie für die Diplomatik".[72] Für Heinrich Fichtenau war der 85jährige Franz Huter „das Gegenteil eines „vergreisten" Professors, der man schon in viel jüngeren Jahren sein könnte" und „ein Vorbild des Mannes, der in schlimmen Situationen und Zeiten nicht aufgibt und dabei seinen überlegenen Humor bewahrt".[73] Dem 90jährigen schreibt der Heinrich Fichtenau als Direktor des Instituts für österreichische Geschichtsforschung nachfolgende Herwig Wolfram: „Als Doyen unseres Instituts sind Sie uns allen und – wie Sie sehr wohl wissen – mir persönlich stets ein großes Vorbild gewesen, und zwar sowohl was Lebensführung, Wissenschaftlichkeit und Gottvertrauen betrifft. Es ist stets meine Absicht gewesen, das Institut für österreichische Geschichtsforschung im Sinne einer gesamtösterreichischen Verpflichtung zu leiten. Gerade aus diesem Grund bin ich stets – allerdings auch aus persönlicher Neigung – mit unseren Mitgliedern im Westen Österreichs verbunden gewesen".

---

71 Herzog Rudolf der Stifter und die Tiroler Städte. Festgabe der Gewerblichen Wirtschaft Tirols zum 600-Jahr-Jubiläum der Vereinigung Tirols mit Österreich (Tiroler Wirtschaftsstudien 25). Innsbruck 1971, 82 Seiten, 20 Facsimile-Tafeln mit 31 Seiten Transkription.
72 Brief vom 14. Mai 1971.
73 Brief vom 7. August 1984.

V. Im Haus-, Hof- und Staatsarchiv Wien

Franz Huter hatte in Innsbruck zuerst gehofft, die Nachfolge von Leo Santifaller im Bozner Staatsarchiv antreten zu können. Santifaller war auf dem Sprung, seine akademische Karriere aufzunehmen. Infolge der verschärften Italienisierung Südtirols durch den Faschismus wäre für Franz Huter, der immer noch die italienische Staatsbürgerschaft hatte, allerdings nur eine Stelle südlich der Salurner Klause in Frage gekommen. Der italienische Faschismus vollzog in Südtirol die von Ettore Tolomei (1865-1952) in seinem „Archivio" mitgedachte Politik der Italienisierung durch Unterdrückung der deutschsprachigen Schulen, der Verbannung der deutschen Sprache aus den Ämtern oder durch die geförderte Ansiedlung von Industrie mit italienischer Arbeiterschaft in den Talkesseln. Ettore Tolomei hatte seinen Sitz in Glen auf halber Höhe über dem Etschtal im Bozner Unterland bei Neumarkt, wo er einen Hof erworben hatte. Für Franz Huter war Glen „das Symbol der Unterdrückung" und Tolomei „der Böse Geist des deutschen Etschlandes".[74] Den italienischen Behörden war irgendwie bekanntgeworden, daß Franz Huter im Interesse Südtirols in Fragen der Usi civici (Gemeindenutzungsrechte) und in der Frage der italienischen Amtsführung des Bozner Merkantilmagistrats archivarische Gutachten zumindest mitkonzipierte. So entschloß sich Franz Huter die österreichische Staatsbürgerschaft anzunehmen, welche er nach Aufnahme in den Heimatverband der Gemeinde Stams (14. September 1927) auch erhielt. Harold Steinacker vermittelte Franz Huter zu Anfang 1928 eine Anstellung am Haus-, Hof- und Staatsarchiv in Wien, in das er als Beamtenanwärter mit dem Amtstitel „provisorischer Unterstaatsarchivar" (Dekret vom 7. März 1928) eintrat. Am 31. Dezember 1929 erhielt er das Definitivum und am 21. Dezember 1934 wurde er zum Staatsarchivar 1. Klasse ernannt.

Auch in Wien forcierte Franz Huter das Tiroler Urkundenbuch, nicht ohne Mißverständnisse. In seinem Jahresbericht vom 14. Februar 1929 forderte Franz Huter eine eindeutige Stellungnahme von seiten der historischen Kommission des Tiroler Landesmuseums ein, was Otto Stolz am 21. Februar 1929 auch tat: „/.../ Ich habe ja schon öfters gegenüber an-

---

74 Bericht vom 19. Juli 1955.

dern Mitgliedern der histor. Kommission, vielleicht auch gegenüber Ihnen selbst mich geäussert, dass nach meiner Meinung Sie in erster Linie berufen sind, die Herausgabe des Urkundenbuches zu besorgen, bezw. dass die Kommission froh sein muss, wenn Sie diese Aufgabe übernehmen. Ich habe diese Ansicht bis heute in keiner Weise geändert. Ob Sie gerade bis zum Abschlusse mit dem J. 1300 die ganze Aufgabe durchführen werden, das steht gewiss in erster Linie bei Ihrer Bereitwilligkeit, aber ich würde es Ihnen nicht zumuten, diesbezüglich eine Verpflichtung zu übernehmen oder auch nur ein Versprechen abzugeben, denn das könnte Sie vielleicht allzulange und wider Ihren späteren Willen an dieser einen Aufgabe festhalten. Nur deshalb habe ich meinem letzten Briefe an Sie allgemein von „dem betreffenden Bearbeiter" am Urkundenbuch gesprochen. Hoffentlich ist es mir gelungen mit diesem Schreiben Ihnen Ihre Bedenken in dieser Angelegenheit zu zerstreuen, natürlich kann ich über Ihren Wunsch auch eine Erklärung der Kommission hierüber einholen. / .../". Mit dieser Antwort war Franz Huter „vollauf befriedigt" (26. Februar 1929). Er blieb willensstark an der Bearbeitung und ließ sich durch pessimistische Äußerungen über ein baldiges Erscheinen des Tiroler Urkundenbuches wie von Richard Heuberger nicht beirren.[75]

Vom Direktor Ludwig Bittner (1877-1945)[76] wurden ihm die „Biographien der Archivbeamten seit 1749" übertragen. Theoretisch nicht reflektiert, auch nicht im Sinne der von Immanuel Kant aufgezeigten „Neigung" der Menschen, „sich zu vergesellschaften", und dem „Hang, sich zu vereinzeln",[77] und ganz fern jeder materialistischen Betrachtungsweise nähert sich Franz Huter bei Darstellung des individuellen Lebens der einzelnen Archivbeamten deren kollektiven Arbeitsergebnissen an. In späteren Vorhaben wird dieses Hinausgehen über das private Wesen noch deutlicher. Die von ihm in den fünfziger Jahren begonnene Edition der Innsbrucker Universitätsmatrikel, der nach Möglichkeit Biographien der Studenten beigegeben sind und seine Unterstützung des von Leo Santifaller ins Leben gerufenen Österreichischen Biographischen Lexikons heben diese Tendenzen hervor, die aber zugleich von seinen zahlreichen Würdigungen und Nachrufen, die das Individuum aus dem gesamten gesellschaftlichen Prozeß herausheben, wieder konterkariert werden. Ludwig Bittner,

75 So in einer Besprechung des Urkundenbuches der Brixner Hochstiftsarchive von Leo Santifaller. Historische Zeitschrift 141 (1930), 597-599, hier 597.
76 NDB 2 (1955), 281 (Taras v. Borodajkewycz).
77 Immanuel Kant, Idee einer allgemeinen Geschichte. Berlin 1784, hier zitiert nach Immanuel Kant: Zur Geschichtsphilosophie. Berlin 1948, 13.

Im August 1928 vor dem Staatsarchiv in Wien

seit 1926 als Generalstaatsarchivar Leiter des Haus-, Hof- und Staatsarchivs, förderte Franz Huter, indem er ihn auch zur Betreuung der aus der ganzen ehemaligen Monarchie und anderen Teilen Europas nach Wien kommenden Benützer einsetzte. Dadurch lernte Franz Huter Bedeutung und Vielseitigkeit des Quellenstoffes und der Forschungsbereiche gut kennen. Speziell wurde er bei den Reichsarchiven und in der Urkundenabteilung verwendet und zu den Vorarbeiten und bei der Erstellung des Index für das Aktenwerk „Österreich-Ungarns Außenpolitik" herangezogen. Bittner ermunterte Franz Huter. der Nazipartei beizutreten, was dieser in Hinblick auf deren Südtirolerpolitik, nicht aber aus anderen Gründen vorerst zurückstellte. In dem etwas älteren, hilfsbereiten Lothar Groß (1887-1944), der durch die Ordnung und Katalogisierung zahlreicher Archivbestände als Archivar sehr erfahren war, und in Fritz Reinöhl (1889-1969), der eine zeitlang auch die Geschäfte eines Wiener Universitätsarchivars besorgte, fand Franz Huter ihm freundlich gestimmten Archivkollegen. Er fühlte sich in Wien also wohl, in seiner Haltung stand er dem fortschrittlichen intellektuellen Leben völlig fern, es genügte ihm, in Harmonie mit seiner Archivtätigkeit und dem daraus resultierenden personellen Umfeld, das auch ein politisches und geistiges Schutzgehege war, zu leben. Am Wochenende zog er mit einem Turner- und Bergverein, dem keine Akademiker, sondern Handwerker und Arbeiter angehörten, in den Wienerwald oder in die Berge. Am 12. Februar 1934 kehrte Franz Huter von einem Schiausflug am Semmering nach Wien zurück und war völlig überrascht, daß die Straßenbahnen nicht gingen. Für ihn war und blieb der Kampf der österreichischen Arbeiterbewegung eine „Revolte" der „Genossen" gegen den Staat und die politische Autorität. Nichts wird in Franz Huter von den lebendigsten Hoffnungen der ihm unbekannten österreichischen Arbeiterklasse, die in diesen Februartagen zu Grabe getragen wurden, wach. Der Februar 1934 ist ihm nicht viel mehr als eine im Gegensatz zum Lauf der österreichischen Geschichte stehende Anekdote. Das Wien der dreißiger Jahre bot sich Franz Huter und seinesgleichen insgesamt als gemütlich dar. Das hat nichts mit Müßiggang oder der Arbeit eines Müßiggängers zu tun, auch nichts mit dem illusionären Leben von Kaffeehausintellektuellen, die ein modisches Buch mit dem anderen im aufgeregten Geschwätz erschlagen. Ihm geht es auch nicht um das Lebensgefühl einer von Rainer Maria Rilke (1875-1926) in den Aufzeichnungen des Malte Laurids Brigge sich widerspiegelnden, nach Verinnerlichung strebenden intellektuellen Schicht des späten Bürgertums. Franz Huter beschäftigt sich diszipliniert im Archiv und zuhause, plant seine Wochenendfreizeit. Die herannahende Katastrophe war für die akademisch Gebildeten weniger sichtbar als für die Arbeiter. Jean Rudolf von Salis erinnert sich an einen Besuch bei Heinrich Srbik im Herbst 1936, wie dieser mit süffisant mitleidigem Lächeln über den über sein Bürgertum entsetzten Friedrich Meinecke (1862-1954) sprach, „der gar nicht begreifen könne, daß die deutsche Jugend nach dem „Umbruch" sich etwas „ungebärdig" benommen habe".[78] Sein Schweizer Landsmann Edgar Bonjour erinnert sich an den Internationalen Historikerkongreß in Zürich 1938 so: „Als ich bei einem Vortrag zwischen dem mir von früher her bekannten Franzosen Pierre Renouvin und dem Österreicher Ritter Heinrich von Srbik, den ich schon mehrmals in Bern getroffen hatte, saß und die beiden miteinander bekannt machen wollte, entschuldigte sich der eine, er könne leider nicht deutsch sprechen, und der andere entzog sich mit der Ausrede, er verstehe leider zu wenig französisch. Sogar in den Vortragssälen herrrschte oft eine gespannte Atmosphäre. Srbik erschien zu den Veranstaltungen mit einem Gefolge junger aggressiver Deutscher, wir

---

78 Jean Rudolf von Salis: Grenzüberschreitungen. Ein Lebensbericht. Erster Teil 1901-1939. Zürich 1975, 162.

Franz Huter (im Vordergrund) bei einer Sonnwendfeier 1930 des Turner Bergsteigervereins

spotteten über Srbiks Knüppelgarde. Näf und ich fragten ihn einmal – gewiß etwas provokativ – warum man den hochverdienten Friedrich Meinecke so ohne ein Wort der Würdigung und des Dankes aus der Leitung der Historischen Zeitschrift entlassen habe. Srbik stutzte, überlegte und antwortete, als ob er diese Handlungsweise billige: „Meinecke hatte eben doch viele jüdische Schüler""".[79]

Seine Stellung am Archiv ermöglichte es Franz Huter, eine Frau zu suchen, er fand diese in der damaligen Lehrerin Marianne Pancheri (1907–1995), die er bei einer Zugfahrt in Südtirol kennengelernt hatte. Am 28. Oktober 1936 ehelichte er sie. Theaterbesuche treten jetzt vermehrt in die bildungsbeflissentliche Freizeitgestaltung von Franz Huter. Ein Leben lang war das Ehepaar einander treu und gegenseitig zugetan. Als das Leben seiner Frau zu Ende ging, stellte er überrascht fest, daß sie über viele Jahre hindurch handgeschriebene Exzerpte und Impressionen über Maria Antoinette in mehreren Bänden zusammengestellt hatte. Mit pflichtbewußtem Respekt trat Franz Huter seiner Lebenspartnerin entgegen, die er jahrelang wegen einer Erkrankung in einem Innsbrucker Pflegeheim zweimal täglich mitversorgte, mit Liebe und Nachdruck.

---

79 Erinnerungen. Basel 1983, 170.

Infolge seiner Arbeiten am Tiroler Urkundenbuch war er mit den Tiroler Größen der Wiener Geschichtswissenschaft wie Redlich und Ottenthal in persönlichen Kontakt gekommen. Ottenthal und Redlich hatten durch ihre jahrelange systematische Aufnahme der Kirchen-, Gemeinde- und Adelsarchive von Deutschtirol für ihre „Archivberichte aus Tirol" volle Sympathie und Wertschätzung für die Leistung von Franz Huter. Sie dürften ihren Landsmann zur Habilitationswerbung angestoßen haben, auch in Hinblick auf eine Professur in Innsbruck. Um seine Habilitation reichte Franz Huter am 15. Juni 1937 an der philosophischen Fakultät der Wiener Universität für Österreichische Geschichte ein. Inhaltlich entsprach die angestrebte Venia docendi nicht den Interesse der österreichische Demokratie, weil die in Territorialgeschichte und geschichtlicher Landeskunde versteckte Raumideologie durch die die österreichischen Staatsgrenzen bedrohenden Nazis als wissenschaftlich modern angeboten wurde. Das Verzeichnis der geplanten Vorlesungen konkretisiert diese Tendenz in den beiden vorangestellten Punkten: „1. Geschichtliche Heimatkunde der Alpenländer. 2. Geschichte der Südgrenze des deutschen Volkstums. 3. Geschichte Tirols. 4. Ausgewählte Kapitel aus der österreichischen Wirtschaftsgeschichte". Berichterstatter der Fakultät war Otto Brunner, der erst zum Wintersemester 1931/32 vom Haus-, Hof- und Staatsarchiv, wo er 1923 eingetreten war, in den Lehrkörper des Wiener Instituts übergewechselt war. Das Kolloquium wurde am 20. November 1937 abgenommen, den Probevortrag hielt Franz Huter am 4. Dezember 1937 über „Die Entstehung des Südtiroler Deutschtums" und am 18. Dezember 1937 verlieh die Wiener Fakultät ihm die Lehrbefugnis für Österreichische Geschichte (42 Stimmen ja, keine nein und 1 Stimmenthaltung), welchem Beschluß das Bundesministerium für Unterricht am 26. Jänner 1938 zustimmte. Otto Brunner konnte die von Huter geleistete Arbeit am Tiroler Urkundenbuch im Zusammenhang mit seinen eigenen Forschungen für sein Werk „Land und Herrschaft" als Pionierarbeit erkennen.[80] Der bald hernach erfolgte Einmarsch der Nazis in Österreich bedeutete für Franz Huter persönlich das Gefühl, in historischer Zeit und in Übereinstimmung mit der Volksgemeinschaft zu leben. Er jubelte am Heldenplatz, während die ersten Terrorkommandos unterwegs waren. Sein ganzes Umfeld war mit der mörderischen Zielsetzung der Nazis im Großen und Ganzen im Einklang, lehnte die eine oder andere Randerscheinung als zu

---

80 Über die Wiener Zeit von Otto Brunner siehe Adam Wandruszka: Otto Brunner. Almanach der ÖAdW für das Jahr 1982, 132. Jg. (Wien 1983), 387-397.

wenig diskret ab. Die „Bewegung" gab den Kleinbürgern Bedeutung und die Hoffnung, an der faschistischen Gewinnbilanz, die ja nicht schlecht ausschaute, mitzuprofitieren. Die sogenannte Reichskristallnacht im November 1938, ein Tag der brennenden Synagogen und brutalen Behandlung der jüdischen Mitbürger, änderte nichts an der Sympathie für das Naziregime. Die massenhaft einsetzende rassistische Verfolgung der Juden wie der Terror gegen die politischen Gegner, vor allem gegen die Kommunisten, wurde nicht nur hingenommen, sondern als reinigend und, im besten Fall, als vorübergehend eingeschätzt. In seiner Rechtfertigung 1946 sollte Franz Huter dann schreiben: „Als dann der Anschluss vollzogen war und der Eid auf Hitler abgelegt war, habe ich mit derselben Hingabe dem deutschen Staat /wie zuvor Österreich/ gedient. Auch in der Anmeldung zur Partei sah ich nichts Andres als das Bekenntnis des Staatsbeamten zum Staat, dem er dient". Die Übernahme als Dozent neuer Ordnung war für Franz Huter, der ab 1. Oktober 1938 die Amtsbezeichnung „Archivrat" führte, im Gegensatz zu den vielen von der Wiener Universität vertriebenen Dozenten und Professoren nie in Frage gestellt. Sie erfolgte am 6. November 1939, wobei die Lehrbefugnis noch auf das Fach „Österreichische Geschichte" lautete. Inzwischen war Franz Huter schon zur Hitlerwehrmacht, die die faschistische Neuaufteilung forcierte, eingezogen worden.

VI. Als Offizier d.R. in der Hitler-Wehrmacht

Zum 21. August 1939 sollte Franz Huter sich zu einem Übungslehrgang einer Flack-Maschinengewehrabteilung einer Reservekompagnie nach Oggau melden. „Ich hoffte, noch vorher", so beginnt Oberfähnrich Dr. Huter sein militärisches Tagebuch, „ein paar Tage in meiner südtirolischen Heimat verbringen zu können, aber am 9. kam überraschender Weise die Einberufung auf 10. in die Schule am Hundsturm (Wien V.). Die Lösung der Frage Danzig - Korridor begann sich am Horizont der europ. Politik abzuzeichnen". Nach Tagen der Einweisung und des Exerzierens überschreitet Franz Huter am 25. August bei Dürnkrut „den alten Grenzfluß zwischen deutsch und slawisch. Inzwischen ist es Tag geworden, schon in Gajár werden wir inne, daß wir deutschen Boden verlassen haben: ein richtiges slawisches Dorf mit Teich und Enten, Schmutz und elenden Wegen". Aber gleich schreibt Huter weiter: „Die Straße ist nicht übel, aber sehr staubig. Bei Malaczka queren wir einen kilometerlangen Föhrenwald und haben bald den Westfluß der kleinen Karpathen erreicht. Unsere Augen erfreuen sich am wundervollen Grün dieser Gegend, von den Abhängen winken Burgen (Scharfenstein) aus dem Wald heraus, wir fahren durch Dörfer, die in Obsthainen gleichsam begraben liegen". Am 27. August erreicht er mit seiner Kompagnie das Ziel Zips-Neudorf, dessen Flugplatz gesichert werden sollte. Untergebracht ist Huter bei einem Ing. Rudolf Malyjurek „sehr nett. Deutsches Haus mit Wohnkultur, auch Badegelegenheit. Gemeinsames Mittagessen in der Offiziersmesse am Horst". Für den 29. August merkt Franz Huter die Ankündigung der Postsperre bis 4. September an, dann soll die Feldpost in Gang kommen und „Gültigkeit der Kriegsgesetze, Einsatzbereitschaft". Am 31. August: „1. Dienst auf dem Gefechtsstand der FlaMG am Kommandoturm des Horstes, ein schönerer Herbsttag, Sicht durch Dunst erschwert, Tatra - wie in den letzten Tagen – nur in Umrissen erkennbar. Ab 10h frische Prise, die den Dunst auflockert. 13h30 bis 16.30 Inspizierung durch General Hirschauer (Melderosen angebracht, Anschlagübungen auf fliegende Ziele)." Zum 1. September 1939 notiert Franz Huter: „Feuerbereitschaft angeordnet (auf erkannte feindliche Flugzeuge Feuer sofort eröffnen). Do 17 (bis 7h früh schon 8 Stück) patrouillieren entlang der Grenze. Führerrede und Eröffnung der Feindseligkeiten mit Polen. Unsere D'os waren in

Polen, von 40 Stück landeten einige auf der Rückfahrt bei uns (3 beschädigt)." Am 3. September notiert Franz Huter: „Die polnische Flugwaffe hat in den ersten Tagen des Krieges so schwere Verluste erlitten, daß eine stärkere Aktivität kaum mehr zu erwarten ist." Der Sieger in der Etappe lehnt sich zurück, im Vollgefühl der Rechtschaffenheit und mit einem zufriedenen Seitenblick auf den im besetzten Land keine Sonntagsruhe kennenden Terrorapparat: „Gemütlicher Sonntag bei Familie Malyjurek; der geplante Ausflug nach Leutschau entfällt, da das Betriebsauto für die Gestapo fährt. Post nach Hause aufgegeben". Am 21. September ist für die Reservekompanie „Packtag. /.../ Die Mannschaft kehrt mit vielen Paketen in die Kaserne heim (Schuhe usw.). /.../ Unsere Frauen werden sich über das Eine und Andere gewiß freuen". Es geht über Sillein (Zilina) in der Mittelslowakei „einem fürchterlichen Judennest mit größeren Geschäftsverkehr (Fabriken)" über Wien nach dem neuen Standort Passau. Oberfähnrich Dr. Huter, der gegen vierzig Jahre gehende Archivar und Universitätsdozent, lamentiert ein bißchen über mangelndes Frontgefühl: „Erhöhte Feuerbereitschaft, wir hören auch, daß Wien wieder verdunkelt ist. Wenn nur schon einmal einer käme, den wir herunterholen möchten, damit wir das Gefühl des Hinterlanddienstes verlieren. Züge um Züge rollen durch unsere Stadt, vor allem Gebirgsjäger, eine Truppe, die meine alte Liebe ist, sie fahren dem Westen zu, näher dem Feind entgegen, während wir hier sitzen und warten und wieder warten müssen" (7. Oktober). Immerhin: „Fußexerzieren unter meinem Kmdo." (13. Oktober) – „Ich mache Alarmübungen mit den Zügen" (20. Dezember) – und neben geographischen und Wetterbeobachtungen weltpolitische Kommentare: „Alles wird davon abhängen, wie England, Frankreich auf die Angebote des Führers reagieren. Nebliger Tag" (12. Oktober) – „Blödsinnige Rede Chamberlains, die mit den Tatsachen nicht rechnet und die Völker der Demokratie blindschlägt". (13. Oktober) – „Endlich Sonnenschein über der bergigen Landschaft. Vormittagsdienst. Nachm. pilgere ich mit Stiasny in das unterste Tal der Ilz (Hals-Driftdurchbruch) und bewundere die wunderbaren Herbstbilder, die sich uns da bieten. In der dunklen Ilz, die ruhig dahin fließt wie ein großer Strom, spiegeln sich herbstgrüne Wiesen samt weidenden Vieh, goldgelbe Baumkronen und rote Hausdächer zu einem ungemein fabrigen Bilde" (15. Oktober). Am 17. Oktober unternimmt Oberfähnrich Dr. Huter mit einem Teil der Mannschaft einen Ausflug nach Oberhaus, wo ein „Ostmarkmuseum eingerichtet worden ist: „Das Museum ist in der Anlage und in den Beständen verhältnismäßig mager, da sind wir in der Ostmark voraus, vor Allem fehlt eine einheitl. Ausrich-

tung auf die bayer. Ostmark, Vorgeschichte fast noch nicht vertreten".
Anfang November große Aufregung: „Der Morgen überrascht uns mit
der Nachricht vom furchtbaren Anschlag auf den Führer in München.
Das Entsetzen wird übertönt von der Freude darüber, daß die Untat daneben gelungen wenngleich 7 Tote auf dem Platze blieben. Wir begehen
den Gedenktag mit einer Gedenkstunde, in der der Kompf. kernige und
zu Herzen gehende Worte spricht; dann wird das Kapitel über den 9.
Nov. aus Rosenbergs Blut – Ehre vorgelesen. Nachm. Orgelvortrag im
Passauer Dom (16.000 Pfeifen). Organist Dunkelberg wählt den Gesang
der Stunde: Wir treten zum beten" (9. November). Wenn Oberfähnrich
Dr. Huter als Diensthabender Offizier eingesetzt ist, übernimmt er, spü-
rend daß die Gegner des Nationalsozialismus vor allem in der Arbeiterklasse ihre Wurzeln hatten, Stürmer-Aufgaben: „Vormittag hatte ich Schule
über Wachdienst. Sie gibt mir Gelegenheit, über Vorfälle mangelnder
Disziplin zu sprechen und erzieherisch auf die Mannschaft Einfluß zu nehmen. Denn an der elterlichen Erziehung mangelt es bei Vielen. Es müssen
doch etliche ehemalige „Rote Falken" darunter sein, die ja in großer
Freiheit dressiert wurden. Pflicht und Pflichtbewußtsein ist bei diesen
Wiener Bazis aus Arbeiterkreisen leider nicht immer die große Stärke.
Mag sein, daß auch ein bissl das „Schlamperte" mitspielt. Aber es steckt
doch Manches in ihnen, sie fassen größtenteils rasch auf und lernen rasch,
nur hält es nicht lange an und muß immer wieder wiederholt werden"
(23. November). Hier weist Franz Huter unbewußt auf den Widerstands-
willen von Teilen der österreichischen Arbeiterklasse gegen den Militaris-
mus hin, der sich in dieser Situation durch die demonstrative Vorliebe für
das Zivile äußern konnte. Am 24. Dezember: „Kriegsweihnachten 1939":
„Der Brauereisaal wird schön geschmückt, der Christbaum aufgestellt.
Jeder Teilnehmer erhält, an seinen Platz gestellt, einen Sack mit 1 Fl.
Wein, 1 Tafel Schokolade, 1 großen Zopfbrezen und Keks. Außerdem
stellt die Brauerei Bier (1 Krügel pro Mann) zur Verfügung. /.../ Meine
Weihnachtsansprache /.../ Lieder: Wir tragen die Litzen, dann Flaksoldat".
Am Tag hernach Reflexion: „Die Mannschaft ist von der Feier entzückt.
In der Tat konnte man sich für Männer fern der Heimat kein schöneres
Zusammensein denken. Der Unterschied zu den Weltkriegsweihnachten
1917 oder 1918 liegt aber für mich z.B. nicht nur im lb. Besuch, den ich
hatte, oder im Rahmen dieser heurigen schönen Feier, sondern im gewaltigen Umbruch, den Volk und Staat inzwischen durchgemacht haben.
Eine Last – der Gedanke an die verlorene Heimat – will freilich nicht von
der Seele".

Der Überfall auf die Tschechoslowakei wurde von ehemaligen Kaiser-jäger-Jungoffizieren wie Franz Huter auch als Revanche gegen die Slawen, an der sie dank des Führers glücklicherweise mitmarschieren konnten, gesehen. Hans Kinzl schreibt am 2. November 1938 an Hans Bobek (1903-1990): „Du weißt ja wohl schon, dass ich als Reserveoffizier vom 16. August an Dienst gemacht hatte, mit einer nur kurzen Unterbrechung Anfang September. Ich war selbst erstaunt, daß ich einen neuen Kampf wieder in vorderster Linie mitmachen sollte, habe aber schon bei der ersten Übung gesehen, daß wir Älteren noch recht brauchbare Soldaten sind, die sich trotz der langen Pause (20 Jahre!) und der neuen Verhältnisse in einem anderen Heere sehr schnell zurechtfanden. Alles in allem habe ich eine sehr schöne Zeit gehabt, wenn es auch manche Schwierigkeiten zu überwinden und sehr viel zu lernen gab. Zum Teil wurden mir recht interessante Aufgaben zu teil, so habe ich z. B. die neue Grenze bei Znaim in die Tat umgesetzt, nachdem ich vorher das Glück hatte, mit meinem Zuge an der Spitze der ganzen Marschkolonne festlich in Znaim einzuziehen. Es war uns natürlich ein doppeltes Vergnügen, mit klingendem Spiel durch den tschechischen Festungsgürtel durchzumarschieren, für dessen Überwindung im anderen Falle uns schon die Kampfaufgaben zugewiesen waren".[81] Solche hat allerdings auch der Sozialdemokrat Karl Renner gesehen, wenn er mit seiner bis zu den Druckfahnen gelangten Schrift „Die Gründung der Republik Deutschösterreich, der Anschluß und die Sudetendeutschen" den militärischen Angriff Hitlerdeutschlands auf die Tschechoslowakei direkt unterstützte.[82]

Als Urlauber in Wien beginnt Franz Huter sich im Frühjahr 1940 mit künftigen Aufgaben zu beschäftigen, indem er Gutachten betreffend die Sicherung des Archivgutes in Südtirol ausarbeitet. Der Schmerz über das Geschäft Hitlerdeutschlands mit dem faschistischen Italien auf Kosten Südtirols ist offenkundig, aber er wollte wenigstens nach der Vereinbarung betreffend die Umsiedlung der Südtiroler (23. Juni 1939 bzw. 21. Oktober 1939) das Südtiroler Archivgut retten. Seine grundsätzlichen Bemerkungen zur Frage der Sicherung des Archivguts aus Südtirol vom 20. Juli 1940 (Dokument Nr. 4) gehen von der definitiven Umsiedlung der Südtiroler aus, machen aber eindeutig diesen Vorgang als geschichtlich nicht begründbar deutlich. Mit Abendbesuchen und 3 Vorstellungen im Burg-

---

81 Durchschlag des maschinegeschrieben Originals. Nachlaß Hans Kinzl.
82 Karl Renner: Die Gründung der Republik Deutschösterreich, der Anschluß und die Sudetendeutschen. Dokumente eines Kampfes ums Recht. Mit einer Einführung von Eduard Rabofsky hg. Wien 1990.

theater (Mutterglück, Der Widerspenstigen Zähmung mit Paula Wessely und Meistersinger) „vergeht die Zeit sehr rasch" (6. Jänner 1940). Im Jänner 1940 Unterricht, Einschärfen von Verhaltensvorschriften und Exerzieren, am 30. Jänner „Die große Führerrede („Sie wollen den Kampf, sie sollen ihn haben") wird im Gemeinschaftsempfang gehört". Am 3. Februar benützt Oberfähnrich Dr. Huter die Unterrichtsstunden zu „Vortrag über Feindpropaganda und ihre Abwehr". Ab 21. Februar 1940 ist Oberfähnrich Dr. Huter zu einem Lehrgang nach Regensburg kommandiert. Am 25. Februar 1940 endet das erste Kriegstagebuch. Beigegeben sind einige Tagesdienstpläne, ein Ergänzungsblatt zur Übersichts-Ahnentafel im Ahnenpaß und ein Porträtfoto seines Kompanieführers Oberleutnant Kotzinger mit der Widmung: „Meinem lieben Kameraden u. Freunde Dr. Huter zur Erinnerung an gemeinsam verbrachte Zeit bei der 451. 9. VI. 1940" sowie ein maschinegeschriebener Anspruchtext vom April 1940 zur Begründung des Überfalls faschistischer deutscher Truppen auf Norwegen am 9. April 1940. Norwegen „war nicht im Stande, seine Neutralität zu schützen, ja wollte das gar nicht, wie wir heute aus Dokumentenfunden wissen. In diesem Augenblick Eingreifen des Führers. Wunder der Schnelligkeit und des Zusammenwirkens aller drei Wehrmachtsteile ermöglicht die Besetzung der wichtigsten norwegischen Häfen kaum 10 Stunden vor den Engländern und zwingt Engländer ihren Plan aufzugeben. /.../ Norwegischer Widerstand beginnt zu erlahmen, riesige Beute an Kriegsmaterial und an Lebensmitteln in den englischen Landungsplätzen. Militärische Sicherung der Nordflanke in kurzer Zeit geglückt und Angriffsbasis gegen England gewonnen. Wertvolle Ergebnisse des Luftkrieges gegen die englische Flotte, Überlegenheit des Bombenflugzeuges gegen große Schiffe, Vernichtung von Millionenwerten in wenigen Minuten. Neuer Triumph der deutschen Ausrüstung und Ausbildung, Hebung des Ansehens des deutschen Namens, Wirkung auf die Neutralen. Nicht minder von Bedeutung der wirtschaftliche Gewinn und zwar Erweiterung unseres Nahrungsspielraumes (insbes. Fette) und der Bezugsquellen für kriegswichtige Rohstoffe (Erze, Zellulose) einerseits und Entzug dieser Hilfsquellen für England anderseits./.../ Damit schlagen wir England mit denselben Mitteln, die es uns gegenüber während des Weltkrieges angewendet hat. Im Übrigen ist zu sagen, daß uns dafür ein großer Teil der Hilfsmittel zum Kriegführen, die bisher nach England gingen, zur Verfügung steht. Es brachte daher die skandinavische Aktion einen doppelten Gewinn nicht nur in militärischer, sondern auch in wirtschaftlicher Hinsicht."

Andere Aufgaben warteten auf Franz Huter, doch dachte er gerne an sein Wirken in der Hitlerwehrmacht zurück. „Zur Erinnerung an meinen Einsatz gegen Polen (August–September 1939) und an meine Pragerreise (Tagung der Forschungsgemeinschaften März 1944)" schreibt er im März 1944 in das für zuhause mitgebrachte, schön illustrierte Buch von Fritzi Mally über „Die Deutschen in der Zips. Mit Zeichnungen und Farbbildern der Verfasserin" (Volk und Reich Prag 1942). Franz Huter wurde in die Verhandlungen über die „Fürsorge für volksdeutsches Archivgut in Südtirol" auf Vorschlag von Ludwig Bittner miteinbezogen[83] und schließlich mit der „Rückführung der Südtiroler Archivalien" beauftragt, womit er sich im Schreiben vom 15. April 1940 an den 1948 als Kriegsverbrecher hingerichteten Leiter der Kulturkommission und SS-Obersturmbannführer Wolfram Sievers, der gelegentlich auch im Hotel Bristol in Bozen residierte, einverstanden erklärte: „Ich bin zwar sehr gerne Soldat, aber ich glaube im vorliegenden Falle dem Führer besser zu dienen, wenn ich diesem ehrenvollen Auftrag, dessen Schwierigkeiten ich übrigens wohl kenne, nachkomme".[84] In seinen aus diesem Anlaß formulierten „Grundsätzlichen Bemerkungen zur Frage der Sicherung des Archivgutes aus Südtirol" verdeutlicht Franz Huter auch seine politische Position: „Das Umsiedlungsproblem stellt auch den Archivfachmann vor neue, bisher unbekannte Aufgaben. War bisher bei den Archivalienauslieferungen das Betreffsprinzip und bei den Auseinandersetzungen mit den Nachfolgestaaten der österr.-ungar. Monarchie (nach 1918) das Herkunftsprinzip zugrundegelegt worden, müssen jetzt neue Grundsätze aufgestellt werden.

Unter allen deutschen Umsiedlungsgebieten nimmt Südtirol dank seiner alten und engen Verbindung mit dem geschlossenen deutschen Volks- und Kulturboden des Mutterlandes und dank seiner hervorragenden Leistungen im Rahmen deutscher Kulturschöpfung wohl den ersten Platz ein. An der Pforte Italiens gelegen hat es ähnlich den an Frankreich grenzenden westdeutschen Landschaften ältere und umfangreichere archivalische Schätze aufzuweisen als manche deutsche Binnenlandschaft oder gar als der deutsche NO. Diese Archivschätze und deutsches Kulturgut, geschaffen von den Ahnen der Südtiroler, die heute dem Ruf des Führers

---

83 Ludwig Bittner am 6. Jänner 1940, Zl. 4553/39 an den Reichsminister des Innern in Berlin.

84 Zitiert nach Michael Gehler: Zur Kulturkommission des SS-"Ahnenerbes" in Südtirol 1940-1943 und Geschichte des „Tolomei-Archivs" 1943-1945. Entgegnungen zu Franz Huters „Feststellungen". Geschichte und Gegenwart 11 (1992), 208-235, hier 209 f.

folgen in sein, in ihr großes Reich. Im Widerstreit zwischen Volk und Boden haben sie sich fürs Volk entschieden und wollen ihr schönes Land verlassen, das sie und ihre Ahnen zum weltbekannten Paradies gemacht haben. Den Boden müssen sie lassen, aber das was nicht niet- und nagelfest ist, sollen sie mitnehmen dürfen in die neue Heimat, darunter auch den alten Hausrat, Bilder und andere Kunstgegenstände und nicht zuletzt die Archivalien. Daraus ergibt sich von selbst als Auslieferungsgrundsatz das völkische Kulturgutprinzip, dem allerdings – das sei gleich hinzugefügt – von der Gegenseite das Prinzip des Verwaltungsbedarfes entgegengesetzt werden kann. Es wird die Hauptschwierigkeit sein, zwischen den beiden Prinzipien in der praktischen Durchführung den richtigen Ausgleich zu treffen /.../ Die Archivschätze Südtirols sind entsprechend der früheren und intensiven Teilnahme des Landes an der Entwicklung der deutschen Gesamtkultur außerordentlich reich und gehen bis ins 9. Jhd. zurück. Die Schriftdenkmäler d. s. Urkunden, Briefe und Akten sind von unseren Vätern und Ahnen selbst geschrieben oder in ihrem Auftrage verfaßt und niedergelegt worden und wir erheben daher Anspruch auf sie als auf einen Teil unseres Ahnenerbes im eigentlichen Sinne des Wortes. Für diese Herkunft ist der heutige Aufbewahrungsort ganz gleichgültig, d.h. wir erheben auch Anspruch auf die in den öffentlichen Archiven (des Staates, der Gemeinde) und in den Archiven der Kirchen und Klöster liegenden Schriftdenkmäler. Darüber hinaus gehören unsere Archivschätze dem ganzen deutschen Volke. Denn die Nation hat ein eminentes Interesse daran, daß ihre Kulturleistung in diesem Lande festgehalten und dargestellt wird. Die Archivalien sind aber eine Hauptgrundlage dieser Darstellung und mit die wichtigsten Zeugnisse dieser grandiosen Kulturleistung. /.../". Es scheint doch, als ob Franz Huter die Umsiedlung auf einen langen Zeitraum hin als reversibel angesehen hat. In der Kulturkommission hatte Franz Huter häufig mit seinem alten Studienkollegen Josef Ringler zu tun, der dorthin zur Inventarisierung des Südtiroler Kunstbesitzes berufen worden war. Von Ringler, der wie Franz Huter bei den Kaiserjägern gedient hatte und in der Maioffensive 1916 mit der großen Silbernen ausgezeichnet worden war, stammt das Standardwerk über die barocke Tafelmalerei in Tirol, das Franz Huter in den Tiroler Wirtschaftsstudien[85] herausbrachte und von ihm nach dem Tod von Josef Ringler in der Tiroler Handelskammer am 4. Dezember 1973 mit Gedenkworten vorgestellt wurde.

---

85 29. Folge in zwei Bänden. Innsbruck 1973.

VII. Außerordentlicher Professor für Geschichte des Alpenraumes und Allgemeine Wirtschaftsgeschichte in Innsbruck. Referent für das Archivwesen in Bozen

Wen rief wann
welche Pflicht;
und mit wessen Stimme
− und zu
wessen Gewinn?
Arthur West

Am 21. April 1941 übermittelte der Innsbrucker Dekan Franz Miltner den von Hermann Wopfner im Einvernehmen mit Harold Steinacker für seine eigene Nachfolge ausgearbeiteten Besetzungsvorschlag, der auf eine Ernennung von Franz Huter hinauslief. Am 22. Dezember 1940 hatte Hermann Wopfner an Franz Huter geschrieben: „Ich sprach jüngst mit dem Dekan über meine Emeritierung. Er sprach bei dieser Gelegenheit von einer Aufforderung an mich, Vorschläge über die Nachfolge zu machen, worüber ich fast erstaunt war. So wie er es andeutete, stünde die Sache für Dich nicht ungünstig − es bestünde der Plan ein Ordinariat für Volkskunde zu schaffen, auf das man Helbok setzen könnte, für den nur ein Ordinariat in Frage käme. Für die österr. Geschichte käme dann nur ein Extraordinariat in Frage. Hiefür würde ich an erster Stelle Stolz nennen; das wäre für Dich ganz ungefährlich, andererseits aber doch eine gerechtfertigte Anerkennung seiner Leistungen. Da Stolz 1941 das 60. Jahr, soviel ich weiss, vollendet, wird man ihn schon deswegen kaum genehmigen; übrigens hat er in der Partei und bei Fachkollegen Gegner, würde auch als Extraordinarius kaum an die Universität gehen. Neben Dir müsste wohl Klebel vorgeschlagen werden, wobei aber Du den für die Grenzlandsuniversität entscheidenden Vorzug der grösseren Vertrautheit mit Tirol hast, die ja auch in Deinen Arbeiten und in Deiner gegenwärtigen Verwendung zum Ausdruck kommt. Bitte betrachte all das Gesagte als ganz vertraulichliche Mitteilung, es werden ohnedem in solchen Fällen genug Kombinationen, nicht immer wohlwollend und sachlich, gemacht. Es würde mich sehr freuen, wenn die Sache in der angedeuteten Weise sich gestaltete." Mit Wirkung vom 1. Dezember 1941, es war die Zeit des Vernichtungskrieges der Deutschen Wehrmacht gegen die Sowjetunion, wurde Franz Huter die freie Planstelle eines außerordentlichen Professors mit der Verpflichtung, die Geschichte des Alpenraumes und Allgemeine Wirtschaftsgeschichte in Vorlesungen und Übungen zu vertreten, in Innsbruck verliehen. Im Führer-Hauptquartier hatte am 10. Februar 1942 Adolf Hitler die Urkunde der Ernennung vollzogen „in der Erwartung, daß der Ernannte getreu seinem Diensteide seine Amtspflichten gewissenhaft erfüllt und das Vertrauen rechtfertigt, das ihm durch diese Ernennung bewiesen wird. Zugleich sichere ich ihm meinen besonderen Schutz zu". In der Zwischenzeit war Franz Huter vom Wiener Staatsarchiv aus in der Kulturkommission des deutschen Umsiedlungsapparates für die Südtiroler Archive tätig geworden. Sein bisheriger Chef Ludwig Bittner hatte ihn ungern ziehen gesehen: „Die Nachricht von Deiner voraussichtlichen Berufung nach Innsbruck hat mich wahrhaft erschreckt, so sehr sie mich als Anerkennung Deiner so hervorragenden wissenschaftlichen Leistungen freut und so sehr ich Dich dazu beglückwünsche. Aber für unsere Anstalt ist Dein Abgang ein schwerster, nicht so bald zu ersetzender Verlust, abgesehen von dem persönlichen Schmerz, den Dein Weggang uns allen verursachen wird. Aber ich verstehe vollauf, dass Du diese Gelegenheit zu freierem wissenschaftlichen Schaffen nicht versäumen darfst". Otto Brunner bedauerte gleichfalls den Weggang seines Freundes Franz Huter: „Ich hatte damit gerechnet, daß Du vielleicht einmal im Lehrkörper des Instituts die Stelle von Gross übernehmen würdest. Augenblicklich sehe ich im jüngeren Archivnachwuchs so gut wie niemand, der die gerade jetzt bei der Neugestaltung des Instituts besonders wichtige Verbindung von Archiv und Universität herstellen wollte"(24. Dezember 1941).[86] Franz Huter konzipierte nach seinem Dienstantritt in Innsbruck seine wirtschaftsgeschichtlichen Vorlesungszyklen. Er gehörte weiterhin als Archivsachverständiger der Kulturkommiossn in Südtirol an. Nach dem Sturz

---

86 Bei dieser Gelegenheit teilt Otto Brunner Franz Huter mit, daß er in dessen Besprechung des Buches von Hermann Aubin „Zur Erforschung der deutschen Ostbewegung" (Leipzig 1939) „einen Hinweis auf den Russenpakt, der inzwischen nicht mehr zeitgemäß war, eigenmächtig gestrichen habe". MIÖG 54 (1942), 266 f. Huter läßt diese Besprechung enden mit der Aufforderung sich „würdig erweisen der großen, einigenden Zeit, in der wir leben, kämpfen und arbeiten dürfen".

Mussolinis (25. Juli 1943) und infolge der Einrichtung der „Operationszone Alpenvorland" (20. September 1943) wurde er in diese Dienststelle als Referent für das Archivwesen in den Provinzen Bozen, Trient und Belluno berufen (7. Oktober 1943). In dieser Funktion hatte er die Sicherung und Flüchtung der Archive Südtirols verantwortlich zu organisieren. Franz Huter hat darüber selbst einen Bericht vorgelegt.[87] Die gesamte Tätigkeit von Franz Huter in der Eigenschaft als Archivsachverständiger der Kulturkommission und als Archivreferenten beim Obersten Kommissar für die Operationszone Alpenvorland war innerhalb des Nazisystems korrekt und im Interesse der Erhaltung des historischen Archivgutes Südtirols und des Trentino. Ähnlich läßt sich in Hinsicht auf seine durch den Standortoffizier von Bozen befohlenen Teilnahme bei der Hausdurchsuchung in der Villa des Senators Tolomei in Glen durch einen Oberleutnant der SS und der Beschlagnahmung der dort aufgefundenen Korrespondenz von Tolomei am Nachmittag des 9. September 1943 argumentieren. Da der Verbleib der nach der Erinnerung von Franz Huter in zwei Kisten und einem Koffer verpackten Korrespondenz von Tolomei („Tolomei-Archiv") nach 1945 nicht mehr festgestellt werden konnte, angeblich waren sie nach Kriegsende in Österreich, wurde ihm und Dr. Wolfgang Steinacker, der aber erst in der zweiten Septemberhälfte 1943 als Leiter der Abteilung Wissenschaft beim Obersten Kommissar nach Südtirol gekommen war, von der Familie Tolomei der Vorwurf der Verletzung der Haager Konvention gemacht. Dieser hielt ebensowenig wie der Vorwurf des Diebstahls des Schloßarchivs Trostburg, das von Dietrich Graf Wolkenstein-Trostburg 1942 nach Castel Toblino verbracht worden war und Ende 1944 von Franz Huter im Einvernehmen mit Ernst Graf Wolkenstein in das sichere Schloß Taufers geborgen wurde. In einem ersten von italienischer Seite angestrengten Prozeß, dem sich die Familie Tolomei als Privatbeteiligte anschloß, wurde in drei Verhandlungen, die am 27. September, am 17. Oktober und am 14. November 1955 in Trient stattfanden, Franz Huter freigesprochen. Am 12. April 1956 bestätigte der Trienter Appellationsgerichtshof den Freispruch. Die Prozeßführung wurde von Franz Huter als anständig eingeschätzt. Franz Huter war sowohl bei der Erstverhandlung wie in der Berufungsinstanz, rechtsfreundlich beraten von damaligen Abgeordneten im italienischen Parlament Karl Tinzl (1888-1964) und vom Trientiner Rechtsanwalt Luigi Beccara vertreten,

---

87 Die Flüchtung der Archive Südtirols im Zweiten Weltkrieg. Ein Arbeitsbericht. Zuerst erschienen in Archivalische Zeitschrift 50/51 (1955), 227-233, auch Ausgewählte Aufsätze zur Geschichte Tirols, 152-159.

persönlich anwesend und hat sich sachkundig und reaktionsschnell verteidigt. Das war sicher mutig, da die offene Südtirolfrage unwägbare Prozeß-
elemente verschärfte. Senator Karl Tinzl meinte gegenüber Franz Huter
(30. September 1955): „Du warst selbst jedenfalls Dein bester Verteidi-
ger".

Mit Karl Tinzl, sub auspiciis Absolvent der Rechte der Universität
Innsbruck (14. Mai 1912), war Franz Huter seit Jugendtagen bekannt.[88]
Tinzl hat zugunsten einer juristischen und politischen Tätigkeit für Südtirol auf die ihm offengestandene akademische Karriere, die er durch Fortsetzung seiner Rechtsstudien an deutschen Universitäten schon eingeleitet hatte, verzichtet. Während des ersten Weltkrieges Artillerieoffizier blieb
er 1919 in Südtirol, wurde 1921 und 1924 zum Abgeordneten Südtirols
im italienischen Parlament gewählt und erwarb sich in der faschistischen
Zeit durch vielfach unentgeltliche Rechtsberatung allgemein anerkannte
Verdienste um seine Landsleute. 1939 optierte er für Hitlerdeutschland,
wurde 1944 mit der kommissarischen Führung der Bozner Präfektur betraut, wurde 1953 Abgeordneter der Südtiroler Volkspartei in der Depu-
tiertenkammer und 1958 im Wahlkreis Brixen zum Senator in Rom gewählt. 1959 (27. Juni) ernannte ihn die Innsbrucker Universität auf Antrag des Romanisten und Dekans der Juristenfakultät Erich Sachers (1889-
1974), im ersten Weltkrieg im 4. Tiroler Kaiserjägerregiment, zum Ehrensenator.

Wolfgang Steinacker, der aktenkundige Verfügungen über das
„Tolomei-Archiv" getroffen hatte, blieb beim ersten Prozeß in Absprache mit den Verteidigern dem Gericht fern. Nach dem ersten Prozeßtag
schreibt Franz Huter voll Stolz an seine Frau: „Es ist gut gegangen, mein
Erscheinen wirkte wie eine Bombe und ich habe mich kräftig in die Ru-
der gelegt, sodaß die italien. Journalisten sagten: Was ist das für ein Komi-
scher Prozeß, in welchem der Angeklagte die Prozeßführung in der Hand
hat." Franz Huter berichtete wiederholt dem Bundesminister für Unterricht Heinrich Drimmel (1912-1991) in Wien, der ihm am 22. Oktober
1955 antwortet: „Vielen Dank für Ihre wiederholte und eingehende Be-
nachrichtigung über den Verlauf des Tolomei-Prozesses. Ich nehme an
den Geschehnissen lebhaften inneren Anteil und weiß vor allem Ihr mann-
haftes Eintreten in dem Verfahren wohl zu schätzen. Wenn Sie den ange-
nehmeren Weg der persönlichen Sicherheit gewählt hätten, so wäre es

---

88 Franz Huter: Dem Andenken Dr. Karl Tinzls. Tiroler Heimat 27/28 (1963/64),
   141-143.

den Prozeßgegnern gewiß leichter gewesen, eine unseren Zielen abträgliche Propaganda aus dem Verfahrensergebnis zu schlagen". Und am 15. November 1955: „Ihre telegraphische Nachricht aus Trient über den erfolgten Freispruch hat mich überaus erfreut. Wahrscheinlich hätte der Prozeß einen anderen Verlauf genommen, wenn Sie es nicht gewagt hätten, sich persönlich der italienischen Justiz zu stellen. Nun aber ist den Italianissimi ein böser Wind aus den Segeln genommen worden und ein Sieg der gerechten Sache zu verzeichnen". Für Franz Huter waren das nicht nur freundliche, austauschbare Worte eines Politikers, für ihn war der Minister Staatsrepräsentant und oberster Chef, eine Excellenz, mit der er verkehrte. Auf Vermittlung von Ministerialrat Josef Rieger (1909-1988), der im Unterrichtsministerium speziell die Interessen Südtirols wahrnahm, übernahm Österreich die nicht geringen Anwaltskosten erster Instanz, Tirol auf Anweisung seines Landeshauptmannes Alois Grauß (1890-1957) später jene der zweiten Instanz. Am 27. April 1956 bedankte sich Franz Huter bei Minister Heinrich Drimmel: „Dieser Tage erhielt ich die Verständigung, daß mir der Ministerrat, dank Ihrer Bemühungen, einen Betrag von weiteren S. 7000.- als Aushilfe für die Deckung meiner Kosten im Prozeß Tolomei zuerkannt hat. Ich möchte nicht zögern, Ihnen dafür und für die innere Anteilnahme an der glücklichen Abwehr dieses mit viel Gehässigkeit in Szene gesetzten Angriffs auf unsere Ehre und Versuchs seiner gegen Südtirol und Österreich gerichteten Auswertung nochmals aufrichtigen Herzens zu danken."[89]

Mit den im Herbst 1956 einsetzenden und teilweise aus der Innsbrucker Etappe gelenkten Sprengstoffanschlägen in Südtirol wollte Franz Huter, der einige Jahre auf der schwarzen Liste Italiens stand, nichts zu tun haben. Er vermied bewußt so interpretierbare Kontakte, wie zu Wolfgang Pfaundler, dem in diesen Jahren zum Kulttiroler aufsteigenden Herausgeber des Tiroler Jungbürgerbuches (1. A. Innsbruck 1963).[90] Heinrich

---

89 Durchschlag des maschinegeschriebenen Originals.
90 Wolfgang Pfaundler (*1924) hatte am 3. Mai 1952 eine historische Doktorarbeit „Zum Problem des Freiheitskampfes 1938-1945 an Hand von Beispielen, insbesondere des Widerstandes eines Tiroler Tales" an der Innsbrucker Philosophischen Fakultät eingereicht. Diese Arbeit wurde am 10. Mai 1952 von Hans Kramer, am 14. Mai 1952 von Richard Strohal und 16. Juni 1952 von Karl Pivec „trotz mancher Lücken im wissenschaftlichen Charakter" (Hans Kramer) und mit der Auflage: „Herr Pfaundler wird sich bei den Rigorosen über sein Wissen und seine Fähigkeiten als Historiker durch eine zumindest durchschnittliche Leistung ausweisen müssen" (Karl Pivec) als Grundlage für die Zulassung zu den beiden Rigo-

Drimmel wurde von Bundeskanzler Josef Klaus nicht mehr als Unterrichtsminister nominiert, schied also mit 2. April 1964 aus diesem Amt, was Franz Huter zu einem generellen Dank benützte. Heinrich Drimmel antwortete (8. April 1964): „Sie haben mir gedankt. Lassen Sie mich Ihnen den Dank aus voller Überzeugung zurückgeben. Ich will hier nicht vom Wissenschaftler reden. Ich rede von Südtirol und ich rede von Ihrem Einsatz für das geistige Anliegen dieses Kampfes, der vielleicht trotz aller Zeichen eines äusseren Appeasements nicht so bald abklingen wird. Wo immer ich stehen werde, rechnen Sie bitte immer auf mich." Dem 93jährigen Franz Huter war es unverständlich und kränkend, daß sein Einsatz für die Sicherung des historischen Archivguts von Südtirol im Rahmen der Kulturkommission und dann als Referent für das Archivwesen beim Obersten Kommissar für die Operationszone Alpenvorland von Zeithistorikern, deren kritische Attitüde ihre Karriereambitionen stets zu unterstreichen in der Lage ist, als moralisch zu verurteilender SS-Einsatz mit der tapferen Drohung angesprochen wurde, bei nicht Wohlverhalten weitere Enthüllungen zu tätigen.[91] Objektiv war unter den gegebenen Verhältnissen der Nazizeit das Wirken von Franz Huter für die Sicherung

rosen angenommen. Am 11. Juli 1952 konnte Pfaundler das einstündige Rigorosum aus Philosophie mit Erfolg ablegen. Franz Huter und andere erhoben aber formalen Einspruch gegen die Approbation und Zulassung von Wolfgang Pfaundler, da dieser ein ordentliches Geschichtestudium nicht nachweisen konnte. Pfaundler hatte zuerst acht Semester Medizin inskribiert, dann zwei Semester Philosophie. Die Philosophische Fakultät beschloß aufgrund dieser Intervention in ihrer Sitzung am 20. Oktober 1952, daß die Begutachtung der historischen Dissertation von Wolfgang Pfaundler und seine Zulassung zum Nebenrigorosum aus Philosophie unter falschen Voraussetzungen erfolgt sei und das Ergebnis dieser Prüfung deshalb nicht anerkannt werden könne.

91 Michael Gehler: Zur Kulturkommission des SS-"Ahnenerbes" in Südtirol, hier 226: „Einen diesbezüglichen Beitrag unter Berücksichtigung der Rolle Franz Huters hatte der Verfasser geplant, aber bisher von einer Veröffentlichung abgesehen. / .../ Die Fülle des Gesamtmaterials kann später in einem eigenen Aufsatz Verwertung finden." Dazu Franz Huter: Feststellungen. Geschichte und Gegenwart 10 (1991), 319 f. und Neue Feststellungen. Ebenda 11 (1992), 236-238. Über die Anfang der neunziger Jahre wiederentdeckte Tätigkeit von Franz Huter im Rahmen der Kulturkommission hat Michael Kater schon 1974 geschrieben (Das „Ahnenerbe" der SS 1935-1945. Ein Beitrag zur Kulturpolitik des Dritten Reiches. Stuttgart). Hermann Wiesflecker trat wegen des Angriffes auf Franz Huter aus dem Redaktionsausschuß der Vierteljahrshefte für Geschichte und Gegenwart mit der Begründung aus: „Wo sind die wissenschaftlichen Ergebnisse? Dies alles macht ein junger Mann, der − Gottlob − noch niemals Gelegenheit hatte, seine hohen politischen Tugenden durch die allerkleinste Feuerprobe zu bewähren.

des historischen Archivgutes in Südtirol nützlich. Daß er dabei bis zum Ende der Hitler-Herrschaft dieser gegenüber seine Pflicht erfüllen wollte, ändert am Ergebnis nichts. Dieser Durchhaltegeist für ein verbrecherisches Regime war anderen prominenten Nachkriegsösterreichern gleichermaßen zueigen. Der spätere Bundespräsident Rudolf Kirchschläger hat als Hauptmann und Taktiklehrer der Hitler-Wehrmacht in der Offiziersschule Wiener Neustadt ein letztes Aufgebot von etwa 1200 Fahnenjunkern am 31. März 1945 gegen die zum Angriff auf Wien ansetzenden sowjetischen Truppen geführt. Dieser völlig sinnlose Einsatz endete für hunderte junge Männer mit dem Tod. Im Frühjahr 1999 konnten die meisten Intellektuellen wieder eine Probe ihres kritischen, auf der Jagd nach Stellen und Projekten erprobten Denkeinsatzes abgeben, indem sie diesmal ihre Kriegslüsternheit und Bombenbrutalität hinter der Maske weinerlicher Zerrissenheit verbargen. Franz Huter lehnte in seinem Umfeld Gespräche über die Perspektive von Nazideutschland ab. Am 13. April 1943 schreibt er an den zum SS-Standartenführer beförderten Leiter der Kulturkommission Wolfram Sievers nach Berlin-Dahlem, er habe es abgelehnt, auf vom Direktor des Bozner Museums Nicolò Rasmo (1909-1986) geäußerte Zweifel am Endsieg („Als die russische Winterschlacht am Höhepunkt angelangt war, fragte mich Rasmo, ob unsere Truppen dem roten Anprall wohl standhalten würden und meinte wenig später: „im Falle eines Bruches zwischen Italien und Deutschland bliebe ich notwendigerweise hier auf meinem Posten bei meinen Kunstschätzen und Archivalien") einzugehen. Carlo Battisti (1885-1977) habe Rasmo geraten, seine Familie aus Bozen wegzubringen, was dieser gegenüber Josef Ringler ausgeplaudert habe. „Man sieht", so Franz Huter, „aus diesen Äußerungen deutlich die Gesinnung dieser Achsengegner und Saboteure". Daß solche Mitteilungen für Nicolò Rasmo und Carlo Battisti lebensbedrohend sein konnten, dürfte auch ein Archiv-Sachbearbeiter gewußt haben. Im Spätsommer 1944 (21. August) beginnt Franz Huter ein kleines Notizbuch zu führen. Besuche am Grab der Mutter in Sand, von Frau und Kind, Alarm, Durchsicht von Urkunden, Erledigung von Akten, Lesen im Manuskript des Bozner Bürgerbuches, Besprechungen in Innsbruck, gelegentlich Exzerpte. Am 29. Dezember 1944 erhält Franz

---

Derartige Formen von Wissenschaft möchte ich in keiner Weise unterstützen"(26. Mai 1992). Die „Feuerprobe" wurde inzwischen durch die Herausgabe einer „Tiroler Zeitgeschichte" so geleistet wie es von diesen akademischen Strebern zu erwarten stand: Auf dem Bauche liegend Schmeicheleien für die herrschende Politik zu schreiben!

Huter zum 2. Jänner 1945 die Einberufung zu den Standschützen in Gossensaß. Welcher Unterschied zu 1939! Schon am 4. Jänner üben mit Gewehr, Zielen und Hinlegen, Nahkampfübungen, Gefechtsdienst im Geländeausnützen. Am 10. Jänner hält er am Abend einen Vortrag über geschichtliche Grundlagen des Tiroler Standschützenwesen: „Kameraden! Ritterkreuzträger Major Lapp, der Leiter unseres Ausbildungslehrganges, hat in seiner Begrüßungsansprache auf die unbedingte Vaterlandsliebe und eiserne Standhaftigkeit als jene Tugenden hingewiesen, welche den Standschützen in erster Linie auszeichnen sollen. Er hat aber auch von den großen Vorbildern in der Tiroler Geschichte gesprochen, welchen der Standschütze nachzuleben hat – Vorbilder wie sie nur wenige deutsche Gaue aufzuweisen vermögen. Wenn so Tirol in der Wehrüberlieferung voransteht, dann kommt dies nicht von ungefähr, sondern ist wohlbegründet. Einmal ist Tirol ein Bergland und zweitens ist es ein Grenzland. Die Berge stählen den Menschen im steten Kampf mit den Naturgewalten, nirgends ist der Mensch dem Herrgott so unmittelbar nah wie auf den lichten Höhen der Almen, auf den Felsgraten und Gletschern. Der Bauer dünkt uns hier ein König in seinem Reich, kein Herr ist über ihm als der Ewige /.../". Oder doch? „Wenn wir zum Abschluß des Lehrganges auf Adolf Hitler vereidigt werden, dann wollen wir in den Schwur das heilige Versprechen einschließen, unserer Ahnen würdig zu sein - mehr als würdig!". Den ganzen Jänner weiterhin Unterricht, Gefechtsdienst. Am 30. Jänner endet die Ausbildung. Franz Huter führt seine Archivarbeiten gleich fort, notiert am 2. Februar: „Schusterbuch fertig ausgezogen", am 3. Februar: „Kistenverzeichnis Bozen. Archivraum in Taufers 36m2". Am 11. Februar: „Vor- und nachmittag auf Schl. Taufers Sortierung der Trostburger Aufnahmen begonnen". Am 19. Februar: „Mit 1. Zug nach Bozen. Brief von Rößler wegen Festschrift Steinacker, also mit Volldampf an Fertigstellung des Ms." Und immer wieder „Bürgerbuchkonzept". Dieses konnte dann erst 1948 als „Beiträge zur Bevölkerungsgeschichte Bozens im 16. bis 18. Jahrhundert" erscheinen. Am 6. März wird Franz Huter zu einem Zugführerlehrgang nach Gossensaß kommandiert. Erstmals weist er auf seine UK Stellung hin, was keinen Erfolg hat. Franz Huter macht Notizen über Vorarbeiten der Gruppe und in der Gruppe, erlernt Führungszeichen und Grabenkampf. Am Abend des 26. März 1945 ist er Sprecher der Stube 15 aus Anlaß eines Kameradschaftsabends: „Wir alle, die wir hier beisammen sitzen, haben in den letzten Jahren Proben der Bewährung ablegen müssen im Kampfe gegen die äußeren und inneren Feinde unseres Volkes und Reiches: an der Front, in der Systemzeit in der Ostmark oder im Volkstumskampf der südtiroli-schen Heimat. In diesen Bewährungsproben haben wir um Ideen gekämpft und Kameradschaften geschlossen, die nur der Tod scheiden wird. Und gerade die zwei letzten schweren Jahre haben die Guten unter uns enger zusammenstehen lassen als gute Kameraden. Wenn wir in dem gleichen Sinne unseren Einsatz an der Südfront auffassen und leisten, dann sind wir auf dem richtigen Weg, dann sind wir nicht nur gute Soldaten, sondern auch politisch Mitkämpfer des Führers bei Erreichen seines hohen Zieles, das da ist: ein ganzes Volk von Kameraden, das in gleichem Schritt und Tritt marschiert und in dem jeder vom anderen reinen Herzens sagen kann: Du bist ein Stück von mir, ich bin ein Stück von Dir." Es war seine Auffassung von Pflicht, die ihn niemals nachfragen ließ, wer wem die Pflicht erfüllt, und ihn bis zuletzt an die Seite des Hitlerregimes fesselte. Deshalb arrangierte Franz Huter sich nicht mit jenen zuvor nazifreundli-chen konservativ-bürgerlichen Gruppen, die sich unmittelbar vor und nach der Befreiung als Widerstandskämpfer darzustellen begannen, um von den neuen Machtverhältnissen zu profitieren. Er hielt diese für abgenützt, un-ehrlich und gefährlich, weil er von ihnen die Restauration des klerikal-konservativen Regimes erwartete.

VIII. Ernennung auf die Lehrkanzel für Österreichische Geschichte im Jahre 1950

Nach dem Zusammenbruch des Hitlerregimes war das in der ersten österreichischen Republik zwischen schwarz und braun schwankende, aber bei allen fehlenden gegenseitigen Liebeserklärungen doch recht einheitliche Ensemble der Innsbrucker Universitätshistoriker in vorübergehende Turbulenzen gekommen.[92] Harold Steinacker, seit 1918 ordentlicher Professor für Geschichte des Mittelalters und Historische Hilfswissenschaften, war, schon wegen seines Alters, nicht zu halten. Das spätere (1964) Ehrenmitglied der Österreichischen Akademie der Wissenschaften Steinacker war eine das Innsbrucker Universitätsmilieu der zwanziger und dreißiger Jahre repräsentierende Persönlichkeit, auf die auch nach 1945 nicht einfach vergessen wurde. Der neben Steinacker seit 1919 als Extraordinarius für Historische Hilfswissenschaften und Geschichte des Mittelalters wirkende Richard Heuberger, seit vielen Jahren fast erblindet, sollte auf dessen Ordinariat überwechseln. Hermann Wopfner, 1941 über sein Ersuchen aus dem aktiven Dienstverhältnis ausgeschieden und jetzt wieder reaktiviert, formulierte am 21. August 1945: „Mittelalterliche Geschichte kann ohne gründliche Kenntnis und Beherrschung der geschichtlichen Hilfswissenschaften weder betrieben noch gelehrt werden. Prof. Dr. Steinacker, der die Lehrkanzel für Mittelalterliche Geschichte bisher innehatte, ist auf dem Gebiet der Hilfswissenschaften durch vorzügliche, geistreiche Arbeiten hervorgetreten. Um nun seine Lehrkanzel in entsprechender Weise neu zu besetzen, wird darauf Wert zu legen sein, einen Vertreter der mittelalterlichen Geschichte zu berufen, der die hilfswissenschaftliche

---

92 Vgl. dazu die seinerzeit u.a. von Max Braubach (Historisches Jahrbuch 90, 1970, 474-476), Nikolaus Grass (Zur jüngsten kanonistischen Wissenschaftsgeschichte in Österreich. Österreichisches Archiv für Kirchenrecht 22, 1971, 177-183, hier 179 f.), Walter Ullmann (Erasmus 23, 1971, 387-391), jetzt auch von Laurence Cole (Fern von Europa? Zu den Eigentümlichkeiten Tiroler Geschichtsschreibung. In: Geschichte und Region 5, 1996, 191-225, hier 218) in manchen Bereichen völlig zurecht kritisierte Arbeit von Gerhard Oberkofler: Die geschichtlichen Fächer an der Philosophischen Fakultät der Universität Innsbruck. 1850-1945 (=Forschungen zur Innsbrucker Universitätsgeschichte 6). Innsbruck 1969.

Methode ebenso beherrscht wie die Darstellung der Geschichte. Es ist nun eine glückliche Fügung, daß die Universität Innsbruck in Prof. Dr. Heuberger eine Lehrkraft besitzt, die diesen Anforderungen in ganz besonderer Weise entspricht". Wopfners Vorschlag wurde vom schon 1939 alterspensionierten, seinen eingeschränkt handlungsfähigen Kollegen aushelfenden Kunsthistoriker Heinrich Hammer (1873-1953), vom Romanisten Josef Brüch (1880-1962) und von Franz Huter, beide aber selbst noch zur Rechenschaftsablegung angehalten, mitunterzeichnet. Vom letzteren mit dem Bemerken: „doch möge die /außerordentliche/ Lehrkanzel Heubergers wieder besetzt werden." Die von Wopfner referierte und von der philosophischen Fakultät am 18. Oktober 1945 beschlossene Orientierung entsprach dem vorherrschenden Willen, die Kontinuität der philosophischen Fakultät auf die alte Art fortzuschreiben. Wopfner, der auf seinem Plumeshof oberhalb von Innsbruck die Jahre des Naziterrors ruhig und friedlich bei seiner von Nikolaus Grass vollendeten wissenschaftlichen Arbeit über das Tiroler Bergbauerntum verbracht hatte, war weit davon entfernt, die intellektuelle Mitverantwortung vieler seiner Kollegen für die Naziherrschaft zu sehen. Aber nicht nur die akademischen Gremien konnten mit der Regierungserklärung (21. Dezember 1945) des ersten gewählten österreichischen Bundeskanzlers, des aus dem KZ befreiten Leopold Figl (1902-1963), nichts anfangen. Dieser war der Meinung: „Das Österreich von morgen wird ein neues, ein revolutionäres Österreich sein. Es wird von Grund auf umgestaltet und weder eine Wiederholung von 1918 noch von 1933 noch eine von 1938 werden."[93]

Der Ausgang des gegen Heuberger laufenden Überprüfungsverfahrens mußte vorerst abgewartet werden. Der erste, beeinspruchte Beschluß des Überprüfungsausschusses (23. Februar 1946) lautete auf Versetzung von Heuberger in den dauernden Ruhestand. Überdies signalisierte das Unterrichtsministerium durch seinen schier allmächtig agierenden Sektionschef Otto (Baron) Skrbensky, damals noch vielen Akademikern auch als austrofaschistischer Kommissär für die Aufrechterhaltung der Disziplin unter den Studierenden an den Hochschulen in Erinnerung, daß eine Ernennung von Heuberger auf das Ordinariat schon wegen dessen amtsbekannter Sehschwäche nicht in Erwägung gezogen werde. Es wurde deshalb von seiten der Fakultät zu Beginn des Wintersemester 1946/47 doch ein Aus-

---

93 Stenographisches Protokoll vom 21. Dezember 1945, Regierungserklärung 19-27.

schuß für die Neubesetzung der ordentlichen Lehrkanzel für Geschichte des Mittelalters und Historische Hilfswissenschaften eingesetzt, dem neben Wopfner der wie dieser in die Universitätspolitik hinein reaktivierte, schon schwer erkrankte Ignaz Philipp Dengel (1872-1947), dann Otto Stolz, der als Direktor des Tiroler Landesarchivs an der philosophischen Fakultät Titularprofessor war und gegen den wegen seiner Parteimitgliedschaft auch ein Überprüfungsverfahren lief, Brüch und der auch nicht gerade als Nazigegner bekannte Germanist Moriz Enzinger (1891-1975) angehörten. Wider Erwarten kam ein ganz erstaunlicher, von der philosophischen Fakultät einhellig gebilligter Vorschlag zustande (6. November 1946): Gerhart Ladner (1905-1993) stand primo loco vor Anton Julius Walter (*1906) und Heinrich Appelt (*1910). Alle drei waren Absolventen des Instituts für österreichische Geschichtsforschung in Wien. Ladner hatte 1933 durch Taufe die jüdische mit der römisch-katholischen Konfession gewechselt und war langjähriger, von vatikanischen Kreisen als Konvertit besonders geförderter Stipendiat am Österreichischen Historischen Institut in Rom. Ladner galt mit Adam Wandruszka (1914-1997) als einer der vielseitig talentiertesten österreichischen jüngeren Historiker der Zwischenkriegszeit.[94] Im Jänner 1938 wurde er von Hans Hirsch habilitiert. Nach dem Anschluß konnte Ladner nach Kanada flüchten, wo er im selben Jahr eine Anstellung als Assistant Professor am Pontifical Institute in Toronto erhielt. 1946 ging Ladner mit seiner Familie in die USA; zuletzt wirkte er an der Universität von Kalifornien in Los Angeles. Herwig Wolfram schreibt in seinem Nachruf, daß Ladners „großartiges Buch" Buch „The Idea of Reform" (1959) von Papst Johannes XXIII zu einem Zeitpunkt gelesen wurde, da sich dieser auf die Einberufung des Zweiten Vatikanischen Konzils vorbereitete, ohne daß die Öffentlichkeit davon wußte.[95] Es steht außer Zweifel, daß Ladner für Innsbruck eine Zierde geworden und für ihn selbst die Innsbrucker Universität wegen der römischen Nähe nicht unattraktiv gewesen wäre. Sicher hat Dengel, der ja seit 1929 Nachfolger von Ludwig von Pastor (1854-1928) am Historischen Institut in Rom war, an Ladner gedacht, der offenbar nicht ausschloß, nach Österreich zurückzukehren. Auch Hans Kramer, noch Privatdozent an der Seite von Dengel, kannte Ladner, sie waren gemeinsam im 36.

---

94 Vgl. Friedrich Engel-Janosi: ... aber ein stolzer Bettler. Erinnerungen aus einer verlorenen Generation. Graz 1974, 114.

95 Nachruf in MIÖG 102 (1994), 510-513; Gerhart B. Ladner: Erinnerungen. Hg. von Herwig Wolfram und Walter Pohl. Wien 1994 (=ÖAdW. Phil.-Hist. Kl., SB 617).

Kurs (1927-1929) des Instituts für österreichische Geschichtsforschung.[96] In Wien hatte August Loehr (1882-1965) mit Schreiben vom 6. Mai 1946 an den Dekan der Philosophischen Fakultät Wien speziell auf Ladner aufmerksam gemacht: „Die kritische Situation, in der sich der wissenschaftliche Geschichtsbetrieb, namentlich die Lehrtätigkeit an den Hochschulen in Österreich im gegenwärtigen Moment befindet, nötigt zu einer Zusammenfassung aller zur Verfügung stehender Kräfte, um aus deren Wettbewerb die richtige Auslese zu gewinnen und jeden an einen für ihn geeigneten Platz zu verwenden".[97] Das Unterrichtsministerium nahm mit Ladner ernsthaft Verhandlungen auf. Dieser erklärte am 31. März 1947 brieflich, daß ihn die Berufung als Ordinarius für Mittelalterliche Geschichte und Historische Hilfswissenschaften an die Universität Innsbruck sehr ehre und freue, daß es aber unsicher sei, ob ihn die University of Notre Dame in Indiana, an der er seit 1946 Professor ist, selbst im Jahre 1948/49 freigeben kann, doch hoffe er, im Sommer 1948 zwecks mündlicher Besprechungen nach Österreich zu kommen und endgültige Entscheidungen treffen zu können. Falls bis dahin die ihm zugedachte Innsbrucker Lehrkanzel anderweitig besetzt sein sollte, dann würde er dort allenfalls eine Gastprofessur anstreben.[98] Da der an zweiter Stelle genannte Anton Julius Walter „wegen seiner politischen Belastung nicht in Frage" komme, Appelt aber für die Grazer Professur vorgesehen sei, solle sich die Fakultät, so das Unterrichtsministerium am 5. Mai 1947[99], um eine Supplentur umsehen. Dafür komme eventuell Karl Pivec (1905-1974), der gegenwärtig in Wien als Gastprofessor tätig sei, in Frage. Der Innsbrucker Ausschuß mit Dengel, Wopfner, Stolz, Brüch und Enzinger nannte am 7. Juli 1947 für die Supplentur als Kandidaten Heinrich Fichtenau (*1912), Hermann Wiesflecker (*1913) und Erich Zöllner (1916-1996). Von Pivec war, so Dengel, die Privatmitteilung gekommen, er habe wenig Lust, den Posten in Wien aufzugeben. Der Ausschuß betonte ausdrücklich, daß Ladner das ihm zugesicherte Anrecht auf die Innsbrucker Lehrkanzel gewahrt bleiben müsse und daß es sich bei

96 Alphons Lhotsky: Geschichte des Instituts für österreichische Geschichtsforschung. 1854-1954. Graz-Köln 1954, 373.
97 Nachlaß von August Loehr. Archiv der ÖAdW, Wien.
98 Bundesministerium für Unterricht am 5. Mai 1947, Zl. 17793-III/8 an das Dekanat der philosophischen Fakultät Innsbruck. Universitätsarchiv Innsbruck, Konvolut Geschichte des Mittelalters und Historische Hilfswissenschaften (1945-1950). Dort liegen auch die nachstehend zitierten Aktenstücke.
99 BMfU Zl. 17793-III/8.

Berufung anderer Lehrkräfte nur um eine einstweilige Supplierung mit honoriertem Lehrauftrag handeln könne. Für Wiesflecker hatte sich eigens Leo Santifaller mit der Bemerkung eingesetzt: „Soviel ich Wiesflecker kenne, ist von ihm ein neuer Aufschwung des Studiums und der Forschungsarbeit auf dem Gebiete der österreichisch-tirolischen Geschichte zu erwarten und ich glaube, daß er der geeignete Mann ist, um die jungen Studierenden in die Bearbeitung der überreichen und noch so wenig ausgeschöpften urkundlichen Quellen der Innsbrucker Archive einzuführen, sie dafür zu begeistern und daher mit ihrer Hilfe wertvolle Quellenpublikationen und kritische Untersuchungen zur österreichisch-tirolischen Geschichte in die Wege zu leiten und auch zu einem Abschluße zu bringen".[100] Am 10. Juli 1947 traf sich die Fakultät und delegierte anstelle von Brüch Hans Kramer in den Ausschuß, der im Umlauf über Dengels Vorschlag, Pivec, dann Fichtenau und Wiesflecker wegen einer Supplentur anzufragen, zustimmend abstimmte (11. Juli 1947), wovon dem Unterrichtsministerium am 16. August 1947 Mitteilung gemacht wurde. Kramer war von der Fakultät in der Nachfolge von Dengel in ihrer Sitzung vom 25. November 1946 einstimmig primo loco vor Oswald Gschließer (1895–1973) vorgeschlagen worden, und seine Ernennung zum außerordentlichen Professor für Geschichte der Neuzeit (Entschließung des Bundespräsidenten vom 23. Juli 1947)[101] stand unmittelbar bevor. Stolz hatte auf dem Protokoll pro domo notiert: „Gegen die Bemerkung Santifallers, daß das hiesige LRArchiv für wissenschaftl. Zwecke ‚so wenig ausgeschöpft' sei, muß ich aber protestieren. Santifaller hat auch diese Gelegenheit wie so manche andere benützt, um die Leistungen der Innsbrucker Historiker herabzusetzen. Soviel ich weiß, hat die Sammlung der Görzer Urkunden hauptsächlich Dr. Veider[102] vorgenommen, der bei einem Bombenangriff 1944 zu Tode getroffen worden ist."

Am 3. April 1948 teilte das Unterrichtsministerium der Innsbrucker Fakultät die zögerliche, aber doch eindeutige Ablehnung Ladners mit: „Nach wie vor ist es mein dringender persönlicher Wunsch, in mein

---

100 Schreiben vom 27. April 1947. Ebenda.
101 BMfU Zl. 38088/III-9/47 vom 31. Juli 1947. Zum ordentlichen Universitätsprofessor für Geschichte der Neuzeit wurde Kramer mit Entschließung des Bundespräsidenten vom 29. Februar 1960 ernannt. BMfU Zl. 102096-4/59 vom 8. März 1960.
102 Andreas Veider hatte 1939 in Wien die Doktorarbeit „Die Verwaltung der vordern Grafschaft Görz im Pustertal und Oberkärnten bis Ende des 14. Jahrhunderts" verfaßt.

Vaterland zurückzukehren und meine dort begonnenen Arbeiten fortzusetzen. Doch fürchte ich, daß ich dem ehrenvollen Ruf nach Innsbruck im Jahre 1948/49 wegen der hier eingegangenen Verpflichtungen leider nicht werde Folge leisten können. Ich bedauere dies außerordentlich. Da ich auf keinen Fall die Interessen der Innsbrucker Fakultät durch all zu langes Zögern schädigen möchte, halte ich es für meine Pflicht, Ihnen, sehr geehrter Herr Sektionschef, von dieser Sachlage Mitteilung zu machen. Sobald ich es ermöglichen kann, beabsichtige ich jedoch, auf Grund der mir von der Wiener Fakultät angebotenen Gastprofessur oder anderer sich allenfalls ergebender Möglichkeiten nach Österreich zu kommen" (15. Dezember 1947).[103] Die Innsbrucker Fakultät wurde ersucht, einen neuen Ternavorschlag zur Wiederbesetzung des Ordinariats für Mittelalterliche Geschichte und Historische Hilfswissenschaften zu machen.

Es läßt sich nicht mehr sicher feststellen, was Ladner bewogen hat, letztendlich nicht nach Österreich heimzukehren. Der mit ihm seit gemeinsamen römischen Jahren befreundete Jesuitenpater Josef Grisar schreibt am 11. August 1948 an Loehr: „In Ihrem Brief kommen Sie, hochverehrter Herr Professor, auch auf unseren gemeinsamen lieben Freund, Dr. Ladner. Ich stehe mit ihm dauernd in Korrespondenz. Auch mir hat er die Frage nach seiner Rückkehr vorgelegt. Diese letztere läßt sich in doppelter Weise denken, entweder als Leiter des histor. Instituts Österreichs in Rom oder als Professor an einer österreichischen Universität. Ich habe von beiden abgeraten. Es wird voraussichtlich noch lange dauern, bis Österreich wieder ein Institut in Rom wird einrichten können, an einer Universität dürfte leider Dr. Ladner einen schweren Stand haben und eine geringe Bezahlung. Vor allem kommt für ihn aber in Betracht, daß er in Amerika eine Familie gegründet hat, die amerikanisch ist und sich kaum an unsere Verhältnisse gewöhnen könnte."[104] Grisar umschreibt die österreichischen Universitätsverhältnisse mit ihren ungebrochenen antisemitischen Reflexen recht vornehm, aber eindeutig. Das trifft nicht nur auf Wien zu, sondern besonders auf Innsbruck mit seinen provinziellen Verengungen. Als Ende 1949 an der Universität Innsbruck bei der Besetzung der vakanten altphilologischen Lehrkanzel die 1938 von der Universität Wien vertriebene Gertrud Herzog-Hauser (1894-1953) genannt wurde, schrieb ein einflußreiches Mitglied des Innsbrucker Lehrkörpers an seinen

103 Zitiert im Schreiben des Unterrichtsministeriums vom 3. April 1948, Zl. 456/III-8/48.
104 Nachlaß August Loehr, ÖAdW.

Wiener Kollegen: „Weil sonst niemand recht rühren wollte, wandte ich mich ziemlich scharf gegen die Nennung einer älteren Dame für einen solchen Lehrstuhl. Wichtiger war mir dabei aber, was ich begreiflicherweise nicht offen aussprach, daß wir keine Jüdin haben wollen, mag sie auch persönlich, wie behauptet wurde, sehr nett sein".[105] Dennoch, auch wenn Ladner in Innsbruck hofiert, aber nicht heimisch geworden wäre, für die Universität wäre er eine Herausforderung gewesen.

An der Innsbrucker Fakultät hatte sich inzwischen die Situation insoferne entspannt, als die von Rektor Karl Brunner (1887-1965) in seinem Rechenschaftsbericht vom 26. Oktober 1946 publizierte Linie des Umgangs mit professoralen NSDAP-Mitgliedern eigentlich nie in Zweifel gezogen worden war. „Gerade unter den akademischen Lehrern haben", so Karl Brunner, „aber auch gar manche gegen ihre Überzeugung das Opfer eines solchen Parteibeitrittes auf sich genommen, um zu verhüten, daß die Durchdringung unseres Schulwesens mit ausgesprochenen Parteianhängern ohne entsprechende Qualifikation nicht noch weiter um sich griff, zum Schaden unserer Jugend und der Zukunft unseres Volkes."[106] Wer von den vielen Universitätslehrern die Naziherrschaft objektiv vorbereitet und mitgetragen hat, aber aus welchen Gründen immer und sei es bloß aus elitärem Protest gegen die Pöbelhaftigkeit der SA-Demagogie nicht Parteimitglied war, der hatte ohnehin nie ein Problem gehabt. Das Kollegium agierte wie ein privater Herrenclub.

Franz Huter war vom Überprüfungs-Ausschuß der Universität in seiner Sitzung vom 28. Jänner 1946 in den Archivdienst rückversetzt worden, wobei ihm die Lehrbefugnis für Wirtschaftsgeschichte und auch für Geschichtliche Hilfswissenschaften belassen wurde. Für die Lehrkanzel der Österreichischen Geschichte wurde er zunächst als „nicht gut tragbar" bezeichnet. An der Universität wurde das nicht so gesehen. Franz Huter war Zeremoniar bei der von der Universität am 22. Mai 1946 veranstalteten Feier zum 70. Geburtstag von Hermann Wopfner. Der wissenschaftlichen Lebensarbeit von Hermann Wopfner über die bäuerliche Tradition komme, so Franz Huter, eine erhöhte Bedeutung „im Sinne einer Besinnung und Rückführung des Großstadtmenschen zu den Quellen seiner Herkunft zu".[107] Jene grünen Intellektuellen, die als latente Maschinen-

105 Beilage zum Phil. Fakultätsprotokoll vom 9. Dezember 1949. In der Sitzung vom selben Tag wurde der Antrag der Kommission von der Fakultät „mit der Bitte um Berücksichtigung des in der Sitzung Geäußerten" zurückgegeben. UAI.
106 UAI, Rektoratsakten 600 aus 1947.
107 Tiroler Tageszeitung vom 23. Mai 1946.

stürmer des Spätkapitals für die Drosselung der Technik, abgesehen von der militärischen, eintreten, werden sich solcher Vordenker ebensowenig erinnern wie sie die frühe Kritik von Ernst Bloch (1885-1977) an dieser Geisteshaltung reflektiert haben.[108] Raimund Klebelsberg bedankte sich bei Franz Huter ausdrücklich (23. Mai 1946): „Sie /die Rede/ war so gut aufgebaut, ausgearbeitet und vorgetragen, dass man als kritischer Zuhörer seine helle Freude hatte. Auch sonst ist die Feier so prächtig verlaufen, dass sie noch lange einen Lichtpunkt im Düster der Zeit bilden wird." Widerspruch und Gnadengesuch von Franz Huter blieben lange unerledigt. Die Überprüfungskommission unter dem Vorsitz von Otto Skrbensky stellte dann aber im Beisein der Innsbrucker Universitätsangehörigen Godehard Ebers (1880-1958), Theodor Erismann (1883-1961), Hans Bayer (1903-1965), Robert Muth und Nikolaus Grass am 13. September 1947 fest: „Dr. Huter hat sowohl im Archivdienst wie als akademischer Lehrer im österreichischen Sinne gewirkt." Huter wurde gestattet, die Lehrbefugnis als Privatdozent für Historische Hilfswissenschaften und Wirtschaftsgeschichte vom Bundesministerium für Unterricht wieder zu erhalten. Eine Berufung gegen dieses Erkenntnis war nicht zulässig. Am 5. April 1949 wurde Huter als seinerzeitiger Staatsarchivar des Haus-, Hof- und Staatsarchivs in den Ruhestand versetzt, weil, wie die Überprüfungskommission festgestellt hatte, eine Lehrkanzel für Geschichte des Alpenraumes und Allgemeine Wirtschaftsgeschichte, für die Huter 1941 ernannt worden war, im Stellenplan nicht vorgesehen war. So stand jetzt auch die Besetzung der wiedererrichteten Lehrkanzel für Österreichische Geschichte zur Diskussion, für die der Fakultätsausschuß, dem der Altphilologe Karl Jax (1885-1968), der Anglist Karl Brunner, Kramer, Wopfner, Heuberger und der Geograph Hans Kinzl angehörten, Franz Huter primo et unico loco vorschlugen (4. Mai 1949). Dieser von Wopfner formulierte Antrag, der dem Anhang beigegeben ist, wurde von der Fakultät mit 22 Stimmen von 24 angenommen (Sitzung vom 20. Mai 1949). Der Senat befürwortete, was ungewöhnlich ist, diesen Antrag in seiner Sitzung vom 23. Mai 1949. Das Unterrichtsministerium ging nicht ganz mit, vielmehr machte Sektionschef Skrbensky gegenüber Dekan Jax den Vorschlag, Huter auf eine außerordentliche Lehrkanzel für Österreichische Geschichte bis 1790 sowie für Historische Hilfswissenschaften und Wirtschaftsgeschichte zu ernennen, während Neuere österreichische Geschichte in der Form eines Lehrauftrages gelehrt werden sollte. Diese Regelung wurde vorgesehen

---

108 Das Prinzip Hoffnung. Band 2. Frankfurt/Main 1959.

bis zu dem Zeitpunkt, wo Heuberger in den Ruhestand treten würde, um dann das von ihm betreute Ordinariat Geschichte des Mittelalters, Historische Hilfswissenschaften und Wirtschaftsgeschichte in Huter zu vereinigen und die gesamte Österreichische Geschichte in einer eigenen Lehrkanzel zusammenzufassen. Die Fakultät ging fürs erste darauf ein und beschloß in ihrer Sitzung am 24. Juni 1949 einen entsprechenden Antrag.[109] Ausdrücklich schreibt Dekan Jax an das Unterrichtsministerium: „Dieser Antrag beruht auf einem von Herrn Sektionschef Skrbensky dem Dekan gegenüber gemachten Vorschlag, durch Verbindung der obgenannten Fächer die Wiedereinstellung Prof. Huters zu sichern." Zu Beginn des Wintersemesters 1949/50 (1. Oktober) wurde Huter entsprechend einem Fakultätsantrag mit der Abhaltung von Lehrveranstaltungen über Historische Hilfswissenschaften und Österreichische Geschichte bis 1790, sowie über Wirtschaftsgeschichte im Ausmaß von insgesamt 6 Wochenstunden Vorlesungen und Übungen betraut.[110] Dieser Lehrauftrag wurde mit Sommersemester 1950 „bis auf weiteres" verlängert, indem das Bundeskanzleramt die Zustimmung „zur Weiterverwendung des Staatsarchivars I. Klasse i. R. und ehem. außerordentlicher Professor Dr. Franz Huter an der do. Fakultät bis auf weiteres erteilt" hat.[111]

Das bedeutete jetzt allerdings eine Verknüpfung der außerordentlichen Lehrkanzel für Österreichische Geschichte und der ordentlichen für Mittelalter. Gegen das ihm angebotene Geschäft demonstrierte Huter am 8. Dezember 1949 bei Dekan Wolfgang Gröbner (1899-1980). Er wolle nicht Anstoß zur Versetzung von Heuberger in den Ruhestand sein, vor allem: „Aber auch aus sachlichen Gründen halte ich an der österreichischen Lehrkanzel fest. Schon weil sie das mir angestammte Fach darstellt, für das ich 1937 in Wien habilitiert wurde und das ich, wennschon unter dem Namen Geschichte des Alpenraumes, in Innsbruck 1941-1945 tatsächlich vertrat. Ferner deswegen, weil es eher möglich sein dürfte, für das mittelalterliche Fach einen tüchtigen und erfahrenen Vertreter zu finden als für das österreichische." In seiner Haltung war Huter von dem seit 1945 in Ehrwald lebenden Historikerfürsten Heinrich Srbik bestärkt worden. Zu diesem hatte er ein persönliches Vertrauensverhältnis, versorgte ihn auch mit Literatur, die Srbik für sein Werk „Geist und Geschichte des

---

109 Phil.Dekanat vom 27. Juni 1949, Zl. 544/2 (Durchschlag des maschinegeschriebenen Originals, unterschrieben von Dekan Jax).
110 BMfU Zl. 17833-III/8/49.
111 BMfU Zl. 12186-I/1/50.

deutschen Humanismus bis zur Gegenwart" benötigte und gab manche persönliche Hilfstellungen. Am 6. Dezember 1949 schreibt Srbik an Huter: „Ich gebe zu, daß der Gedanke, Sie auf die Lehrkanzel für Mittelalter, Hilfswissensch. u. Wirtschaftsgeschichte zu ernennen, persönliche Vorteile bietet, die Ihnen die österr. Geschichte wenigstens zunächst nicht eröffnet. Aber einmal ist dieser Gedanke mit der doch recht odiösen vorzeitigen und gewaltsamen Versetzung Heubergers in den Ruhestand verbunden, anderseits sind Sie wie kein zweiter eben für österr. Gesch. u. im besondern für Gesch. Tirols berufen, u.zw. auch der neueren Zeit. Man sollte also Heuberger bis zur Altersgrenze in der Aktivität belassen und Sie für österr. Gesch. u.zw. ohne die blödsinnige Begrenzung mit Ende des 18. Jhd. ernennen. Der Nachteil wäre für Sie, daß Sie vermutlich einstweilen nicht auf das Ordinariat rechnen könnten. Für m. a. Gesch. würde sich seinerzeit ohne Zweifel leichter ein qualifizierter Anwärter finden. Wenn es sich nur um eine provisorische Lösung handeln sollte und wenn Heubergers Pensionierung unvermeidbar wäre, wenn endlich Ihr baldiger Übergang vom Ordinariat für mittelalterliche G. zu einem Ordinariat für österr. und Wirtschaftsgeschichte denkbar wäre, dann würde ich zur Annahme des Skrbenskyschen Vorschlags raten. Da aber die obigen Voraussetzungen offenbar nicht gegeben sind, kann ich Ihre Eingabe an den Dekan nur als ebenso vornehm, gewissenhaft und kollegial wie sachlich gerechtfertigt bezeichnen und sagen, daß sie ein Dokument ist, das Ihnen alle Ehre macht. Immer sind meine innigsten Sympathien bei Ihnen, meine Hochachtung ist, wenn möglich, noch erhöht worden."

Die Situation spitzte sich zu, als das Unterrichtsministerium am 12. Dezember 1949[112] mitteilte, es lehne die Beförderung des praktisch auf beiden Augen blinden Heuberger auf das Ordinariat für Mittelalterliche Geschichte nicht nur ab, sondern kündige dessen Pensionierung vor Erreichung der Altersgrenze an. Als Grund führte das Ministerium an, Heuberger ermangele jene Sehkraft, die für den Unterricht aus den Historischen Hilfswissenschaften, namentlich der Paläographie und der Urkundenlehre, unentbehrlich sei. Während Dekan Gröbner das Ministerium noch über den Beschluss der Fakultät vom 20. Dezember 1949 informierte, in der Vertretung der Lehrkanzel für Geschichte des Mittelalters durch Heuberger möge der status quo belassen, was von Wopfner eigens gutachtlich begründet wurde, und auf die Lehrkanzel für Österreichische Geschichte bis 1790 sowie für Historische Hilfswissenschaften und Wirtschaftsgeschichte möge Huter ernannt werden („Professor Huter ist

---

112 BMfU Zl. 71756/III/8/49.

– was für die Innsbrucker Verhältnisse besonders wertvoll ist – ein genauer Kenner der Tiroler, insbesondere der Südtiroler Geschichte; er hat gerade im vergangenen Jahre inhaltlich und methodisch höchst wertvolle Werke herausgebracht. Er gilt als gewissenhafter und anregender Lehrer, der bei den Studenten besonders geschätzt ist")[113], hatte das Ministerium schon die Versetzung von Heuberger in den dauernden Ruhestand vorbereitet und am 22. Dezember 1949 realisiert.

Vorübergehend war Huter innerhalb der Universität durch die Habilitation von Nikolaus Grass (*1913) für die Fächer Wirtschaftsgeschichte und Rechtsgeschichte (bestätigt am 8. November 1946) Konkurrenz erwachsen, weniger durch Oswald Gschließer, der sich bemühte an der Fakultät Fuß zu fassen. 1948 (26. November) wurde Grass die Lehrbefugnis auch an der rechts- und staatswissenschaftlichen Fakultät für Österreichische Verfassungs- und Verwaltungsgeschichte sowie für Allgemeine Wirtschaftsgeschichte erteilt. Dengel stellte in der Fakultät den Antrag auf Ernennung von Nikolaus Grass zum wirklichen außerordentlichen Professor für Österreichische Geschichte (25. Juni 1947): „Es ist höchste Zeit, daß der Lehrstuhl für Österreichische Geschichte an unserer Universität, der seit 1945 verwaist ist, endlich ordnungsgemäß besetzt wird. Im Zuge der so dringend notwendigen Revision der falschen Geschichtsauffassung über Österreich ist heute die Österreichische Geschichte das wichtigste Geschichtsfach. Dr. Grass, Tiroler nach Abstammung und Gesinnung, besitzt für dieses Fach die volle moralische und wissenschaftliche Eignung". Wegen seiner Erkrankung konnte Dengel, der am 9. September 1947 verstarb, seinen Vorschlag nicht konsequent weiter verfolgen. Mit Entschließung des Bundespräsidenten vom 6. Mai 1949 wurde Nikolaus Grass dann als außerordentlicher Professor an die Rechts- und staatswissenschaftliche Fakultät ernannt.[114] Das war für die Philosophische Fakultät und das dort vertretene Fach „Österreichische Geschichte" ohne Zweifel ein großer Verlust! Aber auch von der Rechtswissenschaftlichen Fakultät aus hat Nikolaus Grass die Österreichische Geschichte auf vielen, über die spezielle Rechtsgeschichte hinausführenden Gebieten gefördert, doch konnte er eben nur in einem engeren Zirkel Fachhistoriker ausbilden.[115]

---

13 Durchschlag des Schreibens von Dekan Gröbner vom 21. Dezember 1949 an das Bundesministerium für Unterricht.

114 BMfU Zl. 21468/III-7/49 vom 10. Mai 1949. Dazu Susanne Lichtmannegger: Die Rechts- und Staatswissenschaftliche Fakultät der Universität Innsbruck 1945-1955 (=Rechts- und Sozialwissenschaftliche Reihe 23). Frankfurt a. M. 1999, 55-57.

115 Das hat Nikolaus Grass, wie der Vf., der 1963/64 als wissenschaftliche Hilfskraft bei ihm gearbeitet hat, weiß, sehr bedauert.

In der Philosophischen Fakultät, ja an der ganzen Universität war die Stimmung eindeutig für Franz Huter, der sich vor allem auf seinen Freund Hans Kinzl verlassen konnte, der durch eher zufällige Umstände während der Naziherrschaft öffentlich nicht hervorgetreten war und jetzt viel hinter den Kulissen als „Ehemaliger" für „Ehemalige" tun konnte, zumal er als Mitglied des Cartellverbandes eine Stütze der Restauration war. Deren Papiere stiegen nach 1945 bekanntlich rasch wieder an.

Anfang 1950 mußte die Philosophische Fakultät eine Entscheidung über das Ordinariat für Mittelalterliche Geschichte und Historische Hilfswissenschaften sowie über das Extraordinariat für Österreichische Geschichte treffen. Am 17. Jänner 1950 schreibt Dekan Gröbner an Sektionschef Skrbensky, die Fakultät sei „in der mißlichen Lage, nicht gut einen Besetzungsvorschlag für Mittelalterliche Geschichte machen zu können, bevor der noch nicht erledigte Antrag für Österreichische Geschichte bewilligt oder abgelehnt ist." Dekan Gröbner suchte auch Rat bei seinem Landsmann Leo Santifaller, dem er am 2. Februar 1950 schrieb: „Der Wunsch unsrer Fakultät wäre zunächst, daß Professor Huter für die Österreichische Geschichte ernannt wird, doch zögert das Ministerium schon seit mehr als einem Jahr, diesem Vorschlag der Fakultät stattzugeben; es scheinen immer noch politische Gründe hinderlich zu sein, trotzdem das Ministerium durch die Ernennung des Professor Huter zum Fachprüfer für Österreichische Geschichte in der Prüfungskommission für das Lehramt an Mittelschulen (Verordnungsblatt vom 1. 1. 1950) diese Gründe offenbar selbst nicht mehr als wirklich gefestigt betrachtet. Als Vertreter für das Fach der mittelalterlichen Geschichte möchte die Fakultät einen Ihrer Schüler namhaft machen; in erster Linie wird an Pd. Dr. Fichtenau gedacht. Falls die Ernennung des Professor Huter für die Österreichische Geschichte vom Ministerium abgelehnt wird, müßte die Fakultät ihn für die Mittelalterliche Geschichte vorschlagen und wäre dann in großer Verlegenheit, einen Vertreter für die Österreichische Geschichte zu finden, da in Innsbruck keine geeignete Persönlichkeiten für dieses Fach, die das Vertrauen der Fakultät genießen, vorhanden sind".[116] Leo Santifaller antwortete nur zehn Tage später, schlug für die Österreichische Geschichte Huter als fachlich am besten geeignet vor, für die Geschichte des Mittelalters primo loco Otto Brunner, dann Heinrich Appelt und Heinrich Fichtenau und auch Hanns Mikoletzky (1907-1978). Falls das Ministerium Huter für die Österreichische Geschichte nicht ernennen wolle, dach-

---

116 Durchschlag des maschinegeschriebenen Originals.

te Santifaller im Einvernehmen mit Alphons Dopsch für dieses Fach an Erna Patzelt (1894-1987), Hermann Wiesflecker und Erich Zöllner. Huter, über welchen Santifaller nicht einfach zu ignorierende Einwände mitteilte, sei dann eventuell mit Otto Brunner gemeinsam primo loco für die Geschichte des Mittelalters vorzuschlagen. Santifallers Brief ist im Anhang abgedruckt, weil er nicht bloß einen Einblick in die Situation der österreichischen Geschichtelehrkanzeln um 1950 gibt, sondern auch dessen seriöse Position nach der Befreiung, und zwar auch gegenüber Huter, dokumentiert. Die eher harsche Einschätzung von Karl Pivec mag irritieren, doch kann der Nachruf auf Pivec von Huter zum Verständnis beitragen.[117]

Obschon durch die Pensionierung von Heuberger die im lokalen Raum gewichtigen kollegialen Rücksichtnahmen auf diesen Gelehrten auf Seite Huters weggefallen waren, lehnte Huter die Berufung auf das Ordinariat für Mittelalterliche Geschichte weiterhin ab und beharrte auf dem Extraordinariat für Österreichische Geschichte.: „1. Die Österreichische Geschichte ist mein Stammfach. 2. Die Österreichische Geschichte ist schwieriger zu besetzen als andere geschichtliche Fächer, a) weil zwischen 1938 und 1945 keine Habilitationen in diesem Fach erfolgten, daher die Auswahl an Kandidaten besonders gering ist; b) weil entsprechend der Tradition dieses Faches die Verbindung mit der Wirtschaftsgeschichte gepflegt werden soll; c) weil die Landesuniversität gerade auch mit diesem Fache die Ausrichtung von Forschung und Lehre nach Südtirol zu verknüpfen hat - eine Aufgabe, die mehr als eine Verpflichtung bedeutet. 3. Diese Schwierigkeiten fallen bei der mittelalterlichen Geschichte weg./.../ Sollten alle Versuche scheitern und sollte ich, um beim Beruf bleiben zu können, der Versetzung auf die ma. Lehrkanzel zustimmen müssen, dann hätte ich wohl, zumal ja der politischen Anschuldigungen und Verleumdungen genug verspritzt wurden, ein Recht darauf, daß diese in einer Form geschieht, die mich für den äußeren Vorgang, auch vor den Augen meiner Kollegen und Hörer, entschädigt. Vor allem aber müßte – und das ist

---

117 MIÖG 83 (1975), 557-564. Hans Kramer, der Karl Pivec gut gekannt hat, schreibt am 22. April 1976 an Franz Huter: „Besten Dank für den Sonderdruck über unseren alten Kollegen Pivec. Auch ich, der ich sonst Pivec ziemlich gut kannte, habe manches Neue erfahren. Sie haben sich in die oft sehr speziellen Abhandlungen von Pivec vertieft, was eine grosse Mühe war. Nun, Sie und ich wissen ja im Guten und im weniger Guten Bescheid. Für Pivec war der frühe Tod von Hirsch ein ganz schwerer Verlust. Dieser hätte ihn weiterhin gelenkt und angetrieben. Er hätte ihn wohl auch – nach Möglichkeit – nach dem Kriegsende 1945 weiterhin gefördert und ihn vielleicht nach Wien gezogen."

eine conditio sine qua non – der im Ernennungsdekret auszusprechende Lehrauftrag für ma. Geschichte und Hilfswissenschaften um die Wirtschaftsgeschichte erweitert werden, damit es mir wenigstens in der Praxis möglich ist, die Wopfnersche Tradition fortzupflanzen und die Verbindung der Forschung und Lehre mit meiner Südtiroler Heimat im vollen Ausmaße zu pflegen" (Schreiben an Dekan Gröbner vom 15. März 1950).

Auch wenn diese Orientierung von Huter auf die „Österreichische Geschichte" im moralisierenden Diskurs über die Vergangenheit der Historiographie bei manchen und selbst jedem publizistisch-akademischen Geschäftchen nachhechelnden Zeit-Historikern keinen Niederschlag finden wird, sei darauf separat hingewiesen. Auch deshalb, weil die „Österreichische Geschichte" entsprechend den politischen Anforderungen der Gegenwart in eine diffuse „Geschichte der Region", die eine legitime Tochter der „Geschichte des Alpenraumes" ist, transformiert wird – zum Nachteil der Republik Österreich.

In ihrer Sitzung vom 3. März 1950 setzte die Fakultät einen Ausschuß für die Besetzung der Lehrkanzel für Mittelalterliche Geschichte ein, dem Theodor Erismann, Karl Brunner, Franz Hampl (*1910), Kinzl, Kramer, Wopfner und Wilhelm Fischer (1886-1962) angehörten. Schon am 21. April 1950 berichtete der Ausschuß der Fakultät, die dessen Besetzungsvorschlag in geheimer Abstimmung einstimmig annahm (24 abgegebene Stimmen, 24 ja). Der Fakultätsausschuß hatte, beraten von Srbik, primo loco Otto Brunner, dann secundo et aequo loco Heinrich Fichtenau und Karl Pivec vorgeschlagen, immer unter der Voraussetzung, daß Huter für die Österreichische Geschichte ernannt wird. Im offiziellen Fakultätsvorschlag wird auf die Verleihung des Verdun-Preises (1941) an Otto Brunner[118] eigens hingewiesen, sicher nicht um ihm zu schaden. In der Annahme von Preisen sind Wissenschaftler selten prüde. Auch das schöne Gutachten von Srbik ist dem Anhang beigegeben, zumal manche seiner Formulierungen sich im offiziellen Besetzungsvorschlag wiederfinden. Zu Sbrik hatte Kramer die offizielle Verbindung hergestellt. Kramer, dessen konservativ-monarchistisches Denken immer zum Vorschein getreten war, hatte nach 1945 Srbik auch öffentlich verteidigt.[119] Kramer unterstützte engagiert die Berufung von Huter ebenso wie die Vorschläge zur mittel-

---

118 Vgl. Helmut Heiber: Walter Frank und sein Reichsinstitut für Geschichte des neuen Deutschlands. Stuttgart 1966, 927 f.
119 Vgl. Hans Kramer: Geschichte und Politik. Der österreichische Historiker Heinrich R. v. Srbik. Stimme Tirols vom 4. Dezember 1948.

alterlichen Geschichte. Srbik freute sich über die Hochachtung, die ihm von Innsbruck aus entgegengebracht wurde, und überließ Ende September 1950 dem dortigen Institut für Geschichte (damals Historisches Seminar) seine umfangreiche Sammlung von Sonderabdrucken.

Vor Beginn des Wintersemesters kam es zur Entscheidung. Für Mittelalterliche Geschichte und Historische Hilfswissenschaften wurde mit Entschließung des Bundespräsidenten vom 27. September 1950 Karl Pivec zum ordentlichen Professor ernannt.[120] Otto Brunner war im Ministerium mit der Begründung, er sei wohl ein ausgezeichneter Lehrer und Forscher, seine Schriften während der Besetzung Österreichs in den Jahren 1938 bis 1945 würden aber seine Berufung auf eine historische Lehrkanzel ausschließen, ausgeschieden worden. Fichtenau war im selben Jahr an der Universität Wien zum außerordentlichen Professor ernannt worden.[121] Die Argumentation des erzkonservativen Unterrichtsministerium gegen Otto Brunner war natürlich völlig heuchlerisch. Bei Otto Brunner wurden Bedenken motiviert, die in anderen Fällen total gleichgültig waren. Am 10. Mai 1950 schreibt Otto Brunner an Franz Huter: „Ich würde natürlich sehr gerne kommen. Denn daß ich mit Dir u. Kramer bestens zusammenarbeiten würde, steht ja außerhalb jedes Zweifels". Franz Huter und Otto Brunner verstanden sich gut, Brunner hatte Huter in Wien habilitiert und noch zu seinem 90. Geburtstag dankte Huter in einer kleinen Ansprache seinem Freunde dafür.[122] Leo Santifaller hat in seinem Vorschlag vom 12. Februar 1950 auf die zwischen beiden bestehende Freundschaft hingewiesen und aus der möglichen Zusammenarbeit das beste erwartet. Mit der Ernennung von Brunner nach Innsbruck wäre gewiß auch sein für die Geschichtswissenschaft nützlicher Meinungsstreit mit Otto Stolz neu stimuliert worden.[123] So wie Franz Huter hatte sich auch Otto Brunner nach 1945 nicht nach einer anderen Arbeit umsehen müssen, sondern hatte, unbeschädigt und integriert im intakt gebliebenen politischen und gesellschaftlichen Umfeld, mit intensiven Archivarbeiten den akademischen Neustart vorbereitet. In Österreich wurde der nach Hitler durchaus mögliche Neubeginn nur so genannt, war aber keiner. Otto

120 BMfU Zl. 44885/I-2/50 vom 4. Oktober 1950.
121 BMfU Zl. 30895/I-2/50 betr. Wiederbesetzung der Lehrkanzel für Mittelalterliche Geschichte und Historische Hilfswissenschaften an der Univ. Innsbruck. Archiv der Republik.
122 Dankrede aus Anlaß des 90. Geburtstages in den Hirschenstuben in Innsbruck.
123 Vgl. Vorwort von Otto Brunner zur 2. Auflage von „Land und Herrschaft". Brünn-München-Wien 1942, X-XXIV.

Brunner schreibt am 26. September 1946 aus Wien: „Immerhin konnte ich im letzten Jahr doch sehr viel arbeiten. Ich habe umfangreiches Material für eine Agrargeschichte Niederösterreichs gesammelt, vor allem aus den „Herrschaftsakten", die sich als überaus ergiebig erwiesen haben und über Dinge Aufschluß geben, von denen man bisher auch anderwärts kaum etwas wußte".

Karl Pivec fand in Innsbruck eine ihm freundliche Stimmung vor. Besonders Kramer, Institutskollege und Freund von Pivec, bot ihm seine Mitarbeit an.[124] Am 30. Juli 1950 schreibt Kramer an Pivec, daß es ihn in jeder Beziehung sehr freue, daß er nach Innsbruck komme, für ihn und für die Universität. Er bot ihm an, bei der Wohnungssuche behilflich zu sein, auch stehe er, wenn er es wünsche, „mit Ratschlägen und mit Einführungen in unser Milieu hier immer gerne zur Verfügung. Ich bin sicher, daß wir Historiker hier, Dich nun inbegriffen, alle gut auskommen werden." Das kleinbürgerlich-intellektuelle Innsbruck wirkt nachgerade einladend, wenn Kramer schreibt: „Bitte, gehe nicht mit zu vielen Erwartungen nach Innsbruck. 1) Haben wir momentan selbst für Innsbrucker Verhältnisse recht wenige Studenten. Die Stellen aus Geschichte sind an allen Mittelschulen gegenwärtig voll besetzt, Geschichte ist momentan dort das aussichtsloseste Fach, natürlich hat sich das herumgesprochen, so ist der Nachwuchs recht gering. So etwas spürt man natürlich in Wien weniger. 2) Ist der Bestand an vorhandenen gedruckten Quellen und an Literatur im Seminar und in der Univ.-Bibliothek (besonders aus den letzten Jahrzehnten) natürlich viel geringer und schäbiger als in Wien. Dies wird hier Deine Forschungen erschweren. Man muß sich viele Bücher aus Wien kommen lassen. In diesen Beziehungen wirst Du manche Enttäuschungen erleben. Du kommst in dieser Beziehung von einer reich besetzten Tafel (Institut für Geschichtsforschung) an eine ärmlich besetzte. 3) Wir haben auch zu wenig Hörsäle, es ist eine ziemliche Mühe, einen günstigen leeren Hörsaal für seine Vorlesungen zu erhalten. Im Institut für Geschichtsforschung hat der Professor seinen Hörsaal von vorneherein. Schließlich, über den heutigen Stand eines Gehaltes eines öst. Univ.-Professors, da brauche ich Dir nichts zu erzählen. Aber der ist in Innsbruck gleich wie anderswo. Aber ich will Dir absolut nicht den Mut nehmen. Es gibt in der phil. Fakultät fast lauter sehr nette Herren, die Dich sehr freundlich empfangen werden, darunter überhaupt etliche gebürtige Wiener, es herrscht in der Fakultät im allgemeinen voller Friede, der Betrieb an der

---

124 Das Folgende Nachlaß Karl Pivec. Universitätsarchiv Innsbruck.

Universität verläuft im allgemeinen in Ordnung und reibungslos. Und schließlich die Umgebung um Innsbruck herum. Wer die Natur liebt, kommt in Innsbruck vollauf auf seine Rechnung. Nach einer Viertelstunde Weges zu Fuß ist man schon im Wald draußen, Innsbruck hat eine Unmenge von Möglichkeiten von Ausflügen und Spaziergängen in allen Längen rings herum, ganz zu Fuß oder mit Hilfe von Bahnen und Autobuslinien, eine Menge Aussichtspunkte rings herum. Ich glaube, selten hat eine Stadt die schöne Umgebung so nahe und so viele Auswahl. Salzburg ist als Stadt schöner, aber die Umgebung ist bei uns reichhaltiger. Du wirst Dich auch bei uns Tirolern einleben. Die Wiener sind zwar höflicher, die Tiroler rauher, aber diese Rauhheit ist absolut nicht immer Bösartigkeit. Da Du gut französisch kannst, es gibt hier ein Institut Francais mit ziemlich regem geistigem Leben, das Dir jederzeit offen steht. Überhaupt ist der hiesige Romanist, Prof. Brüch, ein Wiener, der eine besondere Freude haben wird, wenn er hört, daß Du u. a. Spezialist für französische Geschichte bist. Ein sehr freundlicher Herr." Wenige Tage vor seiner Fahrt nach Innsbruck erhielt Pivec noch einen Brief von Kramer (29. September 1950): „Wir treffen uns dann ohnehin auf der Universität und es würde uns sehr freuen, wenn Du bald einmal zu uns zu einem einfachen Abendessen kommen könntest. Ich wohne nur mit meiner Mutter zusammen. Also auf baldiges Wiedersehen und guten Einstand, laß Dich, wenn Du von Wien kommst, durch manches Provinzielle nicht abschrecken, wir sind hier natürlich eine bescheidenere Universität und gegenwärtig ist der Nachwuchs aus Geschichte, an Historikern wegen der Überfüllung der Mittelschulprofessorenposten aus Geschichte recht gering, aber dafür hat man mehr Zeit zu eigenen Arbeiten und für sich, hoffentlich genießt Du dann auch die schöne Umgebung von Innsbruck". Auch Franz Huter sah Pivec „als zukünftigen Weggenossen" gerne nach Innsbruck kommen und ermunterte: „Was die hiesigen Fakultätsverhältnisse anlangt, so wird Ihnen schon Kollege Kramer berichtet haben, daß die Harmonie im Allgemeinen glücklich ist. Die herrliche Umgebung wird Ihnen als Naturfreund sicher gefallen und die Arbeitsverhältnisse sind hier eben so, wie sie in einer kleineren Universität sein können. An älterer Literatur ist verhältnismäßig viel vorhanden; an jüngerer fehlt es angesichts der beschränkten Dotationen, wie sie hier immer üblich waren" (21. August 1950). Für Pivec selbst bedeutete die Berufung nach Innsbruck das Ende einer für ihn recht unerfreulichen Situation in Wien. Er war dort seit 1946 Gastprofessor für Lateinische Paläographie und Westeuropäische Geschichte und war mit einem Lehrauftrag über Geschichte des Mittelalters und Historische Hilfswissenschaften betraut, konnte aber am Institut keine entsprechende Position erlangen. Er ließ ein ihm wichtiges freundschaftliches Umfeld zurück, besonders an Alphons Lhotsky ist Pivec auch persönlich gehangen.

Für Österreichische Geschichte wurde mit Entschließung des Bundespräsidenten vom 10. November 1950 Franz Huter zum außerordentlichen Professor ernannt.[125] Seine Ernennung zum ordentlichen Universitätsprofessor für Österreichische Geschichte erfolgte erst mit Entschließung des Bundespräsidenten vom 7. Februar 1958.[126] In Würdigung des Einsatzes seiner Fakultät und der Universität erklärte sich Huter in der Fakultätssitzung vom 24. November 1950 bereit, sich freiwillig und kostenlos um das Universitätsarchiv anzunehmen und die Universitätsmatrikel herauszugeben. Seine Lehrverpflichtung wurde auf seinen Wunsch wenig später auf das Fach Allgemeine Wirtschaftsgeschichte ausgedehnt.[127] Hans Kinzl, Dekan des Studienjahres 1950/51, schrieb aus Anlaß der Ernennung von Huter an das Unterrichtsministerium: „Die Philosophische Fakultät hat mit größter Befriedigung von der Ernennung des Herrn Professor Dr. Franz Huter auf die Lehrkanzel für Österreichische Geschichte an der Universität Innsbruck Kenntnis genommen. Sie dankt dafür dem Bundesministerium für Unterricht auf das verbindlichste. Mit dieser Ernennung hat die Lehrkanzel für die nächsten 2 Jahrzehnte die bestmöglichste Besetzung erfahren".[128]

---

125 BMfU Zl. 72366/I-2/50 vom 14. November 1950.
126 BMfU Zl. 93645-4/57 vom 12. Februar 1958.
127 BMfU Zl. 76711/I-2/50 vom 8. Jänner 1951.
128 Durchschlag des maschinegeschriebenen Originals.

IX. Marginalien zu den Hauptvorlesungen

Rousseau hat etwas Jüdisches in seiner Natur.

Ludwig Wittgenstein

Die drei- bis fünfstündige Hauptvorlesung über „Österreichische Geschichte" teilte Franz Huter in einen sechssemestrigen Zyklus ein. Im großen und ganzen entspricht der in Paragraphen, als Lernmodule dargebotene Aufbau und die Stoffmenge dem Handbuch von Erich Zöllner ohne die dortigen Kapitel über die Republik. Es werden massenhaft Detailkenntnisse dargeboten, die das Wissen um die historischen Prozesse in den Hintergrund treten lassen. Die nur teilweise erhalten gebliebenen, eigenhändig geschriebenen Vorlesungsmanuskripte verdeutlichen, daß Franz Huter viel Zeit auf die Ausarbeitung seiner Vorlesungen verwendet und laufend neuere Literatur unter Ausschluß der, wenn vorhanden, marxistischen eingearbeitet hat. Das gilt vielleicht noch mehr von seiner zweistündigen, ebenfalls über sechs Semester gehenden Vorlesung über „Allgemeine Wirtschaftsgeschichte", die er, so lassen die auch nur teilweise erhalten gebliebenen Manuskripte die Interpretation zu, für eine Drucklegung in Aussicht genommen hat. Es stand für ihn außer Zweifel, daß die Kenntnis der Wirtschaftsgeschichte für das Verständnis historischer Zustände und Entwicklungen, auch für die Kulturentwicklung Voraussetzung schlechthin ist. In der Einleitungsstunde zu diesem Zyklus betonte er: „Eine Einheit ist auch die geschichtliche Entwicklung: so wie die politische Geschichte nicht verstanden werden kann ohne das Wissen um die bewegenden Ideen und um die materiellen Antriebe, so wirken politische Ereignisse auf Ideen und Wirtschaft zurück. So sollten also politische, Geistes- und Wirtschaftsgeschichte nicht nebeneinander hergehen, sondern sich in der Darstellung verschlingen. Es entspricht lediglich der modernen Spezialisierung, wenn die genannten Teilgebiete der Historie gesondert vorgetragen werden". Im Gegensatz zur „Österreichischen Geschichte" finden sich in der „Allgemeinen Wirtschaftsgeschichte" viele offen politische Positionen, zu Beginn der Professur durchwegs nazifaschistisch einschließlich der antisemitischen Stoßrichtung, nach der Befreiung restaurativ-konservativ. Wenn Franz Huter auf die Produktionsverhältnisse zu sprechen kommt, dann reduzieren sich diese auf die technische Form der

Erzeugung von materiellen Gütern, die dem Handel zur Verfügung gestellt werden, und die menschlichen Bedürfnisse, welche sich in der Hauptsache durch den Raum mit seinen natürlichen Gegebenheiten, durch die „Rasse" und Religion unterscheiden, befriedigen. Er vermeidet es, über die Beziehungen der Menschen im gesellschaftlichen Produktionsprozeß, also über die Eigentumsverhältnisse an Produktionsmittel zu sprechen und lehnt Termini wie „Frühkapitalismus" und „Kapitalismus" als Konstrukte einer theoretisierenden, abstrahierenden und von den Verhältnissen des liberalen Staates ausgehenden Systematik des 19. Jahrhunderts ab. In der ersten Vorlesungsstunde zum vierten Semester des Gesamtzyklus der „Allgemeinen Wirtschaftsgeschichte", die der „Medici- und Fuggerzeit" gewidmet ist, begründet Franz Huter, weshalb er den Begriff „Frühkapitalismus" als Untertitel und nicht als Haupttitel gewählt hat: „Vor allem aus folgenden Gründen: a) weil der dem Terminus Frühkapitalismus zugrundeliegende Begriff Kapital nicht eindeutig festgestellt ist, b) weil der Terminus Kapitalismus kein unbedingt wissenschaftlicher, sondern dem politischen Kampf entnommen ist, c) weil der Terminus Frühkapitalismus in der herkömmlichen Verwendung nicht nur für das 16. Jh. charakteristische Erscheinungen und Entwicklungen bezeichnet, weil dieser Terminus aus der jüngeren Entwicklung genommen ist und auf eine ältere Zeit zurückprojiziert". Franz Huter will diese Termini nur als Notbehelfe verwenden. Das sechste Semester seines Gesamtzyklus nennt er deshalb „Epoche des wirtschaftlichen Liberalismus (19. Jh.)" und wenn er in diesem Zusammenhang auf die Entstehung der modernen Arbeiterklasse zu sprechen kommt, geschieht dies im Paragraphen über die gewerbliche Wirtschaft: „Industrialisierung gebiert Lohn-Arbeiterheere und damit für Unternehmer und Staat eine Fülle von neuen Problemen, die unter dem Sammelbegriff Arbeiterfrage zusammengefaßt werden. Da die Arbeitgeber vielfach in Verkennung ihrer Aufgaben und ihres eigenen Interesses nur zögernd an die Lösung jener Probleme gehen und auch der Staat dieselben mit großer Verspätung aufgreift, nehmen die Führer des neuen Lohnarbeiterstandes Zuflucht zur Selbsthilfe durch Zusammenschluß in Vereinigungen /.../". Aus solchen Vereinigungen sei auch eine besondere politische Bewegung entstanden, die sich „Arbeiterpartei oder so ähnlich nennt" und ausgerichtet ist nach der Lehre von Karl Marx und Friedrich Engels, dem Sozialismus. Diese würden eine Neuordnung der Rechts-, Wirtschafts- und Gesellschaftsordnung auf sozialistischer Grundlage anstreben. Nähere Erörterungen darüber konnte sich Franz Huter auf der Innsbrucker Universität ersparen. Den „Gewerkschaften" spricht er aber

günstigen Einfluß insoferne zu „als mit dem Anwachsen der Arbeiter-
massen und der steigenden Heranziehung derselben zur praktischen Wil-
lensbildung auch die bürgerlichen Parteien gezwungen werden, ihre Pro-
gramme im Sinne der Forderungen der Arbeiter abzuändern". Diese letzteren Manuskriptnotizen stammen natürlich aus der Zeit nach 1945 und
entsprechen den neuen Bedingungen. Die Stellung der Arbeiterschaft
wandelt sich, Mitbestimmung und Mitverwaltung treten an die Stelle des
Klassenkampfes von seiten der Arbeiterparteien. Daß der grundsätzliche
Interessengegensatz, der sich aus der Existenz von Klassen ergibt, nicht
durch das Wirken von Gewerkschaften oder anderer Arbeitervertretern in
staatlichen Vertretungskörpern aufgehoben wird, muß hier nicht erörtert
werden. Da für Franz Huter Klassen eben nur aus dem Bewußtsein heraus
existieren, stellt sich ihm diese Frage nicht und er ist nicht gezwungen,
sich mit Karl Marx deutlich zu machen, daß Klassen Menschengruppen
sind, die im Rahmen der Produktionsverhältnisse eine gemeinsame Stellung einnehmen, vor allem in Hinsicht auf das Eigentum an Produktionsmittel.

Es mag nicht ganz korrekt sein, aus einem über sechs Semester gehenden faktenreichen Vorlesungsmaterial als Marginalie eine antisemitische
Passage auszuwählen. Dennoch soll eine solche, zumal sie nicht die einzige überlieferte ist, hier folgen, weil am Originalton illustriert werden kann,
wie aus der kapitalistischen Gesellschaft heraus wohlgeratene, hochgebil-
dete und vernünftige Professoren im ideologischen Vorfeld von Krieg
und Terror tätig werden. Indem Franz Huter für den Erhalt seiner
Manuskriptteile gesorgt hat, wollte er, das kann unterstellt werden, daß
sich die Nachgeborenen auch mit dieser Seite seines Wirkens beschäftigen. Antidemokratischer Ausgangspunkt seiner Deklamationen ist: „Es ist
ein grundlegender Irrtum der Aufklärung, vor allem ihres Apostels
Rousseau, und ihrer jüdischen Nachbeter, daß die Menschen alle gleich
seien." Er bezeichnet es aber als Verdienst „dieser westischen Geistesrich-
tung", daß sie auf die Bedeutung der Umwelt für die Menschheitsent-
wicklung hingewiesen habe. Aber diese allein sei nicht entscheidend, auch
die körperlichen und geistigen Erbanlagen bilden die wirtschaftliche Entwicklung mit: „Von Menschen, welche infolge gleichartiger stammes-
geschichtlicher Schicksale auf Grund erblicher Anlage in wichtigen körperlichen Merkmalen und geistig-seelischen Eigenschaften übereinstimmen, sagen wir: sie gehören zur gleichen Rasse. Die Rasse greift also
weiter um sich als das Volk, für das die gemeinsame Sprache und das
Bekenntnis zum gleichen Schicksal entscheidend ist." Dann ist von dem

rassich auf dem Germanentum fußenden Kern des deutschen Volkes die Rede, davon, daß eben dieser Rassebegriff sich nicht mit dem Volksbegriff deckt und die Mischung des nordischen mit dem artverwandten Blut den einzelnen Räumen und Gauen des deutschen Volkes das besondere Gepräge verleiht. Das Allermeiste, was Franz Huter über die Einwirkungen von den natürlichen Umweltbedingungen auf die sozialökonomischen Lebensbedingungen vortrug, hat eine rationale Basis. Sobald er zu deren Interpreten wird, wird er imperialistischer Ideologe: „Und nun zum Abschluß dieses Paragraphen noch ein Wort über die Juden. Von ihnen muß hier die Rede sein, weil sie 1. uns nicht artverwandt sind, 2. weil sich ihre grundverschiedene Art gerade im Wirtschaftlichen ausspricht und weil sie 3. in der deutschen Wirtschaft, nicht zuletzt in der Ostmark eine bedeutsame, wenn auch wenig rühmliche Rolle gespielt haben. Sie ist umso auffälliger, als diese Rolle den Juden zahlenmäßig in keiner Weise zugekommen wäre. Die Juden kommen aus dem rassischen Mischtigel Palästina. Um etwa 2500 v. Chr. sind dort Gruppen vorderasiatischer Rassen, überlagert von solchen der wüstenländischen Rasse festzustellen. Dazu kommen dann unter ägyptischer Herrschaft hamitische Zuschüsse (1480-1350 v. Chr.), nur unbedeutend sind die nordischen Rassenelemente, die in der Zeit der vorderasiatischen Reiche, der indogermanischen Hethiter und Mittani, die ebenfalls zeitweise (schon vor der eben erwähnten ägyptischen Eroberung) über Palästina geboten haben, in das Judentum gelangt sein könnten. Aus diesem Schmelztigel tauchen die Juden um 1400-1200 vor Chr. auf, sie wandern damals in Kanaan ein. Sie fühlten nach ihrem eigenen Schrifttum den Unterschied zur Altbevölkerung, die von ihnen als hochgewachsenes Bauernvolk geschildert wird. Ebenso haben auch die anderen Völker die andere Art des Judentums gefühlt und das, wie der ägyptische Schriftsteller Manetho, auch ausgesprochen. Der behauptet, daß die Juden Nachkommen jener Auslese von Aussätzigen und verbrecherischen Elementen seien, welche von den Ägyptern in die Wüste getrieben worden waren. Der negroide Typus mancher Juden wird mit dem starken Negereinschlag der ägyptischen Unterschicht in Verbindung gebracht. /.../ Diese /babylonische/ Gefangenschaft des jüdischen Volkes war wirksam im Sinne einer Potenzierung der unglücklichen und ungünstigen Eigenschaften, mit denen dieses Volk geschlagen ist. Denn es schloß sich rassisch vollkommen ab und lernte immer mehr den Andersrassigen und Anderssprachigen als Feind zu betrachten, gegenüber dem Alles erlaubt ist. Daher spielt auch das religiöse Moment eine Rolle. Die jüdische Sonderreligion mit dem Glauben an einen

Gott, den Schöpfer der Welt und Herrscher aller Völker, machte das jüdische Volk erhaben über andere Völker, zum auserwählten Volk. Die wunderbare Errettung aus scheinbar aussichtslosen Lagen durch außergewöhnliche Ereignisse bestärkte es darin und die Priesterschaft sorgte für die Verbreitung und Verstärkung dieses Mythos. Was uns an der jüdischen Religion weiter auffällt, ist das rechnerische Verhältnis zu Gott. Es wird erklärt aus dem Selbstgefühl, das die Lehre der Propheten von der Unmittelbarkeit des Verkehres zwischen Gott und Mensch unter Abweisung aller Zeremonien und aller Magie großgezogen hätten. Dieser Geist der rechenhaften Regelung übertrug sich auf alle Beziehungen des jüdischen Lebens. Erbanlage und Schicksal machten also das Judentum zum verhaßten Händlervolk, zum Schildträger des Materialismus und Mammonismus in der ganzen Welt. Das war nicht immer so gewesen. /.../ Die 600 Jahre relativer Freiheit und Selbständigkeit, deren sich die Juden nunmehr erfreuten, hatten eine starke Vermehrung der Bevölkerung zur folge; sie konnte im Lande nicht mehr ernährt werden. Es war daher wirtschaftlich ein Glück für das Judentum, daß es zu Ausgang des 1. Jahrhunderts nach Chr. unter römische Herrschaft geriet. Denn dadurch war den Juden die erhöhte Möglichkeit gegeben, sich über alle Welt auszubreiten und vor allem in den großen Städten des Römerreiches in arteigener Umgebung d.h. in eigenen Stadtteilen dem überlieferten Beruf nachzugehen. Vor allem als Sklavenhändler und Gelddarleher, auch als Steuerpächter – seltener als Handwerker – haben sie sich schon früh verhaßt gemacht. Nach Deutschland sind sie zweifellos im Gefolge der römischen Heere gekommen, sie kauften die germanischen Gefangenen und verschacherten sie bis nach Spanien. Am Karolingerhof spielen sie als Gelddarleher eine Rolle. Das kanonische Zinsverbot d.i. das Kirchliche Verbot des Zinsnehmens für verliehenes Geld spielte ihnen das Darlehensgeschäft ganz in die Hände und aus ihm entwickelte sich das Pfandgeschäft. Außerdem betätigten sie sich früh als Hausierhändler und als Makler auf den Märkten. Immer wieder haben die Wirtsvölker auf diese maßlose und skrupellose Bereicherung einer fremdrassischen Bevölkerungsschicht mit spontanen Zornesausbrüchen geantwortet. /.../ Der jüdische Bluteinschlag im deutschen Volk dürfte aber bis ins 19. Jahrhundert hinein gering einzuschätzen sein. Sowohl die jüdische Ausschließung wie die bewußt ablehnende Bevölkerung standen einer stärkeren Vermischung entgegen. Schlimmer wurden die Dinge erst seit der Aufklärung. Sie hat in ihrer Gleichmacherei, in ihrem Freiheits- und Humanitätsdusel die Schranken beseitigt, die bisher Instinkt und Wissen aufrechterhalten hatten. Sie hat damit den Grund zur

Judenemanzipation gelegt und die häufige Judentaufe vorbereitet, wenn auch die Judentaufe schon vor dem 18. Jahrhundert vorgekommen ist. Auch die Juden reißen nun die Schranken nieder, die ihrer Führer einst aufgerichtet hatten, indem sie sich in Sprache, Tracht und Sitte den Gastvölkern anzugleichen versuchten. Ein letzter Schritt war die fleischliche Vermischung mit den Ariern, die man noch zur Zeit Kaiserin Maria Theresias verfemt und bestraft hatte. Diese Anpassung war nur Mittel zum Zweck, den Herrschaftsanspruch des auserwählten Volkes über die Völker der Welt zu verwirklichen. Um ihn zu erreichen sollten die völkischen Werte aller Volkstümer zersetzt werden, denn sie sind der geschworene Feind des Internationalismus. Die Zersetzung konnte nur erreicht werden, wenn man sich des Bildungswesens und überhaupt der geistigen Berufe bemächtigte, und so die öffentliche Meinung im Sinne kosmopolitischer Propaganda beeinflußte. Diese geistige Verjudung konnte - selbst wenn erreichbar - nicht von Dauer sein, wenn nicht auch das Wirtschaftsleben in jüdischen Händen war. Darum das Streben nach dem entscheidenden Einfluß in Industrie und Finanzwesen. Wir sehen heute, daß der jüdische Griff nach den Hauptschlagadern des Lebens der Völker international organisiert war. Die gesunde Erbmasse im Geist der Gastvölker – Deutschland voran – hat diesen Machtrausch jäh zerstört. Immer mehr Völker schließen sich dem Führer in diesem großen entscheidenden Ringen um die Erneuerung unserer Lebensgrundlagen an und es ist zu erwarten, daß im Gefolge des Weltbrandes, der über unsere Erde geht, auch noch bei den anderen Völkern diese Eiterbeule ausgebrannt wird, soweit sie noch eine gesunde Jugend besitzen."

Franz Huter hat den eher saloppen österreichischen Antisemitismus des gehobenen Bürgertums der Monarchie verlassen und war auf den von den Nazis verfolgten rassistischen Weg der Endlösung der Judenfrage eingeschwenkt. Meist blieb es ja dem Zufall überlassen, ob und inwieweit die einzelne, den Nationalsozialismus insgesamt unterstützende Person in direkte Beziehung zu verbrecherischen Vollzugsaktionen von Gestapo, SS oder NS-Justiz kam. Es wäre aber völlig verfehlt, Franz Huter wegen solcher Lehrangebote an jenen Pranger zu stellen, der seit der Installierung der auf den Antisemitismus spezialisierten, die Totalität des deutschen Imperialismus aber ausblendenden „Vergangenheitsbewältigung" zur Schaustellung von nicht zu knapp belohnten Betroffenheiten aufgestellt ist. Das bleibt schließlich auch einem Repräsentanten deutscher Gelehrsamkeit wie Carl Schmitt (1888-1985) erspart, der durch die aufwendige Herausgabe der Schmittiana eine Renaissance erlebt. Schmitt hat 1936 die deutschen Juristenprofessoren aufgefordert, ihre Studenten auf den „notwendigen Kampf gegen den jüdischen Geist" hinzuweisen, und verlangt, alle juristischen Schriften jüdischer Autoren in eine besondere Abteilung Judaica auszusondern. Den Schluß, daß auch die Juden selbst und nicht nur ihre Bücher in eine besondere Abteilung gehören, mußte er nicht weiter erläutern. Der deutsche Spitzenintellektuelle Carl Schmitt wollte wie der Provinzhistoriker Franz Huter für „die unversehrte Reinheit unseres deutschen Volkes" kämpfen und schloß seinen Appell ähnlich diesem gott- und führergläubig: „ ‚Indem ich mich des Juden erwehre', sagt unser Führer Adolf Hitler, 'kämpfe ich für das Werk des Herrn'."[129] Erst durch Lehrer wie Schmitt werden der Geist der in den NS-Staat hineinwachsenden Richter und Staatsanwälte und dessen blutige Ergebnisse verständlich. Der größere Teil der Intellektuellen läuft stets der jeweiligen politischen Macht nach, wird von ihr ausgehalten und korrumpiert, anstatt innerhalb der gegebenen Gesellschaft so etwas wie eine kritische Instanz zu sein. Was die rotgrünen Intellektuellen Europas, zumal Deutschlands, im Frühjahr 1999 an theologischen Argumenten aufgeboten haben, um den Killerkrieg der NATO gegenüber Jugoslawien und gegen „die Serben" zu rechtfertigen, unterscheidet sich von der Vorlesung des Franz Huter über die „Eiterbeule" nur durch das raffiniertere Vokabular. Das, was diese Lakaien des Kapitals als Friede und Recht bezeichnen, ist nur neue brutale Gewalt und Unterdrückung.

Franz Huter hat sich so wie die weit überwiegende Mehrheit der österreichischen und deutschen Universitätsprofessoren mit den ideologischen Grundlagen des Hitlerfaschismus identifiziert. Nach 1945 wurde in Österreich ebenso wie in der Bundesrepublik Deutschland eine systematische Selbstkritik der Universitäten nicht verlangt. Der Neubeginn fand im Wesentlichen mit jenen Professoren statt, die dem Hitlerregime gedient hatten. Auch Franz Huter zog sich auf jene „unpolitischen" Positionen der zwanziger und dreissiger Jahre zurück, die in konservativ-reaktionärer Gesinnung den nationalsozialistischen Ideen gegenüber neutral waren. In seiner Vorlesung über „Allgemeine Wirtschaftsgeschichte" übersprang er die früheren offen faschistischen oder rassistischen Lehrangebote oder milderte sie, blieb aber in der Tendenz ein Gegner der Demokratie und Be-

---

129 Carl Schmitt: Die deutsche Rechtswissenschaft im Kampf gegen den jüdischen Geist. Schlußwort auf der Tagung der Reichsgruppe Hochschullehrer des NSRB vom 3. und 4. Oktober 1936. Deutsche Juristen-Zeitung 41 (1936), Spalte 1194-1199.

fürworter autoritärer Lösungen, wie sie in den entscheidenden Fragen durch die ökonomische Macht der kapitalistischen Gesellschaftsordnung ohnehin stattfinden. Resignation oder gar Katzenjammer mußte bei Franz Huter nicht aufkommen. Gelegentlich findet sich nach 1945 Interesse an den Ideen des Marxismus, ohne daß er aber noch die Kraft oder Gelegenheit fand, sich mit den Originaltexten zu befassen. Mit den verschiedenen „Rassen" wollte er sich in seiner Vorlesung nicht mehr beschäftigen, „weil es nur wenige reinrassige Menschengruppen gibt, die meisten Völker vielmehr ein Rassengemisch darstellen, das umso mannigfaltiger ist, je weiter der Weg ist, den sie aus ihrer Urheimat zurücklegen und je begangener der Raum, in dem sie schließlich zu sitzen gekommen sind. Und schließlich deswegen, weil die Rassenkunde vielfach mit Werturteilen arbeitet und zur Dienerin der Politik und nationalen Unduldsamkeit geworden ist". Wenn Franz Huter jetzt auf Umweltwirkungen, Erbanlagen und erworbene Fähigkeiten zu sprechen kommt, wollte er auf jeden Fall „nicht in den Geruch materialistischer Lebens- und Entwicklungsauffassung verfallen". Er läßt Fragen offen, spricht vom „Rätsel des Wirtschaftsgeistes" und stellt, wenn er als regionales Beispiel von spezifischen Veranlagungen der benachbarten Alemannen spricht, den Regenreichtum Südwestdeutschlands fest, der dem Ackerbau nicht günstig ist, wohl aber dem Wiesenbau, und, die gesellschaftlichen Verhältnisse ansprechend, daß die starken Güterteilungen zur Auswanderung bzw. zur Flucht ins Gewerbe gezwungen haben. Wenn Franz Huter sich jetzt mit der „jüdischen Wirtschaftsgesinnung", mit der Basis ihrer Religion, die den Juden erlaubte als Geldverleiher an den Fürstenhöfen und als Kapitalbeschaffer im Liberalismus zu fungieren, befaßt, bleibt er skeptischer Theologe ex professo: „Dazu machte es der Monotheismus innerlich erhaben über die anderen Völker, auch über die, unter deren Knechtschaft sie lebten; die wunderbare Errettung aus aussichtslosen Lagen mußte den Mythos der Auserwähltheit noch stärken. Die Unmittelbarkeit des Verkehrs mit dem einen Gott, wie sie schon die Propheten lehrten, scheint mit an dem rechnerischen Verhältnis beteiligt zu sein, das uns in der jüd. Religion auffällt. /.../ So sehen wir, wie durch die natürlichen Voraussetzungen und Schicksalszwang erworbene Anlagen in einer mehr tausendjährigen Entwicklung vererbt, ja potenziert werden, und man wird neugierig sein dürfen, wie sich die völlige Umstellung des jüdischen Menschen zu den verschiedensten Berufen (einschließlich der Landwirtschaft) und die Entstehung eines jüdischen Staatsvolkes in Israel auswirken mag". Franz Huter war nicht von vorneherein abgeneigt, einen Menschentypus, wie ihn die historische Entwicklung der

Gesellschaft hervorgebracht hat, herauszuarbeiten. Aber er blieb doch weit davon entfernt, sich der historisch-materialistische Frage „Welches ist der weltliche Grund des Judentums?" konsequent zu stellen.[130]

130 Karl Marx: Zur Judenfrage. MEW 1 (1972), 347–377, Zitat 372.

X. Als Hoherpriester der Tiroler Geschichte

Heimat.
Inbegriff der Lieb* zur Mutter Erde bist Du,
aus der wir wurden und wuchsen,
die in uns wirkt und waltet,
in Sinnen und Trachten,
in Sprechen und Schreiten

Blühender Garten,
in tausendjähriger Arbeit
aus Wald und Wildnis zum Paradies gestaltet,

als das Dich alle neidlos preisen,
die Dich jemals schauten

Rebenland und Almenreich,
von weißen Bergen umstanden,
Zeugnis der Allmacht des Schöpfers,
der hier auf engstem Raume
setzte so manches Wunder der Welt

Hort der Freiheit des Erdteils warst Du,
als andere knechtisch sich beugten,
Quelle der Kraft
und des Glaubens an ewiges Recht
seist Du im eben auch uns!
Franz Huter (1957)[131]

Diese Prosastrophen, vorangestellt dem Bildband „Südtirol-Tausendjäh-rige Heimat" (1957), akzentuieren das historische Denken und Handeln von Franz Huter. Die diffusen, aus dem Faschismus bekannten Vorstel-lungen von Arbeit als „übernatürliche Schöpfungskraft", von Natur, von

---

131 Von Eugen Thurnher in seine Sammlung „Südtirol im Deutschen Gedicht" (Stifter-bibliothek 3, Berwang 1985) unter der Rubrik „Heimat im Innern" aufgenom-men (62).

einem Heiland und vom ewigen Recht machen ihm seine Heimatliebe konform mit der Ideologie der herrschenden Klasse, mit Gebet und Gelöbnis beglaubigt. Sie unterscheidet sich deshalb doch eindeutig von der von Hermann Hesse als „Alemannisches Bekenntnis" beschriebenen Liebe zur Heimat als „ein erlebtes, erworbenes Gefühl", von der Zugehörigkeit zu einem Lebens- und Kulturkreis, die es Hesse erlaubte, stärker und bewußter Alemanne zu sein als die meisten von denen, die es der „Rasse" nach wirklich und zweifellos sind. Und Hermann Hesse war es, der schrieb: „Und wenn ein Mensch seine Heimat verleugnen und die Liebe zu ihr opfern muß, um einem politischen Vaterland besser zu dienen, so erscheint er mir wie ein Soldat, der auf seine Mutter schießt, weil er Gehorsam für heiliger hält als Liebe".[132]

Franz Huter wußte von der eingeschränkten Wirksamkeit wissenschaftlicher Werke, weshalb er für Südtirol auch populär geschriebene Bilderbücher und Artikel verfaßte. Diese fanden infolge des belletristischen, etwas schwülstigen Stils größere Verbreitung, vor allem das aus zehn Radiovorträgen über Südtirols historische Landschaften hervorgegangene Büchlein „Südtirol – Tausendjährige Heimat" (96 Seiten mit 48 Bildtafeln, Innsbruck 1957, 2. A. 1958, 4. veränderte Auflage 1971) und die „Historische Städtebilder aus Alttirol" (Innsbruck 1967). Verstärkt kommt hier zur Geltung, daß für Franz Huter Tirols Geschichte nicht die profane Geschichte der Menschen in Tirol war, sondern heilige Geschichte, in mystischer Beziehung zum angenommenen Schöpfer. Norbert Mumelter (1913-1988) schreibt aus Bozen (9. Mai 1957): „Das Büchl ist mir aus der Seele geschrieben, nur daß mir das Wissen und der wirkliche historische Überblick und Einblick fehlt. Aber bei manchen Formulierungen war ich geradezu ergriffen, so haarscharf treffen sie das, was mir vorschwebte. Und dabei habe ich noch eine Menge dazugelernt, weil eben nun leider einmal mein Geschichtswissen wenig solid und mehr nach den Äusserlichkeiten einstiger Schulweisheit orientiert ist. Insbesondere begrüsse ich die vollwertige Einbeziehung der Ladiner, aller Ladiner und nicht nur der 2 Täler, die unseren dz. etwas zur Bequemlichkeit neigenden Politikern geläufig sind. Auch die Bilder sind ganz grossartig ausgesucht. Ich bin überzeugt, dass dieses Büchl einen gewaltigen Absatz finden muss und viele Freundschaften festigen hilft". Minister Heinrich Drimmel wird nachgerade lyrisch (28. Mai 1957): „Mit innerer Bewegung und mit Beglückung lese ich Ihr Buch „Südtirol". Aus tiefem Wissen haben Sie mit Herzblut

132 Hermann Hesse: Lebenszeiten. Ein Brevier. Ediert von Siegfried Unseld. Frankfurt a. Main 1994, 120.

Als Dekan der Philosophischen Fakultät der Innsbrucker Universität im Studienjahr 1959/60

und mit dichterischem Können dieses hervorragende Büchlein über Südtirol geschrieben. So ist es edle Dichtung auch geworden, erhöht durch eine feine und treffliche Bildauswahl. Südtirol, in Not und Bedrängnis, es ist doch das Herrgottsland. Denn dieser schickt ihm auch immer wieder Männer, die, wie nie zuvor, es lieben, erhöhen und mit höchsten Gaben um es ringen." Auch in der sich streng wissenschaftlich gebenden akademischen Welt weckte Franz Huter mit seinem Südtirol-Buch Rührung. Der Wiener Altphilologe Albin Lesky (1896-1981), dessen Frau Erna Lesky-Klingenstein (1911-1986) die Pionierin der modernen Medizingeschichte in Österreich war, schreibt am 13. Mai 1957 aus seiner und Franz Huters Gefühlswelt: „Das war wirklich eine ganz besonders freudige Überraschung, als das wunderschöne Südtirol zu uns in die Großstadt-Steinwüste kam! Es ist eine vielfache Freude. Meine Frau und ich, wir lieben diesen schönsten deutschen Fleck Erde als eine Heimat des Herzens und ein Stück Welt, in dem Volkstum noch zu einer Zeit lebendig ist, in dem es ringsum im Materialismus versinkt. Wenn wir auf dem Ritten sind oder irgendwo im Mittelgebirge wandern, ist uns immer, als ob wir aus einer frischen Quelle tränken.

Ihr Buch ist auch ganz meisterlich gemacht! Das ist wirklich lebendige Wissenschaft: überall fühlt man sich von sicherem Können geführt und genießt doch den Reiz einer bewegten und sprachlich vollendeten Darstellung.

Von Herzen wünsche ich dem Buch weiteste Verbreitung, besonders auch bei den schwerhörigen Brüdern im Norden. Einen ganz großen Bucherfolg wünsche ich Ihnen als dem Autor, wünsche ihn aber ebenso der Sache, die uns so sehr eine Herzenssache ist! Das Buch hat mir aber auch die ganz persönliche Freude gebracht, daß Sie nämlich, lieber Herr Kollege, den alten Innsbrucker Gefährten nach etlichen Jahren doch nicht vergessen haben und seiner freundlich gedenken. Haben Sie dafür besonderen Dank!" Die Stimmung in Österreich war für das Büchlein von Franz Huter günstig. Das zeigt die rasche Zweitauflage (1958). Er war mit dem Thema auch nicht allein und wurde von Schriften wie vor allem jener von Staatssekretär Franz Gschnitzer (1899-1968) „Tirol. Geschichtliche Einheit" (Wien 1957) begleitet und konkurrenziert.

Der 97jährige, aus Bozen stammende Bauunternehmer Karl Innerebner (1870-1970) meinte über die „Historischen Städtebilder aus Alt-Tirol", daß „deren Lektüre jeden Freund Tiroler Geschichte beglückt. Die jeweiligen politischen Machtverhältnisse wirken sich maßgeblich auf die Entwicklung des Verkehrs und der Wirtschaft aus, aber verschieden in den einzelnen Bezirken des Landes. Diese Verschiedenheit bestimmt auch die verdiedenartige Entwicklung der einzelnen Städte des Landes. Das Buch ist daher eine sehr wertvolle Ergänzung der allgemeinen Geschichte Tirols. Ein Schuß in's Zentrum, zu dem ich Sie heftigst beglückwünsche!" (5. Dezember 1967). Karl Innerebner kaufte einige Exemplare an, um diese Tirol-Mythologie zu Weihnachten zu verschenken. Er hatte im Rektorat von Raimund Klebelsberg 1943 in Anerkennung der Verdienste, „die er sich als Freund und Förderer der Universität und um die Tiroler Heimatkunde erworben hatte", die Ehrenmitgliedschaft der Universität erhalten. 1965 wurde Innerebner aus Anlaß der Vollendung seines 95. Lebensjahres auch die Würde eines Ehrensenators verliehen.[133] So wie Franz Huter hatte Karl Innerebner Kindheit und Jugend in Bozen, dann das ganze k.k. Milieu in bester Erinnerung: „Im Verlauf von fast einem Jahrhundert, das ich erlebte, verlief die Halbzeit meines Lebens ruhig im Schutze eines Rechtsstaates, in dem jeder nach seiner Fasson bei Einhaltung der gesetzlichen Bestimmungen sich frei betätigen konnte. Dann begann vor 50 Jahren 1914 mit den Schüssen in Sarajewo der Hexensabbat des ersten Weltkrieges".[134]

---

133 UAI.
134 Im April 1965 maschinegeschriebener Lebenslauf von Dipl.Ing. Karl Innerebner, Dr. Ing. h.c. – Oberbaurat e.h., Innsbruck, Innrain 30. UAI.

Im Tiroler Geschichtsbereich beobachtete Franz Huter nach 1945 scheinbare Kleinigkeiten und griff, wenn es ihm notwendig schien, ein. In der Regel mußte Franz Huter das nicht tun, da Tirols etablierte und sich etablierende Historiker ohnehin nur das aneinander pickten, was erwartet wurde. Eine wichtigtuerische Erläuterung des Dolomitenredakteurs Josef Rampold über den 1975 im Athesia Verlag erschienenen, von Hans Wielander verfaßten Vintschgauer Gebietsführer, bei welchem die Vorzensur nicht ganz gegriffen hatte, läßt das informelle Agieren der Geschichtspolizei erahnen. Franz Huter, von seinem Kaiserjäger-Kameraden Hans Graf Trapp aufmerksam gemacht („Ich wäre Dir sehr dankbar, wenn Du zu diesen Auslassungen eines überheblichen Dilettanten in einem Schreiben an den Verlag Stellung nehmen würdest, um zu verhindern, dass er etwa mit weiteren Arbeiten betraut wird" – 21. Mai 1975), hatte Josef Rampold am 26. Mai 1975 seine Einwände gegen den Vintschgauer Gebietsführer deutlich gemacht. Diese waren sachlich, ja Franz Huter verstand es gegenüber der gefühlsmäßigen Parteinahme für unterdrückte Schichten geradezu materialistisch zu argumentieren (26. Mai 1975): „So erfreulich es ist, daß Geschichte ins Volk getragen und der Wanderer mit der Vergangenheit der von ihm besuchten Landschaft vertraut gemacht wird, und so anerkennenswert das Bemühen selbstgebildeter Heimatkundler sich hier einzuschalten sein mag – so gefährlich ist es, wenn die bekannt schwierigen rechts- und wirtschaftsgeschichtlichen Fragen des Mittelalters von Laien popularisiert und dabei in willkürlicher Weise ausgedeutet werden./.../ /man/ wird der Behauptung von der Verwendung verschleppter Zwangsarbeiter aus Ostpreußen und Litauen – im übrigen ein auch politisch ausbeutbares Argument - nur mit Kopfschütteln begegnen, zumal der Deutsche Orden im Vintschgau keinen bedeutsamen Besitz besaß und die Sonnenberger Höfe längst vor der Einsitzung des Ordens besiedelt waren, und wird auch nicht recht an die Mitarbeit der Walser glauben können, da ihre Siedlungswelle für unsere Täler zeitlich zu spät liegt. Schließlich erfordern die komplizierten Herrschaftsverhältnisse Zurückhaltung in der Kritik gegenüber den damaligen Herrschaftsschichten und muß ein Vergleich mit heute an den unterschiedlichen geistigen und materiellen Voraussetzungen scheitern". Josef Rampold sah die lokale historische Fehlinterpretation als Teil der kommunistischen Weltverschwörung: „Ich verrate kein Geheimnis, wenn ich Ihnen mitteile, daß sich in derselben Angelegenheit auch Graf Hans Trapp an den Verlag Athesia gewandt hat. Ich will nun der Reihe nach berichten: Dr. /Hans/ Wielander unterrichtet seit einiger Zeit Philosophie am Wissenschaftl. Lyzeum (=

Realgymnasium) Schlanders und hat viele und gute Initiativen (Musiktagung in Marienberg, Festschrift für die Schlanderer Schützen zum Mariä-Namen-Fest mit Deutung der Mölckh-Fresken in der Pfarre usw.) entwickelt. Er ist ein echter Vinschger, ziemlich querschädelig, aber im Grunde ein junger Mann von gutem Kern. Als Student entrichtete er den üblichen Tribut an unseren in mehr als einer Hinsicht beschämenden „skolasten", hat sich aber davon deutlich distanziert – als er an Athesia mit dem Plan des besagten Gebietsführers herantrat. Ich wurde beauftragt, das Manuskript zu prüfen, fand die von Ihnen inkriminierten Stellen sofort heraus und wusch Dr. Wielander gehörig den Kopf (was er widerspruchslos über sich ergehen ließ). In der Urfassung waren noch einige unsinnige Dinge drin /.../. Nun müssen Sie wissen, daß im Lyzeum Schlanders ein gewisser Dr. Joseph Torggler Direktor ist – ein Kommunist der ersten Stunde von 1946. Ein Mann, der es versteht, junge Leute zu beeinflussen, nicht zuletzt dadurch, daß er persönlich vollkommen integer ist. Und obwohl man (vor allem Dr. /Marjan/ Cescutti, aber auch meine Wenigkeit) Wielander stets vor solchen Leuten und Einflüssen gewarnt hat, bläst er – Wielander – doch ins klassenkämpferische Horn. /.../ Ihr Brief, sehr verehrter Herr Professor, legt den Finger in eine offene Wunde. Die Linke infiltriert hierzulande die Kreise der Gutgesinnten, die einmal aus Indolenz und Bequemlichkeit darauf hereinfallen, zum anderen aber meinen, sie müßten der herrschenden Mode ihren Tribut zollen. In vielen Fällen, vor allem bei den jungen Leuten, werden sehr geschickt Emotionen angeheizt; Sie werden als erfahrener Lehrer und Leiter junger Menschen wissen, wie sehr man sie damit beeinflussen kann, daß man an ihr Gerechtigkeitsempfinden appelliert. Und so ist die Mär vom bösen Grafen und dem armen Bauern immer noch reizvoll wie am ersten Tag. Was für ungute Früchte solche Bestrebungen zeitigen können, werden Sie sicher dem Artikel von Prof. /Karl Franz/ Zani entnommen haben, der im letzten „Schlern"[135] anhand des Bartlmä Dill Riemenschneider einen klassenkämpferischen Ton anschlägt, der mich sehr verwundert hat, und mich auch darüber staunen ließ, daß dieser Ton (wohlgemerkt, nicht der Inhalt) die Schlernredaktion anstandslos passiert hat. Zani unterrichtet an der Bozner Handelsoberschule, wo weite Kreise das Mäntelchen schon nach dem roten Wind gehängt haben, und wo dieser „Schlern"-Beitrag sicher mit großer Befriedigung zur Kenntnis genommen wird. Man denke - ein Erinnern an den Bauernkrieg ausgerechnet in diesem großen Jubiläums-

---

135 Der Schlern 49 (1975), 170 f.

Hans Kinzl, jahrzehnte-
langer akademischer
Freund von Franz Huter,
als Rektor der Innsbrucker
Universität im Studien-
jahr 1958/59

jahr zum Auftakt im „Schlern". /.../Der ganze Vorfall und vor allem Ihr Brief, sehr verehrter Herr Professor, werden dem Verlag und vor allem meiner Wenigkeit Ansporn zu noch größerer Aufmerksamkeit sein." Mit dem Tiroler Bauernkieg taten sich Leute wie Josef Rampold recht schwer. Franz Huter selbst beschäftigte sich wissenschaftlich nicht damit. Als Alphons Lhotsky ihm 1963 (30. Oktober) mitteilte, daß Josef Macek ihm berichtet habe, daß das Thunsche Archiv in Tetschen mit zahlreichen Tirolensia zum Bauernkrieg erschlossen werde, aber Hanns Bachmann vom Tiroler Landesarchiv wenig Interesse aufgebracht habe, reagierte Franz Huter zurückhaltend. Das Buch von Macek über den Tiroler Bauernkrieg und Michael Gaismair (Berlin 1965) beeindruckte ihn aber doch und er besprach es, wenngleich ihn der „Klassenkampf-Jargon", die „Angriffe auf die bürgerlichen Historiker und eine gewisse Geringschätzung der bisherigen Forschung (vor allem Wopfner, Stolz und Franz) sowie verschiedene Schnitzer, die sich aus der tschechischen Herkunft des Autors in Hinsicht auf Namenverschreibungen und Identifikationen von Örtlichkeiten ergaben", störten, im „Schlern" und in der „Historischen Zeitschrift" insgesamt voll Anerkennung als „eine große intensive Arbeitsleistung mit bedeutsamen Ergebnissen: die Gestalt Gaismairs vor allem ist erstmals in seiner Größe und Schwäche voll sichtbar geworden".[136]

Zu den Verpflichtungen eines Hohenpriesters der Tiroler Geschichte gehören auch die öffentlichen Auftritte als Festredner. In der wohlgefälligen Erwartung eines immer gleichen Publikums kommen dabei niemals Dissonanzen auf, es applaudiert ihm und sich selbstzufrieden. Redner und Zuhörer waren Glaubensgenossen in Hinsicht auf den über Tirol auszubreitenden Schutzmantel und jeder Blick dahinter galt ihnen als Heiligtumsschändung. Sie verliehen dem Land eine religiöse Sendung, die nur in der Phrase beginnen und enden konnte. Ein nach außen hin sichtbarer Höhepunkt in diesem öffentlich werdenden Wirken ist das Gedenkjahr 1959, in welchem Jahr die Auftritte von Franz Huter durch die Spectabilität seines Dekanats der Philosophischen Fakultät (1959/60) und durch seinen 60. Geburtstag, der mit akademischem Zeremoniell begangen wurde, noch zusätzliche Weihen erhielten. Die Tiroler Landesfeier 1809–1959 wurde am 20. Februar 1959 mit einer Festvorstellung im Tiroler Landestheater eröffnet, die Geladenen trugen, so wie sich das gehört, Festliche Kleidung, Uniform oder Tracht. Zelebration und Inhalt der Gedenkreden waren austauschbar. Das erste Motiv der Tiroler Erhebung 1809 war in der Auffassung von Franz Huter die „Anhänglichkeit an das Haus Österreich", aufreizend, daß von den Bayern „nach den aufklärerischen, zentralistischen und absolutistischen Prinzipien" regiert wurde, wozu noch verschiedene Maßnahmen wie die bayerische Kirchenpolitik, schlechter Wechselkurs für das österreichische Papiergeld oder das Konskriptionssystem gekommen seien. Die Tat der Tiroler Freiheitskämpfer sei „ohne den Glauben an die unteilbare Gerechtigkeit und an ein anderes, ewiges und unvergleichbar schönes Leben nicht denkbar". Auch Rechtsphilosophisches über das Widerstandsrecht fehlt nicht. „Für ein Volk, das nicht durch leeren Gesetzesgehorsam verbildet war, sondern den gesunden Sinn dafür besaß, daß das Recht auch gerecht sein müsse, war die bayerische Staatsgewalt in Tirol – wie sich Adolf Merkl ausdrückt – unsittlich begründet und unsittlich ausgeübt. So bestand für die Tiroler Bauernführer kein Zweifel, daß der Widerstand gegen die bayerische Herrschaft und ihren französischen Patron sittlich erlaubt, ja geradezu gefordert war /.../ Das naturnahe Bauernvolk Tirols, das am Brunnen der Freiheit früher hatte trinken dürfen als andere Völker, war auch aus dem historischen Erlebnis heraus der Auffassung, daß das Verhältnis zwischen Herrscher und Untertanen ein zweiseitiges ist, das vor allem auf der gegenseitigen Liebe gründet. Der

---

136 Der Schlern 42 (1968), 85; HZ 205, 654–658.

Staat, der eindringt in den heiligen Bereich seiner Bürger, ihrer Sprache, ihrer gottgewollten Eigenart und ihrer Traditionen, der Staat, der ihre alten Rechte verletzt oder gar aufhebt, zerstört diese Liebe und entzieht seinem Anspruch auf Treue und Gehorsam von selbst den Grund".[137] Bei einer solchen Kapuzinerlektion über den Tiroler Freiheitskampf im Jahre 1809 wäre es allerdings borniert zu hinterfragen, ob vielleicht dieser auch ein Kampf für die Restauration der Habsburgerherrschaft mit ihrem verkommenen halbfeudalen Anhang und ein Kampf um die Freiheit von Aufklärung und Vernunft für die Herrschaft des Katholischen Klerus war oder gar wie sich der mythologisierte Tiroler Freiheitswille und sein eigener während der Herrschaft der Hitlerbarbarei geäußert hat. Der Historikertag kam 1959 nach Innsbruck, Franz Huter eröffnete ihn am 9. September mit einem großen Festakt im Leopoldsaal der katholisch-theologischen Fakultät der Universität. Selbst der vielbeschäftigte Senator Karl Tinzl erwies ihm die Ehre, schrieb ihm vor Abfahrt sogar einige Zeilen (9. September 1959): „Lieber Freund, Ich möchte nicht wegfahren, ohne Dir herzlichst dafür zu danken, daß Du mir Gelegenheit gegeben hast, der Eröffnung des Historikertages und Deinem schönen Vortrag beizuwohnen, für den ich Dir auch im Namen von ganz Südtirol besonders danke."

Franz Huter umgab das Jahr 1809 mit einem Mythos, der Tiroler Identität, so wie sie im Interesse der politischen Macht verstanden wurde, stiften sollte. Kritik daran wollte er, zumal wenn diese aus seinen eigenen Kreisen kam, nicht zulassen. Als im „Schlern" ein unkommentierter Tagebuchauszug des Grafen Pappenheim über dessen Erlebnisse in Tirol abgedruckt wurde – aus der Sicht eines eitlen bayrischen Feudalen wurde Andreas Hofer als roher, bigotter Landwirt, ohne Bildung und Kenntnisse, nicht böse, nicht grausam, „seine Landsleute genau kennend und sie listig zu behandeln und zu nehmen verstehend" charakterisiert und über ein barbarisches Kriegsverbrechen der Freiheitskämpfer berichtet[138] –, übte Franz Huter am Schriftleiter, dem Brixner Kanonikus Karl Wolfsgruber zurückhaltende Kritik: „Ich weiß, daß Sie, lieber Herr Kanonikus, überlastet sind, daß eine Monatsschrift von Niveau große Anforderungen, vor allem an die Möglichkeiten, entsprechenden Stoff zu gewinnen, stellt. / .../ Auf einem andern Blatt steht mein Bedenken gegen den Pappenheim-

---

137 Zitate nach Franz Huter: Tirol und das Jahr 1809. In: Tirol 1809. Ein Buch zur Erinnerung an die Hundertfünfzigjahrfeier der Tiroler Freiheitskämpfe 1809. Innsbruck 1960, 10-17.
138 Wilhelm Kraft: Graf Albert zu Pappenheim (1777-1860) berichtet über seine Erlebnisse in Tirol 1809-1812. Der Schlern 42 (1968), 459-468.

Aufsatz; der Verfasser konnte offenbar keinen Kommentar geben, der aber, insbesondere zum Abschnitt über die Moritat der Passeirer, notwendig gewesen wäre".[139] Das von Franz Huter angesprochene Kriegsverbrechen wird durch den latinisierten Begriff Moritat nicht besser. Die Passeirer hatten 1809 bei St. Leonhard ein feindliches Bataillon von 450 Mann, das sich ergeben hatte, niedergemetzelt. „Sie schnitten", so berichtet Graf Pappenheim, „Mann für Mann den Hals ab, legten die Toten wie Spalier recht und links der Straße nebeneinander auf den Boden und unterlegten jedem eine kleine Schüssel, das Blut aufzufangen". Der Landrichter Hintels habe ihm dieses unglaubliche Faktum bestätigt. Kanonikus Wolfsgruber, Mitglied der Bozner „Schlern-Runde", ein sehr einflußreicher „außerparlamentarischer" Südtiroler Kulturkreis mit Leuten wie Josef Rampold von den „Dolomiten", zu dem sich auch Franz Huter gelegentlich gesellte, antwortete die Tiroler Geschichtswissenschaft kritisierend (29. Jänner 1969): „Die Publikation aus dem Tagebuch Pappenheims hätte bestimmt eines Kommentars bedurft. Das war mir von vornherein klar. Mir fehlt das Quellenmaterial, um dies redaktionell zu machen. Bewußt habe ich den Beitrag gebracht, da er im Ganzen sicher eindrucksvoll ist und auch einmal eine Stimme von der anderen Seite gehört werden kann oder soll. Frisierte Darstellungen selbst unseres Freiheitskampfes haben wir zur Genüge. Ich war mir sicher, daß zünftige Tiroler Historiker quellenmäßig die Moritat von Passeier und auch die Charakterisierung Hofers richtigstellen würden. Mit Befremden stelle ich fest, daß dies niemand tat, obwohl gerade dafür die Spalten des Schlern weit offen stehen würden und ich immer noch darauf warte. Aber ich bin nach wie vor der Meinung, daß man auch einmal eine gegnerische Stimme (die m.E. gar keine gegnerische ist vgl. Verhalten gegenüber der „Verschworenenliste") zu Worte kommen lassen soll. Ich habe mich mit Anno Neun nur gelegentlich en passant quellenmäßig beschäftigt, dabei auch leider die Kehrseite der Medaille gefunden, womit ich selbstverständlich nichts wegnehme vom Heldentum unserer Väter. Gerade wegen meiner Überzeugung und Haltung sehe ich nicht ein, warum man nicht auch solche Quellen greifen soll; bedrückend ist es, wenn niemand sich findet, der sie widerlegen will oder kann. – Auf alle Fälle aber müßte ich es bedauern, wenn jemand glauben würde, in der Äußerung des Tagebuchschreibers feindlichen Lagers und damliger Zeit die Anschauung der Schriftleitung zu entdecken. Trotz allem bin ich der Meinung, daß die Publikation wertvoll war, erschließt sie doch eine bisher unbekannte Quelle, die selbstredend kritisch gewertet werden muß."

139 Durchschlag des maschinegeschriebenen Originals vom 10. Dezember 1968.

So wie Franz Huter keine eigenen Quellenstudien zum Tiroler Bauernkrieg und Michael Gaismair aufgenommen hat, so hat er dies auch nicht über den Kampf von 1809 und über die Rolle von Andreas Hofer getan.

Franz Huter unterscheidet sich im propagandistischen Gebrauch des Jahres 1809 nicht von Ernst Fischer (1899-1972), der in der Nazizeit die Illusion pflegte, mit einem Andreas Hofer-Kult den Widerstandskampf in Tirol anheben zu können: „/.../der Volkskrieg der Tiroler Bauern gegen die Napoleonische Femdherrschaft im Jahre 1809, das Bauernregime, das der patriotische Adreas Hofer im Widerspruch zu der Wiener Hofclique errichtete, ist zu einem mahnenden Heldenlied des österreichischen Volkes geworden. Die einfache und urwüchsige Gestalt des unerschrokkenen Tiroler Partisanenführers Andreas Hofer lebt unvergänglich weiter im österreichischen Volksbewusstsein".[140] Die realistische Einschätzung der Figur von Andreas Hofer durch Friedrich Engels dürfte Ernst Fischer nicht gekannt haben.[141] Seine Schlußansprache über „Tirol im Jahre 1809" hielt Franz Huter am Samstag 20. Februar 1960 in Bruneck im bis auf den letzten Stehplatz gefüllten Saal des Hotels „Bruneck" unter Mitwirkung des Kirchenchors und eines Bläserquartettes.[142] Vom heroischen Wesen des tirolischen Menschen ist da die Rede, von der Religiosität der Tiroler Bauern, die, das immerhin, bedingt sei durch das Leben mit der Natur des Hochgebirges, dessen geheimnisvolle Kräfte religiös gedeutet werden. Am Sonntag war dann feierlicher römisch-katholischer Gottesdienst, am Katafalk wurde ein Kranz niedergelegt und der Pfarrchor beschloß die Feier.

Die Tiroler Politiker umarmten Franz Huter wegen seiner Geschichtsdeutung, die sie selbst, die Ahnen heraufbeschwörend, zum Ideal werden ließ. Der Präsidenten des Tiroler Landtages Johann Obermoser erbat von Franz Huter ein vollständig ausgearbeitetes Konzept für seine Gedenkrede anläßlich der Festsitzung des Tiroler Landtages am 26. Jänner 1963 zum Jubiläum „600 Jahre Tirol bei Östereich". Franz Huter selbst hielt anläßlich der Festakademie in Stams am 29. September 1963 die Festansprache.

---

140 Ernst Fischer: Der österreichische Volks-Charakter. Free Austrian Books. Austrian Centre London, 33 f.

141 Friedrich Engels: „Nun, nach allem, was ich über die Feinde Napoleons in Deutschland gesagt habe, ist Hofers Name wert, von Demokraten mit Hochrufen begrüßt zu werden? Hofer war ein stupider, ignoranter, bigotter, fanatischer Bauer, dessen Enthusiasmus der Enthusiasmus der Vendée, der Enthusiasmus von „Kirche und Kaiser" war. Er kämpfte tapfer – aber das taten auch die Vendéer gegen die Republikaner. Er kämpfte für den väterlichen Despotismus Wiens und Roms." MEW 2 (1972), 577 (Deutsche Zustände).

142 Dolomiten vom 22. Februar 1960.

Landeshauptmannstellvertreter Fritz Prior lud Franz Huter zum Colloquium humanum nach Bad Godesberg am 19. November 1966 ein, wo er über „Tirols Kultur in Geschichte und Gegenwart" jenes Geschichte-Mythos Gemisch vortrug, was von ihm erwartet wurde. Landesamtsdirektor Rudolf Kathrein bedankte sich bei Franz Huter zu Jahresende 1963 ausdrücklich, wollte ihm sogar ein Honorar vermitteln,[143] einigte sich mit ihm aber auf die Verleihung des Ehrenzeichens des Landes Tirol für Verdienste auf wissenschaftlichem Gebiete, das Franz Huter am 20. Februar 1964 überreicht wurde. Franz Huter dankte Landeshauptmann Eduard Wallnöfer mit einem Gelöbnis (16. Februar 1964): „Daß nunmehr das Heimatland Tirol mein Streben anerkennt und mit dem Zeichen des Tiroler Adlers belohnt, ist mir eine übergroße Freude und verpflichtet mich gegenüber dem Landtag und der von Ihnen, sehr verehrter Herr Landeshauptmann, geführten Regierung zu tiefem Danke. Ich brauche nicht zu versichern, daß ich meine Kraft dem ganzen, ungeteilten Lande Tirol weiterhin weihen will, solange mir das Leben geschenkt ist. Es lebe das alte Land Tirol!"

Franz Huter unterschied so wie auch Leo Santifaller[144] sehr scharf zwischen der exakten Geschichtswissenschaft, die für ihn Urkundenedition samt Begleitkommentar war, und der Geschichtsdarstellung, der Rede von Geschichte, die er in ihrer Funktion zur Festigung des Bestehenden, nicht zu Kritik daran benützte. Sein bürgerlich-konservatives Weltbild, verschärft und gemildert zugleich durch spezifische Tiroler Kategorien, welche er zeitlebens weder intellektuell noch durch politische Machtverhältnisse gezwungen war zu revidieren oder auch nur zu überprüfen, war der ideelle Leitfaden von Franz Huter, mit welchem er Geschichte wertete.

---

143 Rudolf Kathrein am 27. Dezember 1963 an Franz Huter: „Sie haben an der geistigen Gestaltung der Feier des Gedenkens der 600-jährigen Zugehörigkeit Tirols zu Österreich ganz hervorragend mitgewirkt, wobei ich insbesondere an die Verfassung der Gedenkansprache des Herrn Landtagspräsidenten am 26. Jänner 1963 und an Ihre ausgezeichnete Rede anläßlich der Festakademie in Stams am 29. September 1963 denke. Ich weiß zwar, daß man eine geistige Leistung dieser Art honorarmäßig nicht abgelten kann. Trotzdem wäre ich der Meinung, daß die Landesregierung einen angemessenen Betrag als Zeichen ihrer Anerkennung und ihres Dankes Ihnen widmen sollte. Ich darf Sie bitten, mir mitzuteilen, welchen Betrag Sie als angemessen ansehen könnten, damit ich das Erforderliche veranlassen kann".

144 Leo Santifaller schreibt in seiner Autobiographie ausdrücklich, daß es für Historiker „die erste, vornehmste und dringlichste Pflicht und Aufgabe ist, die Geschichtsquellen, insbesondere die exaktesten unter ihnen, die Urkunden, zu sammeln, kritisch zu untersuchen und zu veröffentlichen". In: Nikolaus Grass, Österreichische Geschichtswissenschaft der Gegenwart in Selbstdarstellungen II. Innsbruck 1951 (=Schlern-Schriften 69), 163-208, hier 178.

XI. Wissenschaftspolitische Linien seit 1945

Nach 1945 und mit seiner Wiederindienststellung an der Universität war
Franz Huter weiterhin in erster Linie in Richtung Südtirol tätig. Wissenschaftlich ist dabei die Fortsetzung des Tiroler Urkundenbuches vor allem
zu nennen. Viel Aufwand bedeutete die Organisation der Bücher „Südtirol – Eine Frage des europäischen Gewissens", das er 1965 (München und
Wien) herausbrachte (XX und 616 Seiten, 10 Karten und 7 Zeichnungen
im Text, 2 Bildtafeln und einer Faltkarte)und des Nachschlagewerkes
(Kröners Taschenausgabe Band 279) „Historische Stätten Österreich II.
Alpenländer mit Südtirol" (1. Auflage Stuttgart 1966, XVI und 670 Seiten, Karten, Stadtpläne; 2. Auflage 1978). Die „Historischen Stätten" waren
nicht nur an die historisch interessierten Reisenden in Ergänzung zu den
zahlreichen Kunstführern adressiert, sondern spiegeln den aktuellen Stand
der historischen Landesforschung in den Alpenländern wider. Das Südtirol-Buch war die damals umfassendste historisch-politische Information
zur Südtirolfrage. 1961 hatte der an der Yale University lehrende Leonard
W. Doob die Idee gehabt, ein Südtirolbuch herauszubringen, das für die
englisch sprechende Welt die Standpunkte beider Seiten zum Ausdruck
bringen sollte. Organisatoren sollten Carlo Battisti und Franz Huter sein.
   Von der wissenschaftlichen Fähigkeit Carlo Battistis, der als Nachfolger von Ettore Tolomei die alte Italianität Südtirols nachzuweisen versuchte, hielt Franz Huter nicht viel. In einem Schreiben an den Brixner
Generalvikar Alois Pompanin, der um fachliche Beurteilung der These
von Carlo Battisti, Ampezzo sei erst im 12. Jahrhundert und zwar von
Pieve di Cadore aus besiedelt worden, gebeten hatte, begründet Franz
Huter seine Ablehnung (15. Oktober 1946): „Die Inkompetenz dieses
Linguisten in historischen Fragen, hat Otto Stolz verschiedentlich nach-
gewiesen, so z. B. hinsichtlich der Beurteilung der Ortsnamen als
Geschichtsquelle. Es ist ja bezeichnend, dass im Kampfe gegen uns nicht
ein Historiker führend ist, sondern ein Linguist. Er wird vorgeschickt,
weil man auf dem sprachlichen Boden die Quellenlage für besonders günstig erachtet, während man offenbar die geschichtlichen Beweise für schwä-
cher ansieht. Nun ist es, zumal bei der Beurteilung der Vergangenheit
kleinerer Räume, m. E. methodisch falsch, seine Schlüsse auf einem einseitigen Moment aufzubauen (hier eben auf dem sprachlichen bzw.

namenkundlichen) und die anderen Momente ausser Acht zu lassen; das muss zu falschen Schlüssen führen. In erhöhtem Masse gilt dies für Zeiten, über welche die Quellen nur einseitig sind und schriftliche Zeugnisse überhaupt fehlen, sodass man vielfach auf Rückschlüsse angewiesen ist. Meine Ausarbeitung versucht daher alle Momente in Betracht zu ziehen, welche herangezogen werden können. Trotzdem blieb die Antwort auf die Frage, von woher und wann Ampezzo zunächst als Alm und dann dauernd besiedelt wurde, unsicher. Dass die Besiedlung erst im 12./13. Jh. erfolgt sei, lässt sich quellenmässig nicht nachweisen. Doch könnte dieses Datum nie für die Almsiedlung zutreffen, welche vielleicht schon in vorrömischer oder spätestens in römischer Zeit erfolgt sein mag, und es erscheint auch etwas spät für die Dauersiedlung, wenn man an die Verleihung der Gegend an Freising im späteren 10. Jhdt. denkt, denn solche Verleihungen erfolgten gewöhnlich zum Zwecke der materiellen Ausbeutung und eine solche war häufig in der Ansetzung von Kolonisten gegeben. Ebensowenig können wir sagen, woher diese Kolonisten gekommen sein mögen; dass es Alpenromanen waren, ist allerdings auf Grund der Ortsnamen mit Sicherheit anzunehmen. Gegenüber der Mangelhaftigkeit unseres Wissens von der älteren Zeit sprechen die Nachrichten seit dem späteren Mittelalter erfreulich klar und gerade, die nördliche Tendenz der Ampezzaner ist aus den Quellen und einer sicher nicht voreingenommenen Literatur (Ciani) deutlich erkennbar. Wir haben Beweise dafür, dass diese Tendenz anhält; so wäre es wiedereinmal an der vielgerühmten Demokratie, den Willen der Bevölkerung, der z. T. an die Jahrhunderte alten geschichtlichen Bindungen zum Norden anknüpft, zu respektieren. Was könnten bei unvoreingenommener Betrachtung die in graue Vorzeit zurückweisenden Argumentationen politisierender Linguisten gegen jene Beweise ausrichten? Man könnte da, wenn man an den Pariser Spruch denkt, sehr bitter werden, feststellen, dass heute mehr denn je Macht vor Recht geht und dass die Völker genasführt werden und trotzdem - ein Beweis für die Schwäche des menschlichen, oft so überheblichen Intellekts - immer wieder glauben. Es freut mich sehr, von Brixen zu hören. Wollen Sie, bitte, wann immer Sie im Kampfe um die Heimat im Gedränge sind, über mich verfügen".

Nach zweijähriger Vorbereitung war das Projekt von Dobb infolge der Ablehnung durch die Yale University Press gescheitert. Mit seinen schon gesammelten Artikeln startete Franz Huter allein und konzentrierte sich auf die wissenschaftlich haltbaren historischen und politischen Positionen. Er mußte, was ihm, weil er gewohnt war, allein und autoritativ

Entscheidungen zu treffen, gewiß nicht leicht fiel, mit seinen Mitarbeitern und dem neuen Verleger vom Oldenbourg Verlag Karl Cornides viel Geduld aufbringen. Seinen redaktionellen Eingriff in das politisch optimistische „Schlußwort" von Viktoria Stadlmayer, die den Beitrag „Die Südtirolpolitik Österreichs seit Abschluß des Pariser Abkommens" verfaßt hatte, begründete er gegenüber Cornides: „Darin standen moralisierende Empfehlungen an die Südtiroler, die zweifellos nach dem, was meine Landsleute erlebt haben, dort kaum Anklang finden werden. Denn schließlich sind ja sie die Angegriffenen und steht hinter ihren italienischen Mitbürgern der Staat mit seiner ganzen Macht, die er reichlich mißbraucht hat. Vor allem aber halte ich eine solche Phraseologie für zwecklos, insbesondere in einem wissenschaftlichen Werk; ich mußte sie daher ablehnen." Das Einvernehmen zwischen Viktoria Stadlmayer und Franz Huter wurde dadurch nicht gestört. Das Buch hat nicht jene Verbreitung gefunden, die sich Verlag und Herausgeber erhofft hatten. Die Hinausgabe von Sonderdrucken an spezielle Interessentenkreise machte den Absatz nicht besser. Norbert Mumelter, der in der Südtiroler Zeitschrift „Der Schlern" die Besprechung schrieb,[145] arrangierte 400 Sonderdrucke der die Südtiroler Umsiedlung behandelnden Kapitel von Winfried Schmitz-Esser („Die Genesis des Hitler-Mussolini-Abkommens von 1939") und Franz Huter („Option und Umsiedlung"), wobei er argumentierte, daß es dafür Personen gäbe, „die einfach niemals das Niveau oder die Mittel haben, ein Sammelwerk für 320 öS zu erwerben."[146] Norbert Mumelter war 1961/62 unter der Anklage, antitalienische Propaganda und Landesverrat betrieben zu haben, sieben Monate in Untersuchungshaft. Am 23. Dezember 1974 schreibt Franz Huter an Mumelter aus Anlaß des eben von diesem veröffentlichten Büchleins „Verbotene Verse von einst und etwas Prosa – Stimmungsbelege aus Südtirols düsterster Zeit" (Bozen, Privatdruck): „Hab schönen Dank für Dein „Rotbuch". Ich darf es wohl so nennen, denn Du hast in wissenschaftlicher Manier Marksteine Deines Innenlebens, mit dem Brennpunkt Volk und Heimat, festgehalten und die „dichterischen Urkunden" sprechen lassen, die Du gleichsam als Belege Deiner Haltung ausgefertigt hast. Sie sind zweifellos ein zeitgeschichtliches Zeugnis für das Rütteln volksbewußter Menschen an den Ketten, die das Verdikt von St.

---

145 Der Schlern 40 (1966), 252-254.
146 Schreiben von Norbert Mumelter an den Verlag für Geschichte und Politik in Wien vom 19. März 1966. Der Verlag stimmte dem am 29. März 1966 zu. Durchschlag im Nachlaß von F.H.

Germain um Südtirol und die Südtiroler gelegt hat. Ich danke Dir für den Mut, mit dem Du dieses idealistische Bekenntnis niedergelegt hast, und beglückwünsche Dich zu der schönen Form, in der Du es tatest. Es ist über den Fall Südtirol hinaus wertvoll, angesichts der einseitigen Darstellung der Zeithistoriker, die da meinen, mit dem Aktenwust mehr oder weniger objektive Geschichte schreiben zu können, und der seelischen Untergründe nicht achtend oder um sie nicht wissend, die Wahrheit vergewaltigen. Ich wünsche Dir „Frohe Weihnachten" im Kreis der Familie und Gesundheit und Erfolg in der Arbeit für die alten Ziele".[147] Karl Cornides zitierte in einem Schreiben an Viktoria Stadlmayer, Claus Gatterer habe ihm gesagt, das Südtirol-Buch sei zu gut, um eine stärkere Wirkung in der Öffentlichkeit zu erzielen. Es sei für den Fachmann und für denjenigen, der sich eingehender mit der Sache befassen will, sehr wertvoll, aber so umfassend wollten doch nur verhältnismäßig wenig Leute informiert werden. Für den Durchschnittsleser sei das Buch also zu wissenschaftlich und zu schwer lesbar.[148] Aus der Politik kamen freundliche Worte, aber nicht mehr. Landeshauptmann Eduard Wallnöfer wollte die zusammenfassende Ausführung von Franz Huter „mit besonderem Interesse studieren" (27. Dezember 1965), Bundeskanzler Josef Klaus bedankte sich für das Werk und wünschte im übrigen „die aufrichtigsten Glück- und Segenswünsche für das kommende Weihnachtsfest und den Jahreswechsel" (23. Dezember 1965). Heinrich Drimmel, der als Vizebürgermeister von Wien nicht mehr voll im politischen Geschäft war, äußerte sich inhaltlich: „Gerade in der gegenwärtigen Zeit mit ihren stagnierenden und unsicheren Verhältnissen, ist das Erscheinen dieses Werkes zu begrüßen; einerseits deswegen, weil es den Boden unserer gerechten Ansprüche gründlicher und aufs neue verfestigt, und anderseits deswegen, weil es gewissen windigen Ansichten, die auch unsereins manchmal zu hören bekommt in überzeugender Manier entgegentritt" (5. Jänner 1966). In der „Die Presse" konnte Drimmel eine ausführlichere Besprechung unterbringen, in welcher er die Toleranz des Werkes als für die angebahnten Gespräche zwischen Österreich und Italien als nützlich bezeichnet.[149]

Durch die Installierung von Organisationseinheiten wollte Franz Huter die historisch-wissenschaftliche Beschäftigung mit der Einheit Tirols vom Opportunismus der Tagespolitik unabhängig gestalten. An der Universität

---

147 Franz Huter hat seinen handschriftlichen Brief für seine Unterlagen maschinenschriftlich abgelegt.
148 Schreiben vom 15. April 1966. Im abgezeichneten Durchschlag im Nachlaß F.H.
149 Die Presse vom 4./5. Juni 1966.

gelang ihm die Errichtung des „Instituts für geschichtliche Landeskunde", das an das 1941 errichtete „Institut für Geschichte und Landeskunde des Alpenraumes" anknüpfte und von der Philosophischen Fakultät in ihrer Sitzung vom 22. März 1954 beschlossen wurde. Den neuen Titel wählte Franz Huter deshalb, weil er ihm neutraler schien, indem der Hinweis auf einen bestimmten Raum fehlt. Zunächst wurde es als solches bloß im Vorlesungs- und Personalstandsverzeichnis der Universität aufgeführt und seine Bibliothek als Teil der Bibliothek des Historischen Instituts geführt und aus dessen Dotationsmitteln ergänzt. An diesem Institut sollte neben breiter Forschung in Zusammenarbeit insbesondere zwischen Geschichte, Geographie, Volkskunde und den philologischen Fächern der wissenschaftliche Nachwuchs herangebildet werden.

Anregungen für sein Institut für geschichtliche Landeskunde erhielt Franz Huter von Theodor Mayer (1883-1972), der in Konstanz im Rahmen des „Städtischen Instituts für geschichtliche Landesforschung des Bodenseegebiets" 1953 den „Konstanzer Arbeitskreis" initiiert hatte. Gelegentlich nahm Franz Huter daran teil. Theodor Mayer hat sich als Schüler von Alfons Dopsch 1914 in Wien habilitiert, war Professor in Prag, Gießen, Freiburg/Breisgau und Marburg und seit 1942 Präsident der Monumenta Germaniae Historica. Für den von Paul Ritterbusch (1900-1945) geleiteten „Kriegseinsatz der deutschen Geisteswissenschaften" hatte Theodor Mayer Historikertagungen zur Herausarbeitung einer für die Naziideologie verwendbaren europäische Geschichte organisiert.[150] Zum korrespondierenden Mitglied der Akademie der Wissenschaften in Wien war Mayer am 20. Juli 1942 gewählt worden. Nach der Wiederernennung von Franz Huter und seiner Akademiemitgliedschaft intensivierte sich der persönliche Kontakt zwischen beiden. Theodor Mayer schrieb für die Festschrift anläßlich der Vollendung des 60. Lebensjahres von Franz Huter einen Artikel über die Freiheit der Bauern in Tirol und in der Schweizer Eidgenossenschaft, der mit einem – so Mayer – „in einem tiefschürfenden und von warmer Liebe zu Volk und Heimat getragenen" Zitat von Huter über das Wesen der Freiheit der Tiroler Bauern eröffnet wird.[151] Beide verband die gemeinsame Verehrung gegenüber Harold Steinacker und dessen Konzeption einer „gesamtdeutschen Geschichtsauffassung", wes-

---

150 Frank-Rutger Hausmann: „Deutsche Geisteswissenschaft" im Zweiten Weltkrieg. Die „Aktion Ritterbusch" (1940-1945) (=Schriften zur Wissenschafts- und Universitätsgeschichte 1). Dresden 1998, 177-203.
151 Schlern-Schriften 207, Innsbruck 1959, 231-240. Wiederabgedruckt in: Günther Franz (Hg.): Deutsches Bauerntum im Mittelalter. Darmstadt 1976, 177-190.

halb Franz Huter Theodor Mayer sein Konzept des Nachrufes übermittelte, worauf dieser antwortete (11. November 1965): „Hochverehrter, lieber Herr Kollege und Freund Huter! Erst heute komme ich dazu, Ihnen zu schreiben und vor allem dafür zu danken, daß Sie mir das Manuskript Ihres sehr guten und mit Liebe verfaßten Nachrufes für H. Steinacker zugeschickt haben; er ist für mich sehr wertvoll, weil Sie aus einer Fülle von Einzelkenntnissen heraus schreiben, die mir einfach fehlen. Dann aber habe ich Ihnen zu danken, weil Sie mir die Sonderdrucke von Steinacker mitgeschickt haben, ich hoffe sie Ihnen bald zurücksenden zu können. Ich war wieder durch andere Dinge sehr abgelenkt und habe jetzt vieles von St. nachgelesen, dabei ist meine Hochachtung außerordentlich gestiegen. Wieder habe ich gesehen, daß es ein unverzeihlicher Fehler war, St. in Innsbruck zu lassen, statt ihn nach Wien zu bringen. Eigentlich auch typisch, daß kein Mensch damals erkannt hat, daß die österreich. Reichs- und Rechtsgeschichte mehr ist als eine Verfassung der österreichischen-habsburgischen Länder mit einem angehängten Schwanz über Böhmen und Ungarn. Und heute? Wie steht es da? Was wird in Wien gelesen? Man könnte weinen." 1965 (26. März) hatte Franz Huter versucht, Theodor Mayer „als den derzeit führenden Mediävisten des deutschen Sprachgebietes" der österreichischen Akademie als Ehrenmitglied der philosophisch-historischen Klasse anzutragen, aber schon im Vorfeld scheiterte die Antragstellung. Alphons Lhotsky war nicht bereit den Antrag zu unterschreiben, wie der in akademischen Geschäften sehr erfahrene, zu dieser Zeit als Vizepräsident und Mandarin der Akademie amtierende Albin Lesky Franz Huter mit der Versicherung mitteilte, „daß ich mich auf Grund unserer alten Verbundenheit der Sache angenommen und um eine andere Historiker-Unterschrift geworben habe. Es tut mir außerordentlich leid, daß dieser mein Versuch mißlungen ist".[152]

Berührungspunkte in Hinsicht auf das Institut für geschichtliche Landeskunde ergaben sich zu den von Süddeutschland ausgehenden Initiativen des früheren Innsbrucker Geographen und Landeskundlers Friedrich Metz (1890-1969), der 1934 wegen seiner offenen Nazibetätigung für kurze Zeit inhaftiert wurde und die Innsbrucker Lehrkanzel aufgeben hatte müssen. Noch als deren Inhaber schrieb er an den aus Südamerika zurückgekehrten Hans Kinzl nach Heidelberg am 12. April 1933: „ Sie haben ein anderes Deutschland bei der Rückkehr vorgefunden. Manches mag einem noch fremd anmuten, ich stelle in den Vordergrund den Sieg

---

152 Brief vom 20. April 1965.

des gesamtdeutschen Gedankens! Die Partikularisten und andere Reichsfeinde sind zum Schweigen gebracht. Der größte Fortschritt ist aber die
Tatsache, daß ein Österreicher Kanzler des Reichs werden konnte. Das
muß grade auch Sie mit Genugtuung erfüllen. Möchte bald die hier gegen
den Anschluß arbeitende Minderheitsregierung von der Bildfläche verschwinden!"[153] 1935 wurde Metz Professor in Freiburg/Breisgau. Von
dort aus telegraphierte er nach der Nazibesetzung seinem Innsbrucker Amts-
kollegen Harold Steinacker: „In stolzer Freude über die Heimkehr Österreichs in das Deutsche Reich grüßt die ehemalige österreichische Universität Freiburg i. Br., die nun auch unter nationalsozialistischer Führung
stehende tirolische Landesuniversität Innsbruck. Heil Hitler! Metz, Rektor". Dieser beantwortete gerührt: „Der Universität Freiburg und ihrem
Rektor, dem unentwegten Kämpfer für die endlich errungene nationale
Vereinigung, deutschen Dank für ihr freundliches Gedenken". Friedrich
Metz hatte, nach der Nazizeit vorübergehend außer Dienst gestellt, in
Freiburg das „Alemannische Institut" gegründet. Franz Huter stellte diesem den Übersichtsartikel „Vorderösterreich und Österreich. Von ihren
mittelalterlichen Beziehungen" zur Verfügung.[154] Nachfolger von Metz
in Innsbruck wurde Hans Kinzl, der diesen Ruf 1935 auf ausdrücklichen
Wunsch der Nazibehörden angenommen hatte, obschon er gerne in Heidelberg geblieben wäre: „Ich bekam von Berlin den Bescheid, daß man
eine Annahme dieser Berufung /nach Innsbruck/ nicht nur billige, sondern sie geradezu wünsche. Damit waren für mich die Würfel gefallen".[155]
In einer Gedenkrede auf Friedrich Metz in Freiburg i. Br. meinte Hans
Kinzl: „Der Zusammenbruch des Dritten Reiches riß auch Friedrich Metz
in den Abgrund, was freilich niemand verstand, der ihn und seine politische Überzeugung kannte. Seine volkspolitischen Ideale waren freilich un-
zerstörbar. Man mußte sie nur aus dem geistigen Schutt wieder ausgraben
und erneut einem darniederliegenden und geistig ziellosen Volke nahebrin-
gen."[156]

Mit 1. Jänner 1959 konnte Franz Huter am Institut für geschichtliche

153 Nachlaß Hans Kinzl, UAI.
154 Friedrich Metz (Hg.): Vorderösterreich. Eine geschichtliche Landeskunde. I. Freiburg i.Br. 1959, 63-81 (2. A. 1967, 67-85).
155 Brief von Hans Kinzl an Friedrich Metz vom 20. September 1935. Nachlaß Hans
   Kinzl (Durchschlag des maschinegeschriebenen Originals).
156 Gedenkrede von Professor Dr. Hans Kinzl, Innsbruck, zu Ehren von Professor Dr.
   Friedrich Metz (17. Oktober 1970). In: Gedenkschrift zur Verleihung des Ober-
   rheinischen Kulturpreises 1970. Johann-Wolfgang-Von-Goethe-Stiftung 1970, 7-
   17.

Landeskunde mit Ernest Troger (1926-1988) einen historisch-geographisch ausgebildeten Assistenten anstellen. An der Dotation der Philosophischen Fakultät hatte das Institut keinen Anteil. Erst im Studienjahr 1960/61 gelang die Erwerbung eines Bibliotheksraumes und Assistentenzimmers im Keller des Hauptgebäudes, 1963 der Erwerb und Ausbau von weiteren drei Kellerräumen zur Aufstellung der Repro-Anlage für die Bearbeitung des Tirol-Atlas, der am Institut seinen Sitz hatte. Repräsentative Räumlichkeiten waren für Franz Huter nicht die Bedingung für wissenschaftliches Arbeiten. Die Leitung des Instituts behielt Franz Huter über seine Emeritierung hinaus bis zum Sommer 1969. Der von ihm gewünschte Nachfolger war der Geograph Adolf Leidlmair, der im Sommersemester 1946 bei Franz Huter das Studium der Geschichte begonnen hatte, vom 1. September 1949 bis 1. April 1951 im Historischen Seminar sein Assistent gewesen war.[157] Das Gewicht des Instituts hatte sich von der geschichtlichen auf die allgemeine Landeskunde und auf die Kartographie hin verlagert, weshalb Franz Huter dieser Lösung den Vorzug gegeben hatte, zumal sich abzeichnete, daß die Nachfolge auf der Lehrkanzel für Österreichische Geschichte nicht seinen Vorstellungen entsprechen sollte.

Die von Friedrich Teßmann (1884-1958) in Bozen hinterlassene Tirolensien-Sammlung mit etwa 10.000 Einheiten konzipierte Franz Huter von Anfang an als allgemeine Südtiroler Studienbibliothek und eine Art Mittelpunkt des geistigen Lebens von der Jugend bis ins Alter. Das gelang ihm unter enormem Arbeitseinsatz. Friedrich Teßmann hatte seine Sammlung 1957 der Österreichischen Akademie mit der Auflage geschenkt, sie in Bozen zu belassen. Zuerst war von seiten der Akademie der Anglist Karl Brunner Delegierter, der sich dafür aber wenig interessieren konnte. Seit dem Sommer 1959 war Franz Huter, der eben in die Akademie gewählt worden war, Vorsitzender der Kommission für die Teßmann-Sammlung bei der Österreichischen Akademie der Wissenschaften und ihr Delegierter im Bozner Kuratorium und seit 10. Oktober 1974 (bis 1984) in der Nachfolge von Georg Innerebner auch Obmann dieses Kuratoriums. Franz Huter verstand es, mit der von ihm für die Zeit nach seiner Emeritierung geschaffene Infrastruktur in Innsbruck und mit Hilfe einer mit dem wissenschaftlichen Leiter der Teßmann-Sammlung Mathias Frei repräsentierten guten Bozner Personalpolitik das Projekt zu verwirklichen.

---

157 Auf Antrag des Professorenkollegiums der Philosophischen Fakultät wurde Adolf Leidlmair mit Erlaß vom 6. August 1969, Zl. 106.043-I/4/69 zum Vorstand des Instituts für Geschichtliche Landeskunde ernannt. Phil. Dekanat Zl. 601/69 vom 10. September 1969. UAI.

Aus Anlaß der Hundertjahrfeier der Medizinischen Fakultät Innsbruck (14. Juni 1969) erhält Franz Huter die Jubiläums-Medaille für Verdienste um die Universität Innsbruck. Im Talar Rektor Theodor Wense, Franz Huter, Rudolf Steinmaurer und Erna Lesky.

Er scheute dabei keine Kleinarbeit, von notwendigen Bettelbriefen, von Buchbestellungen und dem Transport von Büchern von Innsbruck nach Bozen bis hin zur eigenhändigen Kontrolle der Rechnungen. Das Unterrichtsministerium in Wien gab über die Akademie großzügige Subventionen, die Franz Huter selbst abrechnete. Die Südtiroler Politik zwang Franz Huter zum Neubau einer Südtiroler Landesbibliothek in Rottenbuch, da die Räumlichkeiten im Bozner Kulturhaus Walther von der Vogelweide-Haus keine Mehrbelastung mehr zuließen. Am 24. Oktober 1980 wurde nach der Überwindung von erheblichen Hürden der bürokratischen Instanzen bei der Bozner Stadtgemeinde und Südtiroler Landesbehörde der Grundstein gelegt, im Anschluß daran für Franz Huter im Prunksaal der Handelskammer in Bozen eine Ehrenfeier zelebriert. Dabei sprachen Senator Karl Mitterdorfer, Landesrat Anton Zelger und Adolf Leidlmair in Anwesenheit von Landeshauptmann Silvius Magnago, vom Präsidenten der Bozner Handelskammer Robert von Fioreschy und vom Präsidenten der Österreichischen Akademie Herbert Hunger sowie von professoralem und bürgerlichem Publikum aus Innsbruck und Bozen.

Neben der Teßmann-Bibliothek war das Universitätsarchiv das institutionelle Lieblingskind von Franz Huter. Im Rektorat (1950/51) von Albert Defant (1884-1974) hatte er sich für die Betreuung der bis dahin von der Kanzlei des Rektorats nebenbei betreuten, in einem Keller abgelegten Universitätsarchivalien bereit erklärt. Anstoß war der Tod von Amtsrat Rudolf Steiner (1893-1950), der sich viele Jahre hindurch hingebungsvoll dem Archiv gewidmet hatte. Zum 275-Jahr-Jubiläum der Universität begann Huter mit dem Unternehmen „Matrikel-Edition", den ersten Band der Matricula philosophica gab er als Richtschnur selbst heraus (1952), den zweiten Band zusammen mit dem Assistenten am Historischen Institut Anton Haidacher (1954), der den dritten Band allein bearbeitete (1961). Den ersten, dem 600-Jahrjubiläum der Wiener Universität gewidmete Band der Matricula theologica bearbeitete als Dissertation Johann Kollmann (1965), der später als am Gymnasium in Dorf Tirol tätiger Professor auch zwei weitere Bände bearbeitete und ein von Franz Huter persönlich hochgeschätzter Schüler blieb. Johann Kollmann feierte aus Anlaß von hohen Geburtstagen von Franz Huter für ihn katholische Gottesdienste. Den ersten Band der Matricula universitatis bearbeitete, ebenfalls als Doktorarbeit, Edith Weiler. Neben der Matrikeledition begründete Franz Huter als darstellende Reihe die „Forschungen zur Innsbrucker Universitätsgeschichte", in der anfangs drei Bände zur Geschichte der Theologischen Fakultät aus der orthodoxen Schule von Ferdinand Maaß (1902-1973) herauskamen, dann ein Band zur Geschichte der Innsbrucker Geschichtswissenschaft, welcher zu akademisch-nichtssagenden Aufgeregtheiten Anlaß gab. Mit seiner Emeritierung (30. September 1966) übersiedelte Franz Huter in neugewonnene Räume des Universitätsarchivs und betrieb mit einem Mitarbeiter die Neuaufstellung der Bestände nach äußerlichen und innerlichen Gesichtspunkten sowie deren wissenschaftliche Erschließung.

In der Personalpolitik zog Franz Huter seit seiner Wiederindienststellung und insbesondere seit seiner Wahl zum Mitglied der Österreichischen Akademie der Wissenschaften jene unsichtbaren Fäden, die die Rahmenbedingungen für eine fortschrittliche österreichische Wissenschaft so erschweren. Hier soll nicht auf die so provinzielle Innsbrucker Universitätspolitik und die vielen speziellen Ehrungen in diesem Bereich eingegangen werden. Die lokalen Namen sind nur noch Spezialisten der Tiroler Kulturkartei oder Familienangehörigen bekannt. Herauszuheben ist aber, daß ihm als Dekan (1959/60) die Berufung des Pädagogen Wolfgang Brezinka (7. März 1960) gelang, dem damals bereits mehrere Optionen in Deutschland offengestanden wären. Seine Wahl zum Mitglied der Österreichischen Akademie, zuerst zum korrespondierenden (20. Mai 1958), dann zum wirklichen (2. Juni 1959) war von Leo Santifaller (Erstunterzeichner) eingeleitet worden. Auffallend ist, daß Santifaller schon in seinem Antrag vom 27. März 1958 für die Wahl von Franz Huter zum korrespondierenden Mitglied so wie dann im Antrag zur Wahl als wirkliches Mitglied vom 15. April 1959 (Anhang) als wesentliche Arbeitsgebiete von Huter die Wirtschaftsgeschichte und Historische Hilfswissenschaften herausgehoben hat. Das Tiroler Urkundenbuch war die Basis der Antragstellung.

Alphons Lhotsky hat Franz Huter einen Tage vor der Wahl zum korrespondierenden Mitglied einen schönen, natürlich handschriftlichen Brief geschrieben (19. Mai 1958): „Lieber alter Freund! Bei der heute vorm. stattgefundenen Reihung der Kandidaten in der phil.-hist. Klasse der Akad. bist Du glorreicherweise im 2. Wahlgange an erster Stelle (mit 21 Stimmen von 30) gelandet (mit 17 an der zweiten der hiesige Altphil. /Walther/ Kraus). Es besteht also nach meiner Erfahrung die 100% Aussicht, daß Du morgen auch bei der math.-naturw. Klasse „durchgehst", und ich möchte daher gerne der erste sein, der Dir aus diesem Anlasse gratuliert und Dich in einem Kreise willkommen heißt, der, wie das vorzügliche Stimmenergebnis lehrt, weiß, was Du bist!

Man mag über solche Sozietäten beliebiger Meinung sein, ohne das boshafte Urteil Ottokar Lorenz' zu unterschreiben. Es ist auch gar kein Unglück, wenn man nicht dabei ist. Wird man aber spontan – und ich versichere Dich, daß da gar nichts „gemanagt" wurde! – frei gewählt,so ists eben doch etwas, und eben darauf darf man sich schon etwas zugute tun. Es kommt ja nicht so auf das quod, sondern auf das quomodo an, und in dieser Hinsicht bin ich für Dich tief befriedigt.

Schön ist es, daß wir nun in einem neuen Sinne Kollegen geworden sind. Sofort nach der Sitzung morgen, wenn die Sache perfekt ist, gebe ich diesen Brief expreß zur Hauptpost, auf daß Du ihn übermorgen früh habest.

Und nun laß mich Dir von Herzen wünschen, daß Dir die Sache Freude bereite und Dir noch viele viele Jahre erfolgreichen Wirken auch in diesem Gremium beschieden seien, als Dein Dir in alter Verbundenheit getreuer Lhotsky m.p."

In die Frühjahrsmessen der Akademie, auf welchen Wahlen stattfinden, wurde Franz Huter durch Albin Lesky bestens eingeführt. Er gewann durch ihn Vertrautheit mit den Bedingungen für erfolgreiche Wahlanträge und gewöhnte sich an die Formen der Akademiehierarchie und des Akademieklatsches. Schon am 17. Dezember 1959 hatte Albin Lesky geschrieben: „Sehr freuen wir uns alle, daß die Akademie in Ihnen einen so tatkräftigen und interessierten Mitarbeiter gewonnen hat. Wenn der Plan von örtlichen Akademiekommissionen in den Bundesländern zur Verwirklichung kommt, werden Sie ganz gewiß in Innsbruck die Seele dieses Unternehmens sein!" Auch wenn die „Innsbrucker Akademie" trotz mehrerer Versuche durch Franz Huter nicht über gelegentliche Zusammenkünfte hinauskam, wurde Franz Huter ein wichtiger Außenposten der österreichischen Akademie. Da Albin Lesky von der Verbundenheit von Franz Huter mit Friedrich Walter wußte, schreibt er am 9. März 1960 an ihn, der als wirkliches Mitglied erstmals an den Wahlritualen teilhaben darf: „Vorab bitte ich Sie, den Inhalt dieses Briefes gegen jedermann vertraulich zu nehmen! Es ist mir gelungen, Koll. Santifaller dazu zu bewegen, in der ersten Sitzung der Wahlkommission tit. Prof. Friedrich Walter für ein korr. Mitglied vorzuschlagen, oder besser: in Anregung zu bringen. Der Vorschlag ist noch zu machen! Da ich weiß, daß Sie diesen ausgezeichneten Gelehrten hochschätzen, wollte ich Ihnen davon Mitteilung machen. Anderseits habe ich den Eindruck (es kann wirklich nur ein Eindruck sein), daß weder Lhotsky noch Hantsch zu der genannten Persönlichkeit sehr positiv stehen. Ich würde Ihnen vorschlagen, daß Sie in 10-14 Tagen an Santifaller schreiben und ihn völlig unwissend und ahnungslos fragen, ob nicht ein Vorschlag für Walter gemacht werden könnte. Auch bäten Sie, daß Ihnen, falls es zu einem solchen kommt, Gelegenheit geboten werde, den Vorschlag als Mit-Antragsteller mitzuunterschreiben. Beim Wahlakt selbst, zu dem Sie ja sicher kommen, werde ich Sie gerne in der notwendigen Mundpropaganda für Walter unterstützen." Die Wahl von Friedrich Walter glückte auch nach wiederholten Versuchen nicht. Dabei waren sicher nicht wissenschaftliche Vorbehalte der Grund, diese sind bei Akademiewahlen zweitrangig, vielmehr dürften persönliche Rivalitäten auf dem Wiener Akademieparkett die Wahl verhindert haben.

1964 (2. Juni) setzte Franz Huter die Wahl von Harold Steinacker, seit 1932 korrespondierendes Mitglied der Akademie, zum Ehrenmitglied der philosophisch-historischen Klasse durch. Da Steinacker schon 90jährig war, war für die Akademie von ihm keine weitergehende wissenschaftliche Leistung mehr zu erwarten, sie konnte deshalb Steinacker nur aus wissenschaftspolitischen Überlegungen wählen. In seinem von Rudolf Egger (Professor der Römischen Geschichte in Wien), Hans Lentze (Professor des Deutschen Rechts und der Österreichischen Verfassungs- und Verwaltungsgeschichte in Wien) und Theodor Rittler (Professor des Strafrechts in Innsbruck) mitunterzeichneten Wahlantrag vom 18. April 1964 motiviert

Franz Huter mit dem Lebenswerk von Harold Steinacker: „So können etwa die Beziehungen zwischen Antike und Mittelalter, Probleme der mittelalterlichen Geschichte Österreichs und die Historische Stellung Österreichs zwischen West und Ost als die drei großen Themengruppen gelten, um die sich Steinackers wissenschaftliche Arbeit rankt". In Hinsicht auf Steinackers Beschäftigung mit der ungarischen Geschichte fügt Huter hinzu: „Steinacker ist einer der letzten, wenn nicht der letzte österreichische Forscher, der über diese komplexen Fragen aus eigener Lebenserfahrung und tiefgründiger Sachkunde Gültiges auszusagen und von dieser Warte her die Probleme Altungarns in die Problematik der österr.-ungarischen Monarchie und des ungar.-abendländischen Verhältnisses einzuordnen vermag." Und zum Schluß fügt Huter hinzu: „Der Anerkennung so weitgreifender und trotz so hoher Jahre nicht abreißender, geistvoller Leistung möge die Akademie durch die Wahl zum Ehrenmitglied der philosophisch-historischen Klasse Ausdruck geben. Steinacker würde damit die Nachfolge Hermann Wopfners antreten, mit dem er durch ein Menschenalter gemeinsamen einträchtigen Wirkens und durch ein auf ein Höchstmaß gegenseitiger Wertschätzung ruhendes Freundschaftsverhältnis verbunden war". Die Akademiemitglieder, auf ihre eigenen Leistungen sich besinnend, zeigten sich solcher pyramidalen Argumentation zugänglich und halfen gerne mit, mit der Wahl von Steinacker die eigene Nazivergangenheit zu rehabilitieren. Die Innsbrucker Universität hatte dies schon früher getan. Auf Antrag von Franz Huter, der gerade Dekan der philosophischen Fakultät war, verlieh der Hohe Akademische Senat am 12. Mai 1960 einstimmig ihrem früheren Nazirektor Harold Steinacker und Leo Santifaller – Franz Huter verstand es Anträge zu koppeln – die Ehrenmedaille der Universität Innsbruck.[158] Dieselben Akademiemitglieder verhinderten die Zuwahl des weltberühmten Mathematikers Wolfgang Gröbner (1899-1980), weil dieser den Atheismus offen vertreten hatte.[159] Dies vertrug ihr emotionalisierter Intellekt nicht. Die Verbindung von reaktionären und konservativ-katholischen Positionen wird in den beiden von Franz Huter formulierten Wahlanträgen vom 3. März 1969 für Adam Wandruszka, mitunterzeichnet von Hugo Hantsch, und den Innsbrucker Jesuiten-

---

158 Niederschrift über die Sitzung des Akademischen Senats der Universität Innsbruck vom 12. Mai 1960.

159 Peter Goller/Gerhard Oberkofler: „...daß auf der Universität für die Lehre, die dort vertreten wird, wirkliche Gründe gegeben werden!" Wolfgang Gröbner (1899-1980). Mathematiker und Freidenker. In: Österreichische Mathematik und Physik. Hg. von der Zentralbibliothek für Physik in Wien. Wien 1993, 9-49, hier 21.

historiker Ferdinand Maaß, mitunterzeichnet von Leo Santifaller, deutlich. Beide wurden in der Akademiesitzung vom 24. April 1969 als korrespondierende Mitglieder gewählt.

Franz Huter schätzte an Ferdinand Maaß dessen mit viel Archivfleiß in den Fontes rerum Austriacarum edierten Akten zur Geschichte des Josefinismus und seine in Gegnerschaft zu den Werken von Eduard Winter (1896-1982) verschärfte strengkatholische Kampfposition gegen die reformkatholischen Ideen der Aufklärung. Es hat ja auch Papst Pius VI. (1717-1799) ein ziemlich langes Breve dagegen losgelassen, da selbst im Paradies die Freiheit durch das Verbot beschränkt gewesen sei, vom Baum der Erkenntnis zu essen. Maaß hatte in Wien aus den Vorlesungen bei Heinrich von Srbik, der sich ebenfalls mit den Beziehungen von Staat und Kirche in Österreich befaßt hatte, viele Anregungen erhalten. Nikolaus Grass wunderte sich, daß sich der etwas rustikal wirkende Maaß zu dem betont aristokratischen Srbik hingezogen gefühlt hat, „zu dessen", wie Nikolaus Grass noch anmerkt, „vornehmer Erscheinung später das fleißig getragene ‚Parteiabzeichen' der NSDAP in merkwürdigem Kontrast stand".[160] Die Aufklärung war insbesondere mit ihren Freiheits- und Gleichheitsideen und ihrer gegen die christlich orientierte Weltanschauung ausgeprägten Stoßrichtung für Franz Huter eine der Wurzeln des Bösen. Er stellte die Ideen, die Revolutionen hervortrieben, in einen Rang mit den Taten.

Adam Wandruszka war kurz vor seiner Berufung nach Wien (mit Wintersemester 1969/79) und noch Inhaber der Lehrkanzel für Mittlere und Neuere Geschichte in Köln. Im Herbst 1946 hatte Wandruszka versucht, aus der Kriegsgefangenschaft in den USA kommend, als Assistent am Historischen Seminar der Universität Innsbruck bei Franz Huter unterzukommen, was nicht gelang. Um sich in Tirol einzuführen, hatte er einen kleinen Aufsatz „Zur Geschichte der Seefelder Hostienlegende" geschrieben.[161] Otto Brunner hatte Franz Huter Wandruszka als „einen Schüler von Srbik und mir"(26. September 1946) empfohlen, was freilich nicht notwendig gewesen wäre. Beide kannten sich von Wien her. Die von Huter betriebene Berufung Wandruszkas von Köln nach Innsbruck als sein Nachfolger kam nicht zustande, obschon das Wiener Unterrichtsministerium ihm den Ruf erteilt hatte. Adam Wandruszka dankte Franz

---

160 Nikolaus Grass: Ferdinand Maaß 1901-1973. Historisches Jahrbuch 94 (1974), 507-510, hier 508.
161 Tiroler Heimatblätter 22 (1947), 99-104.

Huter: „/.../und ich darf Ihnen von ganzem Herzen für die große Ehre und Auszeichnung danken, die Sie mir dadurch haben zuteil werden lassen. Erinnere ich mich doch immer noch mit Dankbarkeit an die freundliche Aufnahme, die ich bei Ihnen in Innsbruck 1946 nach meiner Rückkehr aus der Gefangenschaft gefunden habe, sowie daran, daß Sie es waren, der mich dann für die Teilnahme an dem Harvard-Seminar in Leopoldskron empfohlen haben, wo ich meine spätere Frau kennenlernte" (10. März 1967). Die Verhandlungen von Adam Wandruszka mit den Wiener Stellen führten zu keinem Erfolg, da das Finanzministerium keine Zugeständnisse machte. „Sie werden verstehen, sehr verehrter Herr Professor Huter, dass unter diesen Umständen für mich keine Möglichkeit besteht, den Ruf nach Innsbruck anzunehmen und ich möchte mich beeilen, Ihnen das sogleich, noch vor meiner Antwort an das Wiener Ministerium mitzuteilen. Ob die Minderbewertung nun mich persönlich, oder das Fach „Österreichische Geschichte" gegenüber Alter Geschichte, Statistik oder der neuerfundenen „juristischen Dogmengeschichte" betrifft, vermag ich nicht zu beurteilen. Ich lege aber Wert auf die Feststellung, dass ich bei den bisherigen Verhandlungen stets in kürzester Frist, oft sogar postwendend, geantwortet habe, während man von Wien aus zuerst den Beginn der Verhandlungen um mehr als einen Monat hinausschob und mich dann zuerst vier und jetzt zweieinhalb Monate lange auf eine Antwort warten liess. /.../Ich weiss sehr genau, dass Ihnen eine solche Engstirnigkeit stets völlig fremd war und ich darf Ihnen bei dieser Gelegenheit nochmals sehr herzlich und aufrichtig für Ihre Freundlichkeit und alles das danken, was Sie in meinem Interesse getan haben, um meine Heimkehr zu ermöglichen. Dass ich selbst gerne nach Innsbruck gekommen wäre und alles getan habe, um eine solche Lösung herbeizuführen und dass ich auch zu materiellen Einbussen und Opfern bereit war, wissen Sie. Ich bin aber nicht gewillt, kränkende und zurücksetzende Diskriminierungen hinzunehmen, die in Wien offenbar als Folge der üblen Verleumdungen und Intrigen gegen mich als Angehörigen der „Srbik-Brut" noch immer in Geltung sind" (25. November 1967). Da Wandruszka bald hernach ja den Ruf nach Wien erhielt, war es offenkundig, daß gegen ihn nur von Innsbruck aus lebhaft intrigiert worden war, weil hier schon die katholische Weichen in Richtung auf die Berufung von Johann Rainer gestellt worden waren. Auch eine von Huter im Einverständnis mit Karl Pivec und Hans Kramer seiner Fakultät vorgeschlagene verkürzte Habilitation des hervorragenden Landesarchivdirektors in Linz Hans Sturmberger war durch die Fakultätsmehrheit abgelehnt und diskriminiert worden. In seinem Habilitationsgutachten vom 21. Jänner 1966 hatte Franz Huter über Sturmberger resümiert: „So sehen wir Sturmbergers Werk die Österreichische Geschichte vom 14. bis zum 19. Jahrhundert beackern. Der Schüler H. von Srbiks und O. Brunners weiß sich seinen Lehrern vor allem auf dem geistes- und auf dem verfassungsgeschichtlichen Boden verpflichtet. Auch dort, wo er sich mit der Geschichte des Landes ob der Enns beschäftigt, geht sein Blick immer in die Weite und sucht, das Geschehen der Heimat in den größeren Bereich Österreichs und Europas einzuordnen. Es liegt jedenfalls dem Inhalt wie dem Umfang nach, ein Oeuvre vor, das sich sehen lassen kann und die wissenschaftliche Befähigung des Habilitationswerbers eindeutig erweist. Die Klarheit der Gedankenführung läßt erwarten, daß St. auch ein guter Lehrer sein wird".

Die Fakultätsmehrheit wollte dem anerkannten Wissenschaftler Sturmberger, der von Alphons Lhotsky schon 1963 für die Akademiemitgliedschaft in Vorschlag gebracht worden war (von Franz Huter am 3. März 1970 neuerlich eingebracht und schließlich am 25. Mai 1971 als korrespondierendes Mitglied der philosophisch-historischen Klasse gewählt), ein Kolloquium und einen Probevortrag zumuten, was dieser allerdings ablehnte. Karl Pivec hat das Privatdenken der Fakultät und sein eigenes richtig wiedergegeben, wenn er am 21. April 1966 an Sturmberger schreibt: „Die Schwierigkeiten bei der Habilitierung haben sich nicht gegen Sie persönlich gerichtet, sondern gegen meinen Kollegen Huter, der durch sein Verhalten im Laufe von zwanzig Jahren manchmal die Fakultät herausgefordert hat, es ist nur menschlich verständlich, dass eine solche oft schwierige Persönlichkeit einer Opposition begegnet". Hans Sturmberger lehnte dann gegenüber Karl Pivec eine vielleicht aussichtsreiche Nennung auf dem Besetzungsvorschlag für Österreichische Geschichte ab. Da Hermann Wiesflecker, der zur Befriedigung seiner Eitelkeit an erster Stelle genannt worden war, mit seinem Maximilian-Apparat nicht nach Innsbruck übersiedeln wollte und Adam Wandruszka nicht kommen konnte, blieben für Innsbruck Berthold Sutter und der von der führenden Fakultätsclique favorisierte Johann Rainer, welcher mit 1. September 1968 ernannt wurde. Die Nachfolge in der „Österreichischen Geschichte" verlief also gar nicht nach dem Wunsch von Franz Huter und tatsächlich bedeutete sie auch das Ende der Traditionen von Alphons Huber und Hermann Wopfner. Dagegen fand der von Franz Huter für die neuerrichtete Lehrkanzel für Allgemeine Wirtschaftsgeschichte ausgearbeitete Vorschlag (27. Jänner 1965) die Zustimmung der Kommission und der Fakultät und wurde in seinem Sinne vollzogen. In der Präambel werden Alfred Hoffmann

(Wien), der als rabiater Antisemit bekannte und mit Franz Huter befreundete Taras von Borodajkewycz (Wien)[162], Fritz Walter (Wien) und Ferdinand Tremel (Graz) ehrenvoll genannt, um dann an erster Stelle den aus der Srbik-Brunner Tradition kommenden Herbert Hassinger (1910-1992) zu nennen, der im selben Jahr ernannt wurde.[163] An zweiter und dritter Selle werden Alois Brusatti (Wien) und Georg Zwanowetz, Assistent von Franz Huter und von ihm 1964 mit einer Arbeit über „Die Anfänge der Tiroler Eisenbahngeschichte. Ein Beitrag zur Verkehrs- und Wirtschaftsgeschichte Österreichs in den Jahren 1835-1859" für Allgemeine Wirtschaftsgeschichte (mit besonderer Berücksichtigung der mittleren und neueren Wirtschaftsgeschichte) habilitiert, genannt.

Viele Jahre weigerte sich Franz Huter den Wahlvorschlag für seinen Innsbrucker Kollegen Nikolaus Grass zu unterstützen, der nach 1945 kurzfristig sein Konkurrent für die Lehrkanzel der Österreichischen Geschichte gewesen war und als Inhaber des Ordinariats für Österreichische und Deutsche Rechtsgeschichte an der Juristenfakultät eine Fülle wertvoller editorischer und darstellender Werke verfaßt hatte. Dessen gelegentlichen mündlichen oder schriftlichen Seitenhiebe gegen Kollegen galten Franz Huter als nicht akademiewürdig. Das teilte Franz Huter auch gegenüber anderen Akademiemitgliedern mit.[164] Nicht nur die üblichen akademischen Unverträglichkeiten und die Konkurrenzsituation sind für die langanhaltenden Animositäten zwischen Franz Huter und Nikolaus Grass Ausgangspunkt. Franz Huter war vor dem Eintritt in das Greisenalter der vom kirchlichen Dogma abweichenden Auffassung, daß die innere Haltung des Menschen gegenüber Gott durch Mysterienkulte geschwächt wird, daß durch diese sich der Mensch einem unentrinnbaren Geschick hingeben will statt es zu meistern. Franz Huter ist eher „gottgläubig", erblickt

---

162 Am 10. Dezember 1964 bedankt sich Taras Borodajkewycz: „Lieber Franzl! Beiliegend übermittle ich Dir die gewünschten Unterlagen meines Schülers und Assistenten Brusatti, den ich 1955 aus einer sehr prekären Situation herausholte und zu meinem Assistenten machte. Es war für meine Frau und für mich eine grosse Freude, Dich gestern so gemütlich und ungezwungen bei uns zu haben. Wir freuen uns schon jetzt auf das nächste Mal!"

163 Mit Entschließung des Bundespräsidenten vom 16. November 1965, Zl. 11.467 wurde Herbert Hassinger zum ordentlichen Universitätsprofessor für „Allgemeine Wirtschaftsgeschichte" an der Philosophischen Fakultät der Universität Innsbruck ernannt.

164 Theodor Rittler schreibt am 30. März 1965 aus Trins an Franz Huter: „Ich schreibe Professor Schönbauer, dass er meinen Namen unter den Antrag für G/rass/ setzen möge. Ihre Bedenken gegen G/rass/ kenne und würdige ich".

in der römisch-katholischen Religion also nicht viel mehr als einen zu schützenden Traditionswert und in den mit ihr verbundenen rituellen Handlungen ähnlich dem Exerzierreglement ein nützliches Instrumentarium für die innere und äußere Disziplin der Gesellschaft, wogegen Nikolaus Grass an das römisch-katholische Jenseits wie Diesseits wirklich zu glauben scheint. Diese Divergenz kommt in einem Gutachten (25. Juni 1979) zu der vom Tiroler Landesarchivdirektor Hanns Bachmann vorbereiteten und von Franz Huter als Herausgeber angenommenen Urbaredition des Stiftes St. Georgenberg zu Fiecht[165] andeutungsweise zum Ausdruck: „Unglücklich und zu Mißverständnissen Anlaß gebend finde ich Bachmanns Ausführungen über die ‚mythischen Vorstellungen' sowie über den ‚christlichen Mythos'. Ich würde es begrüßen, wenn diese doch das Christentum mit irgendeiner heidnischen Religion auf die gleiche Stufe stellenden Ausführungen anders formuliert würden. Es werden ja auch heute noch von allen möglichen katholischen Institutionen, wie Missionen, Caritas, Ostpriesterhilfe etc. etc. unter Hinweis auf den Wert der guten Werke für das Jenseits Almosen gesammelt. Ich glaube, daß also auch heute noch diese Kirchenlehre aufrecht steht, sodaß man sie nicht als längst antiquiertes Überbleibsel des Mittelalters hinstellen kann, insbesondere nicht in der Edition eines Güterverzeichnisses eines Klosters, das immer noch besteht und die christliche Lehre auch von den guten Werken vertritt."

Nikolaus Grass wurde erst 1970 (26. Mai) zum korrespondierenden und, mit Unterstützung des inzwischen milder gewordenen Franz Huter, 1976 (11. Mai) zum wirklichen Mitglied der philosophisch-historischen Klasse gewählt, obschon ihn schon 1964 (8. April) die Mitglieder Hans Lentze, Heinrich Demelius, Theodor Rittler, Leo Santifaller, Hans Schima und Alfred Verdroß in Vorschlag gebracht hatten. Das Verhältnis zwischen den beiden Innsbrucker Spitzenhistorikern besserte sich mit den Jahren. Nikolaus Grass schrieb im „Schlern" zum 75. Geburtstag von Franz Huter sogar einen Würdigungsartikel, was ihm sicher viel Selbstkasteiung abverlangt hat.[166] In die Franz Huter gewidmete Abhandlung über „Kirchenrecht und Kirchengeschichte an der Hohen Schule zu Salzburg 1810-1985" (Wien 1985) schrieb Nikolaus Grass eigenhändig: „Herrn Univ. Professor DDr. Franz Huter, dem Initiator moderner universitäts-

---

165 Hanns Bachmann: Das älteste Urbar des Benediktinerklosters St. Georgenberg-Fiecht von 1379 mit den Weinzinsregistern von 1420/22. Innsbruck 1981.
166 Der Schlern 48 (1974), 491-496.

geschichtlicher Forschung in Innsbruck mit bestem Gruß überreicht vom Verfasser".

Mit Adam Wandruszka zusammen beantragte Franz Huter mit Erfolg die Zuwahl des bayrischen Mediävisten Karl Bosl (14. Februar 1973, gewählt am 22. Mai 1973) und des bedeutenden Agrarhistorikers Günther Franz (24. Februar 1975, gewählt am 13. Mai 1975), der über den Bauernkrieg Standardwerke herausgegeben hatte, als korrespondierende Mitglieder der philosophisch-historischen Klasse im Ausland. Karl Bosl (1908-1993) war in Thematik und Methode dem von Alphons Dopsch, Hans Hirsch, Theodor Mayer und Otto Brunner entwickelten Zweig der österreichischen Geschichtsforschung außerordentlich verbunden und schätzte deshalb Franz Huter sehr, obschon es nur zu gelegentlichen Berührungen gekommen war. Franz Huter widmete ihm in einer Festschrift den aus dieser Konzeption heraus geschriebenen Aufsatz über die Siedlungsleistung und Grundherrschaft des Stiftes Innichen.[167] Karl Bosl antwortet im Dezember 1973: „Mein besonderer Dank aber gilt Ihrem grossartigen Beitrag zu meiner bayerischen Festschrift (ich habe noch eine internationale und eine böhmische bekommen). Das war und ist eine hohe Ehre für mich und nicht nur das, es hat gerade die bayerische Seiten meiner Seele anklingen lassen und die Liebe zum „bayerischen" Tirol neu angestachelt. Besonders berührt hat mich, dass Sie damit die Siedelarbeit, das Kolonisationswerk, den labor so stark hervorgehoben haben; denn ich meine, dass Herrschen und Arbeiten zwei grundlegende menschliche Tätigkeiten sind, denen ich nachgehe. Ich drücke Ihnen nochmals herzlich die Hand für dieses erwärmende Geschenk".[168] Die braunen Jahre des Günther Franz (1902-1992) werden im von Franz Huter konzipierten Antrag auf akademische Karrierejahre reduziert: „Dr. phil. Göttingen – Priv. Doz. Marburg für mittlere und neuere Geschichte 1930 – Lehrauftrag f. Spätmittelalter u. Reformationsgeschichte ebd. 1934 – Vertretung der ordentlichen Lehrkanzel in Rostock 1934/35 - ao. Prof. f. mittlere u. neuere Geschichte u. Vorstand des Historischen Seminars in Heidelberg 1936 – o. Prof. f. mittlere und neuere Geschichte in Jena 1937 – o. Prof. f. Deutsche Geschichte in Straßburg 1940". Eben die übliche Laufbahn eines deutschen o.ö. Universitätsprofessors, welche die dabei getragene schwarze SS-Uniform in den Hintergrund treten läßt. Kaum überrascht liest man deshalb weiter: „Privatgelehrter 1945-1955 – Lehrbeauftragter (1955-1957), dann

---

167 Zeitschrift für bayerische Landesgeschichte 36 (Bosl-Festschrift) 1973, 450-469.
168 Handschriftlich, o.D., von Franz Huter „Erhalten 7. Dezember 73" gezeichnet.

o. Prof. f. Geschichte u. Agrargeschichte an der Landwirtschaftlichen Hochschule (Universität) Hohenheim (Stuttgart) /.../". Die erfolgte Wahl teilte Franz Huter Günther Franz telegraphisch mit, der am 14. Mai 1975 antwortete: „Diese unerhoffte Ehrung verdanke ich, wie ich weiß, sicher zunächst Ihrer freundschaftlichen Gesinnung, aber auch der Großherzigkeit der österreichischen Kollegen, die in anderer Weise, als es hier geschieht, mit der Vergangenheit fertig werden. So sehe ich in dieser ersten akademischen Ehrung, die mir zuteil wird, wenige Wochen nachdem ich mein 50jähriges Doktorjubiläum haben feiern können, eine hohe Auszeichnung, die mich, ich wiederhole es, ganz ausserordentlich gefreut hat. Das wollte ich Ihnen nur gleich sagen, nachdem ich mir das Telegramm noch einmal fernmündlich von Herrn Wandruszka habe bestätigen lassen". Günther Franz selbst hatte seine Außerdienststellung nach 1945 mit dem Vorgehen des Dritten Reiches gegen Künstler und Schriftsteller verglichen, denn er sei nicht wegen irgendwelcher Verbrechen angeklagt worden, „sondern, abgesehen von der formalen Zugehörigkeit, wegen wissenschaftlicher Meinungen, und bestraft wurde ich mit einem Publikationsverbot, also dem Verbot wissenschaftlich zu arbeiten". Er sei nicht einmal „Mitläufer" gewesen, vielmehr habe er einer „Utopie" nachgehangen.[169] Eigentlich obszön, wie sich Günther Franz und Intellektuelle seinesgleichen aus ihrer Mitverantwortung für das Geschehen des Hitlerfaschismus stahlen.

Seine konservative, streng hierarchische Personalpolitik setzte Franz Huter nachhaltig im Tiroler Raum durch. Wohl öffnete er als Herausgeber der von ihm in der Nachfolge von Hermann Wopfner übernommenen „Tiroler Heimat" (1947-1986) und der vormals von Raimund von Klebelsberg herausgegebenen „Schlern-Schriften" (1971-1993) diese gelegentlich solchen Autoren, die nicht dem vorherrschenden Tiroler Weltbild entsprachen, aber für seine eigene Nachfolge wollte er kein Risiko eingehen. Die „Tiroler Heimat" übergab er Josef Riedmann (*1940) und Fridolin Dörrer (*1923), die als Epigonen der Goldenen Jahre Tiroler Geschichtsforschung ihm die Garanten für deren Verklärung erschienen. Hierarchie und Etikette – Franz Huter ließ so lange es ging keinen Professorenabend, kein Professorenbegräbnis und keinen Akademietee aus – waren ihm stets wichtig. „Professor Riedmann ist ein junger, ehrgeiziger, selbstsicherer und tüchtiger Mann aus der Wildschönau. Über sein politisches Credo kann ich nichts Näheres aussagen, doch habe ich nicht

---

169 Günther Franz: Mein Leben. Privatdruck 1982, 199.

den Eindruck, daß er links steht" – so schreibt Franz Huter an Oswald Graf Trapp (28. September 1978). Als Josef Riedmann seine Außerordentliche Professur für „Österreichische Geschichte", für welches Fach er habilitiert war (1975), zugunsten der Ordentlichen Professur für „Geschichte des Mittelalters und Historische Hilfswissenschaften" aufgab (1982), war Franz Huter im Rückblick auf seine eigene seinerzeitige Entscheidung irritiert, doch blieb er bei seiner zutreffenden Einschätzung, in Josef Riedmann einen verläßlichen Zulieferer des traditionell reaktionär-konservativen Systems zu haben.[170] Deshalb führte er ihn in der Akademie ebenso wie in der Messerschmitt-Stiftung, deren Aktien nach dem Kosovo-Einsatz deutscher Flieger erheblich angestiegen sein dürften, als seinen Nachfolger ein, wissend, daß sich nichts verändern würde. Dem Archivar am Tiroler Landesarchiv Fridolin Dörrer hat Franz Huter 1966/67 für „Österreichische Geschichte" mit vier Aufsätzen unter dem Titel „Grenzfragen kirchlicher und weltlicher Raumbildung in Tirol vom Frühmittelalter bis zur Gegenwart" die Lehrbefugnis für Österreichische Geschichte an der Innsbrucker Universität verschafft. Sein letzter, langjähriger Assistent und Mitarbeiter war Franz Huter wegen dessen politischer Einstellung für einen Eintritt auch nur in die Schriftleitung der Tiroler Heimat oder der Schlern-Schriften in Tirol nicht präsentabel, was dieser selbst auch so gesehen hat.

Dem damaligen Stadtarchivar von Villach Wilhelm Neumann, dessen 1937 eingereichte Dissertation „Bismarck über Österreich" von Harold Steinacker als „reifste Dissertation, die mir seit langem vorgelegen hat", qualifiziert wurde,[171] war Franz Huter bei der Erlangung der politisch heiklen Direktion des Kärntner Landesarchivs behilflich, indem er ihn zur rechten Zeit in das Ehrenbuch der Innsbrucker Universität einschreiben ließ (1966) und gegenüber dem einflußreichen Gotbert Moro sich gutachtlich äußerte (23. Jänner 1967): „Es wäre dem alten Herzogtum Kärnten sicher zu grossem Nutzen, wenn es sich diese Kraft /Wilhelm Neumann/ in die Landeshauptstadt holen und sie im Landesarchiv zu einer weiträumigeren Wirksamkeit, als sie in Villach möglich ist, aufrufen wollte". Neumann hat als Villacher Stadtarchivar allerdings schon außerordentliche Leistun-

---

170 Josef Riedmann hat das in ihn gesetzte Vertrauen nicht enttäuscht, wie seine spektablen Aktivitäten deutlich machen. Vgl. Gerhard Oberkofler: Universitätszeremoniell. Ein Biotop des Zeitgeistes. Passagen Verlag Wien 1999, 104.
171 Gutachten vom 27. November 1937: „Sowohl in die komplizierte Persönlichkeit Bismarcks als in die Eigenart Österreichs und seiner Problematik hat sich der Vf. mit einer für einen Anfänger ungewöhnlichen Tiefe und Feinheit eingefühlt."

gen erbracht, sein Villacher Jahrbuch und andere Veröffentlichungen, insbesondere jene aus dem Jahr 1970 über die Kärntner Kämpfe 1918 bis 1920, hat Franz Huter immer freundlich unterstützend angezeigt.

Zur Etablierung der im Tiroler Raum seit Anfang der 80er Jahre sich aktiv entfaltenden Münchener Messerschmitt-Stiftung, die ein bißchen Geld aus den riesigen Rüstungsgewinnen für Denkmalschutz abzweigt, tat Franz Huter insoferne viel, als er zusammen mit Oswald Graf Trapp (1899-1988) ihr in mehrfacher Hinsicht mit gutem Rat zur Seite stand und sich mit deren Vorstandsvorsitzenden Hans Heinrich von Srbik, Sohn des Historikers mit Sitz auf Schloß Thurn bei Schenna, befreundete. Eine Diskussion, woher die Messerschmitt-Stiftung ihre blutigen Gelder nahm, fand, weil es sich eben um vornehme Herren handelt, nicht statt.[172] Für Franz Huter war es eine Gelegenheit, seiner Anhänglichkeit und Treue gegenüber Heinrich von Srbik Ausdruck zu verleihen. Ihn verehrte er noch im hohen Alter als Ikone. In einem Brief an den Sohn schreibt Franz Huter aus Anlaß des Erscheinens des Briefbandes von Srbik[173]: „Ich bin fast erschüttert von der Größe, Fülle und der Tiefe der Thematik, die sich hier eröffnet; aber auch von dem unglücklichen Ausgang eines edlen Mannes, der sich wie wenige andere um das Vaterland, wie es immer heißen mag, verdient gemacht und der Wissenschaft mit Gespür für den hohen Wert der aus den Quellen erhellender Probleme unschätzbare Dienste geleistet hat. Aus allen Briefen leuchtet neben außergewöhnlicher Verstand und Urteilskraft Milde und Güte, auch aus jenen, in denen harte Urteile durchscheinen".[174] Tatsächlich war Franz Huter allerdings enttäuscht über den publizierten Klatsch, wobei er hierfür die Briefpartner von Heinrich von Srbik verantwortlich machte.

---

172 Vorwort zum abgedruckten Tätigkeitsbericht der Messerschmitt-Stiftung in Südtirol von Hans Heinrich von Srbik. Tiroler Heimat 50 (1986), 307-313.
173 Heinrich Ritter von Srbik: Die wissenschaftliche Korrespondenz des Historikers 1912-1945. Hg. von Jürgen Kämmerer. Boppard am Rhein 1988.
174 Handschriftliches Konzept.

XII. Die von Franz Huter getragenen Leitbilder der Tiroler Landesgeschichte nach 1945. Versuch eines Resümees.

Historiker gibt es wie Sand am Meer.
Christa Wolf

Über die publizistischen Schwerpunkte der Tiroler Landesgeschichtsschreibung hat 1984 Franz Huter einen Überblick gegeben.[175] Es seien deshalb bloß die beiden von der Innsbrucker Universität ausgehenden Hauptlinien der Tiroler Landesgeschichte, eine schon Geschichte gewordene und jene der Gegenwart, hier angesprochen und am personellen Umfeld verdeutlicht. Die ideologische Enge des Tiroler Geschichtsbildes möge zum Einstieg ein aktuelles Beispiel illustrieren.

„Seit mehreren Jahrhunderten", so am 3. Oktober 1997 der Südtiroler Landesrat für Schule und Kultur Dr. Bruno Hosp, „findet alljährlich am 19. November, dem Tag der Hl. Elisabeth von Thüringen, in der Burgkapelle zum Hl. Pankratius auf Schloß Tirol ein Gottesdienst im Gedenken an die Tiroler Landesfürsten statt. Diese Gedächtnismesse ist – wie uns einschlägige Aufzeichnungen beweisen – immer, auch in den düstersten Zeiten unserer Geschichte, gehalten worden. Bis vor eineinhalb Jahrzehnten ist dies von der Öffentlichkeit relativ unbemerkt geschehen; seit dem Tiroler Gedenkjahr 1984 jedoch wird dieser Gottesdienst alljährlich in feierlicher Weise begangen. /.../ Um möglichst vielen Landsleuten die Möglichkeit zu bieten, diesen Tag einmal zu erleben, wurden in den vergangenen Jahren jeweils bestimmte Zielgruppen zu diesem Elisabeth-Tag auf Schloß Tirol eingeladen. In diesem Jahr möchte ich die Ehrenzeichenträger des Landes Tirol zum Elisabeth-Tag nach Schloß Tirol einladen. Für 13.00 Uhr ist eine Führung durch das Schloß vorgesehen, im Anschluß daran findet mit Beginn um 15.00 Uhr der Gottesdienst in der Burgkapelle statt. /.../."

Der angeschriebene Professor der Naturwissenschaftlichen Fakultät der

---

175 Die landesgeschichtliche Forschung in den historischen Ländern Salzburg, Tirol und Vorarlberg. In: Entstehung und Aufgaben landesgeschichtlicher Forschungseinrichtungen im Bereiche der Arge-Alp. Trient 1984, 71-86.

Eduard Wallnöfer überreicht Franz Huter das ihm vom Bundespräsidenten verliehene Ehrenkreuz I. Kl. für Wissenschaft und Kunst am 23. März 1971

Universität Innsbruck, ein nichtkatholischer österreichischer Staatsbürger, Gastprofessor an vielen Universitäten der Welt, Verfasser von Lehrbüchern und wissenschaftlichen Veröffentlichungen von Japan bis in die USA, lehnte die Einladung mit dem Hinweis auf die Trennung von Kirche und Staat in den Verfassungen von Österreich und Italien ab, auch mit dem Hinweis darauf, daß ihm in einer Zeit des Sparpakets, der massiv zunehmenden Armut in Italien und Österreich und der Kürzung wohlerworbener Pensionsrechte ein solcher Einsatz öffentlicher Mittel unzulässig erscheine. Das veranlaßte den von Südtirol aus informierten Präsidenten des Tiroler Landtages Ing. Helmut Mader, Ehrenbürger der Universität, tätig zu werden. Er schreibt am 1. Dezember 1997:

> *„Geschätzter Herr Professor /…/!*
> *Ihr Schreiben an den Südtiroler Kulturreferenten Landesrat Dr. Hosp, mit dem Sie seine freundliche Einladung zur Teilnahme am Patronanz-Gottesdienst für die Hl. Elisabeth auf Schloß Tirol (uralte Tradition) zurückgewiesen haben, ist trotz seiner Kürze ein gelungenes Konglomerat zwischen Irrlehre, und diplomatischer Unhöflichkeit und Unterstellung. Da ich Sie als Wissenschaftler schätze, war mir – aber auch anderen – dieser Ihr „Ausritt" völlig unverständlich und ich habe mich für Sie geniert. Welche Empfindungen müssen Sie erst in unserem Lande unterdrücken, in dem auch in der Demokratie seit Jahrzehnten vom offiziellen Land Tirol zu*

mehreren kirchlichen Feiern mit anschließendem kleinen Empfang eingeladen wird, /.../. "

Aufgrund der Enge der Provinz kann bis zum Beweis des Gegenteils angenommen werden, daß sich der Tiroler Landtagspräsident im Einvernehmen mit der Innsbrucker Universitätsspitze geniert hat. Weil der hier sichtbar werdende Dogmatismus auch Ausdruck einer zerfallenden Gesellschaft ist, trifft in der Gegenwart die moralische Degradation selbst Repräsentanten und Träger des traditionell konservativ-katholischen Umfelds. Eine so angesehene Institution wie das Tiroler Landesmuseum Ferdinandeum verramschte im Frühjahr 1997 eine der letzten Tiroler bürgerlichen Gelehrtenbibliotheken, die Privatbibliothek eines noch lebenden Tiroler Historikers, der sich wegen Erkrankung nicht mehr wehren kann. Um 500 öS konnten auf dem Flohmarkt des Ferdinandeums aus dieser Gelehrtenbibliothek die fünfbändige Sammlung von Aufsätzen und Vorträgen von Alphons Lhotsky gekauft werden.[176] Der erste Band enthält folgende handschriftliche Eintragung von Nikolaus Grass:

„Weihnacht 1970 verbracht in Andlklaus
traurige Weihnachten, erstmals ohne die gute Mutter + 22. Oktober 1970.
Habe am Heiligen Abend, bevor wir ins Borgiaskirchl zur Christmette
gegangen sind, erstmals in diesem Buch gelesen".

In Band V findet sich der von Nikolaus Grass mit der Randbemerkung „Tiroler formen das Institut" hervorgehobene Artikel „Unsere Lehrer",[177] den Alphons Lhotsky ursprünglich für die Festschrift von Franz Huter zu dessen 60. Geburtstag vorgesehen hat. Lhotsky schildert warmherzig Emil von Ottenthal und Oswald Redlich, beide aus Tirol, und von Lhotsky neben Alfons Dopsch als seine und Huters wichtigsten Lehrer hervorgehoben. Beide waren ja 1923-1925 im selben Institutskurs. Aufgrund einer Intervention mußte Alphons Lhotsky aber seine mit angeblich polemischen Spitzen ausgestatteten Erinnerungen als Festschriftbeitrag zurückziehen.[178] Er lieferte dann demonstrativ einen bloß dreiseitigen Artikel

---

176 Alphons Lhotsky: Aufsätze und Vorträge. Ausgewählt und herausgegeben von Hans Wagner und Heinrich Koller. Band I-V, Wien 1970-1976.
177 Band V: Aus dem Nachlass, 268-277.
178 Alphons Lhotsky am 5. April 1959 an Franz Huter: *„Verzeih, daß ich erst heute auf Deinen mir sehr wertvollen Brief antworte – die Gründe sind, wie Du erraten wirst, in der maßlosen Präokkupation zu suchen, die mich so sehr niederdrückt, daß ich des Abends oft*

„Zur Geschichte des Pfauenstosses".[179] Zwischen Alphons Lhotsky und Franz Huter bestand, obschon beide von grundverschiedener menschlicher Natur waren, eine Freundschaft, die vor allem nach 1945 sichtbar wird. Dabei hat Alphons Lhotsky sicher mehr sein Herz geöffnet. Franz Huter, der am 26. Oktober 1997 in Innsbruck verstarb, wird heute schon allgemein als Klassiker der Tiroler Geschichtswissenschaft präsentiert. Das geht so weit, daß man seine als nichtklassisch eingeschätzten Aufsätze in seinen posthum als Jubiläumsband der Schlern-Schriften herausgegebenen „Ausgewählten Aufsätzen zur Geschichte Tirols" vergeblich suchen wird.[180] Franz Huter war zum 1. Dezember 1941 aus dem Wiener Haus-, Hof- und Staatsarchiv auf die an die Stelle der Lehrkanzel für Österreichische Geschichte getretene Lehrkanzel „Geschichte des Alpenraumes und Allgemeine Wirtschaftsgeschichte" berufen worden. Der Moralist der Gegenwart mag sich über die Umbenennung der Lehrkanzel mokieren, im Lichte heutiger, die demokratische österreichische Identität unterwandernder „Alpenraumideologien" scheint sie wieder aktuell zu sein. Für Franz Huter wurde ein eigenes „Institut für Geschichte und Landeskunde des Alpenraumes" eingerichtet. Seine Ernennung nach Innsbruck war von seinen beiden Innsbrucker Lehrern Harold Steinacker, der als Nazirektor fungierte, und Hermann Wopfner sowie von Heinrich Srbik betrieben worden.

Natürlich war Franz Huter 1941 mit dem Nationalsozialismus und mit Hitlerdeutschland nicht in Konflikt, vielmehr vertrat er im wesentlichen deren damals in der Öffentlichkeit bekannten Positionen einschließlich der antisemitischen Stoßrichtung, der Ausgrenzung und Vernichtung der inneren „Reichsfeinde" und des von der Wehrmacht geführten Ausrottungskrieges im Osten. Im Spätsommer 1939, als Huter bei einer Flak MG Reservekompanie in der Slowakei Dienst macht, drückt sich in einem in diesen Monaten geführten Kriegstagebuch Begeisterung über die Erfolge

---

nicht einmal geordneter Mitteilung fähig bin. Hauptsache ist mein unglücklicher Festschrift-Beitrag. Ich habe schon Herrn Kollegen F/ichtenau/ geschrieben, daß mir jede „Polemik" ferne liegt, …. Du hast aber recht und nur ausgesprochen, was ich selbst schon geschrieben hatte. Ich ziehe also diesen Beitrag zurück und liefere bis Wochenende einen anderen „harmloseren" – falls dann noch Zeit ist? /…/."

179 Beiträge zur Geschichtlichen Landeskunde Tirols. Innsbruck 1959 (=Schlern-Schriften 207), 227-229.

180 Franz Huter: Aus einem Südtiroler Bauernleben des 15. Jahrhunderts. Korrespondenzblatt des Gesamtvereins der deutschen Geschichts- und Altertumsvereine 79, 1931, 218-221

der Wehrmacht im „Polenland" aus und zugleich die Hoffnung auf das „große Reinemachen in der übrigen Welt". Von fürchterlichem Judennest ist die Rede, vom Wetter, von Alarmübungen und von den Leistungen des Kochs. Es sind Eindrücke, wie sie 1914 viele junge Kaiserjägeroffiziere in Galizien geschrieben haben und wie sie in den vielen Tagebüchern der Kaiserjägeroffiziere zu finden sind. Das Einverständnis von Franz Huter mit dem Hitlerregime wurzelt in seinen romantisch-lebensphilosophischen Positionen zu Volk, Heimat und Staat, wie sie sich nach seiner Kriegsteilnahme, der Erschütterung von 1918 und vor allem der Abtrennung seiner Heimat bei ihm festgesetzt hatten. Hinzu kommt eine Auffassung von Disziplin und Pflicht, die das Geschichtsbild vom Autoritätsaberglauben überlagern läßt und das Individuum dem Staatsapparat in Gehorsam unterordnet, auch wenn dieser ein verbrecherischer ist. Das Geltende, das Bestehende übte auf Franz Huter stets eine starke Wirkung aus. Während seiner Wiener Jahre 1928 bis 1941 entwickelte sich der Horizont von Franz Huter über die krisengeschüttelte bürgerliche Gesellschaft hinaus, blieb aber in der kleinbürgerlichen Fraktion der faschistischen Ideologie stecken. Huter strebte aus dem engen, auf sich konzentrierten Archiv- und Historikerzirkel hinaus, er schloß sich einer Alpinistengruppe von Handwerkern und Arbeitern an, in der er der einzige Akademiker war. Mit dem linksstehenden Wiener intellektuellen Leben, das sein Landsmann Oswald Redlich scharf ablehnte, hatte Franz Huter keine Berührung, er hat sicher keine Kraus-Vorlesungen besucht, in die damals junge Intellektuelle strömten, wie Erwin Chargaff oder Albert Fuchs, der Verfasser des Buches „Geistige Strömungen in Österreich 1867-1918", dem die Wiener Universität am 8. Mai 1941 schändlicherweise das Doktorat aberkannte. Karl Kraus hatte 1918 die Position eines gläubigen pazifistischen Gesellschaftskritikers verlassen, kritisierte die Sozialdemokratie von links, die er noch 1934, als er sich verbittert zurückzog, als „verfallsreif und absurd" qualifizierte. Im übrigen hat Karl Kraus das Kaiserjägermilieu nachhaltig gekränkt. Hans Hochenegg erinnert in seiner kurzen Ansprache am 14. Jänner 1984 aus Anlaß des Rücktritts von Franz Huter als Präsident des Alt-Kaiserjägerclub am Bergisel und Einführung des neuen Clubpräsidenten Anton Spielmann, daß man nach dem Kriegsausgang „das mit Füßen getreten hat, was uns heilig war."

-‚Eingeheizt die Lorbeerreiser, die das Herr sich niemals wand,
Niemals mehr für einen Kaiser, niemals mehr für's Vaterland!' - so rief der bekannte ‚Fackel-Kraus' aus Wien mit Verdrehung unserer ehrwürdigen Volkshymne im Februar 1920 ins Innsbrucker Publikum. Aber die

Kaiserjägeroffiziere ließen die Fahne trotzdem nicht sinken. Sie sammelten die Regimentskameraden um sich und pflegten die Überlieferungen ihrer Truppe unentwegt weiter".[181]

Zu den vielen jungen österreichischen Kommunisten aus der Arbeiterklasse, die sich wie Leo Gabler (1908-1944, hingerichtet), Fritz Hedrich (1914-1944, hingerichtet), Alfred Rabofsky (1919-1944, hingerichtet) und Hedy Urach (1910-1943, hingerichtet) nach 1938 in der „Gruppe Soldatenrat" organisiert und den Kampf um Österreich, um Frieden und Freiheit in die Hitlerwehrmacht hineingetragen haben, suchte Franz Huter wie seine Kollegen von der bürgerlichen Historikerzunft keinen Zugang. Ihnen hatte sich bloß der junge Historiker Friedrich Heer (1916-1983), aber auch Christian Broda (1916-1987), der bei Heinrich Srbik eine historische Dissertation schrieb, angenähert. Beide erkannten in der Arbeiterschaft die Hauptkraft des Widerstandes gegen den Hitlerkrieg. Die Widerstandsaktion der Gruppe „Soldatenrat" zählt zu den hervorragendsten Taten im österreichischen Widerstand und wurde von der Gestapo besonders brutal verfolgt. Der Gegensatz zwischen einem Friedrich Heer und einem in der Zunft aufstrebenden Franz Huter kann als der Gegensatz zwischen dem lebendigen, sich breit entfaltenden Menschen beschrieben werden und dem Menschen, der in der bürgerlichen Gesellschaft zum „Spezialisten" einer bestimmten engen Funktion wird. Die Persönlichkeit von Franz Huter kommt nicht zur Geltung, wenn seine Ausgangsjahre verschwiegen oder harmonisiert werden. Franz Huter selbst hat diese Periode seines Wirken nie verdrängt, er hatte es nicht notwendig, sich eine Biographie zusammenzubasteln. Ihm in scheinkritischer Manier und großer Ferne die Nazivergangenheit vorzuwerfen ist in Anbetracht der Verklärung eurokapitalistischer Interessen durch die geschichtsharmonisierende Konzeption der Europa-Integration billig und bloß opportunistisch. Nicht einmal die NATO-Aggression gegen Jugoslawien im Frühjahr 1999 konnte diese vom Zeitgeist getriebenen Historikerleins irritieren.

Die Erinnerung an die Jahre vor der Befreiung Österreichs 1945 ist

---

181 Am 16. Jänner 1984 hat Hans Hochenegg den nachträglich niedergeschriebenen Text seiner Ansprache Franz Huter übermittelt: „Du hast leider nicht hören können, wie sehr man Dir für alle Verdienste um unseren Club gedankt hat! – Von einigen Anwesenden wurde ich aufgefordert ein paar Worte zum Leitungswechsel zu sprechen. Ich wollte mich nicht auf abgedroschene Redensarten beschränken und habe etwas weiter ausgeholt. Ich schicke Dir den nachträglich niedergeschriebenen Text. Bei einer Rede aus dem Stegreif kann man sich nicht so präzis ausdrücken, im Wesentlichen ist nichts geändert!"

gerade deshalb notwendig, um Huters Wirken für die Tiroler Landesgeschichte im Rahmen der Österreichischen Geschichte nach 1945 sowohl biographiehistorisch wie im wissenschaftshistorischen Zusammenhang richtig einschätzen zu können. Ähnliches gilt für Leo Santifaller, dem Landsmann von Franz Huter. Beide haben nach 1945 die Lehren aus der Geschichte gezogen, soweit ihnen das innerhalb ihrer Kreise, in denen sie verblieben, überhaupt möglich war. Sie haben sich auf den Boden der demokratischen und seit 1955 auch neutralen Republik Österreich gestellt – wobei dies nun wiederum systemangepaßt und damit vorübergehend ja auch karrierefördernd war. Bei Leo Santifaller, der sich im internationalen Wissenschaftsbetrieb bewegte, ist diese demokratische Orientierung aufgrund seiner Stellung und der damit verbundenen Initiativen früher und pointierter festzustellen. Er wurde deshalb von seinen früheren Nazikollegen angefeindet und im internen Austausch denunziert.

Bei Franz Huter war die Wandlung in seinen geschichtlichen Anschauungen ein Prozeß, der mit seiner Ernennung zum außerordentlichen Professor für Österreichische Geschichte am 10. November 1950 abgeschlossen erscheint. Nach seiner „Entnazifizierung" und nach der Pensionierung von Richard Heuberger (1949) hätte Franz Huter sofort das freie Innsbrucker Ordinariat für Mittelalterliche Geschichte und Historische Hilfswissenschaften einnehmen können. Huter hat aber auf seiner Ernennung für Österreichische Geschichte, für die er von allen befragten Fachleuten an erster Stelle genannt war, beharrt, auch wenn dieses Fach vorerst nur als Extraordinariat eingestuft war. Das Bundesministerium, geleitet von Sektionschef Otto Skrbensky, damals vielen Akademikern noch bekannt als austrofaschistischer Kommissär für die Aufrechterhaltung der Disziplin unter den Studierenden, war aus verschiedenen Gründen, vor allem wegen der abzuklärenden NS-Vergangenheit von Huter zögerlich, diesen für Österreichische Geschichte zu ernennen. Falls dies nicht zu vermeiden sei, dachte man sogar daran, die Lehrbefugnis von Huter für Österreichische Geschichte bis 1790 einzuschränken. Huter begründete seine Haltung im März 1950: „1. Die Österreichische Geschichte ist mein Stammfach. 2. Die Österreichische Geschichte ist schwieriger zu besetzen als andere geschichtliche Fächer, a) weil zwischen 1938 und 1945 keine Habilitationen in diesem Fach erfolgten, daher die Auswahl an Kandidaten besonders gering ist, b) weil entsprechend der Tradition dieses Faches die Verbindung mit der Wirtschaftsgeschichte gepflegt werden soll, c) weil die Landesuniversität gerade auch mit diesem Fache die Ausrichtung von Forschung und Lehre nach Südtirol zu verknüpfen hat – eine Aufgabe, die mehr als eine Verpflichtung bedeutet. 3. Diese Schwierigkeiten fallen bei der Mittelalterlichen Geschichte weg. /.../.'' Es ist dies nicht bloß ein Dokument aus der universitären Aktenablage, das uns hier begegnet, vielmehr unterstreichen die Aussagen die Persönlichkeit von Franz Huter. Srbik meinte, daß das Dokument Huter alle Ehre mache. Dekan der Philosophischen Fakultät war damals (Studienjahr 1949/50) der weltbekannte Mathematiker Wolfgang Gröbner, ein Landsmann von Huter, dessen aufklärerisches Wirken ihm an der Innsbrucker Universität übelst gedankt wurde. In seiner Antrittsvorlesung vom 24. November 1950 formulierte Franz Huter: „So ist es vor allem Aufgabe des österreichischen Historikers, gleichsam als Fackelträger seinem Volke in der Pflege der Traditionen Österreichs voranzuschreiten, auf daß das Feuer des Wissens und der Begeisterung nicht erlösche, die Jugend sich an ihm nähre und es selber immer aufs neue entfache.'' Er schloß mit der Bundeshymne von 1946. Vor 1945 findet sich bei Franz Huter kein republikanisch österreichisches Denken, ob er die nun seit 1950 erkennbare, auf die neutrale Republik Österreich orientierte Position angesichts der Konjunkturen der allerjüngsten Geschichte in die Gegenwart gerettet hätte, muß allerdings offen bleiben.

Franz Huter forcierte nach 1945 vor allem den Abschluß der von ihm übernommenen I. Abteilung des Tiroler Urkundenbuches, die Urkunden zur Geschichte des Deutschen Etschlandes und des Vintschgaues erfassend, deren I. Band bis 1200 im Jahre 1937 erschienen war. 1949 kam der II. Band 1200-1230 heraus, 1957 der „Richard Heuberger, dem unermüdlichen Forscher, dem warmherzigen Freunde, dem tapferen Menschen aus Anlaß seines 70. Geburtstages (30. 3. 1954) dankbar zugeeignete'' III. Band 1231-1253. Außerdem gab Huter aus dem Nachlaß des Südtirol entstammenden Rechtshistorikers Hans von Voltelini den 2. Teil der Südtiroler Notariatsimbreviaturen des 13. Jahrhunderts in den Acta Tirolensia 1951 heraus. Zusammen mit der Edition der Innsbrucker Universitätsmatrikel, die erste Matrikel-Edition der Universitäten im heutigen Österreich überhaupt, bezeichnet Alphons Lhotsky diese Editionsarbeiten als die „wichtigsten Leistungen'' Huters. Noch im Alter von 91 Jahren engagierte sich Franz Huter gegenüber der Südtiroler Landesregierung für die Bearbeitung und die Herausgabe der Urkunden der Abteilung II: „Die Urkunden des Eisack-, Puster- und Inntales bis 1253'' und wollte, da die Veröffentlichung schon fertiggestellter Bände der Universitätsmatrikel mangels jeglichen Interesse von seiten der Universitätsführung ins Stocken geraten war, aus Privatmitteln behilflich sein.

Die Ernennung von Franz Huter zum ordentlichen Professor erfolgte erst 1958 (7. Februar). Im selben Jahr war er auch, auf Vorschlag von Leo Santifaller, zum korrespondierenden Mitglied (20. Mai 1958), ein Jahr später, wieder auf Vorschlag von Santifaller, zum ordentlichen Mitglied (2. Juni 1959) der österreichischen Akademie gewählt worden. Santifaller hatte am 27. März 1958 seinen Vorschlag in erster Linie mit der editorischen Leistung von Franz Huter begründet, er spricht davon, daß „diese nur durch leidenschaftliche Hingabe an die Sache mögliche, entsagungsvolle und in ihrer vorbildlichen Durchführung meisterliche Leistung als ein Werk bezeichnet werden, das der österreichischen Wissenschaft Ehre macht." Leo Santifaller selbst sah in der Herausgabe urkundlicher Quellen die „vornehmste und dringlichste Pflicht und Aufgabe des Historikers".[182] Diese Auffassung vertrat tendenziell auch Franz Huter. Das war vielleicht der Grund, weshalb Huter keine Gesamtdarstellung der Tiroler Geschichte geschrieben hat, wozu ihn sein alter Lehrer Harold Steinacker in einem Glückwunschschreiben zum 65. Geburtstag (14. August 1964) und unter Bezug auf die latente gesamtdeutsche Geschichtskonzeption ermuntert hat: „Du kennst meinen alten Wunsch nach einer ein- oder zweibändigen Tirolischen Geschichte aus Deiner Feder, – voll wissenschaftlich und doch lesbar und vom Atem des Heimatgefühls getragen, – aber nicht in der landesgeschichtlichen Problematik stecken bleibend, über den landesgeschichtlichen Horizont von O. Stolz und das herzliche Verhältnis zum Bauerntum von Wopfner hinausgreifend und Tirol einordnend in den Strom der Entwicklung des deutschen Volkes, in der Mitte zwischen den Nachbarn im Westalpen und Ostalpenraum /.../." Steinacker sah in Huter nicht unrichtig einen der letzten Treuhänder einer Tradition, deren Mitverantwortung für die Verbrechen des Nationalsozialismus in den Hintergrund tritt, und Huter selbst sah sich wohl auch so. Seinem Lehrer blieb Huter stets in Treue verbunden, für ihn beantragte er erfolgreich die Wahl zum Ehrenmitglied der philosophisch-historischen Klasse der Österreichischen Akademie der Wissenschaften (2. Juni 1964).

Wenn auch eine Gesamtdarstellung der Tiroler Geschichte fehlt, so hat Franz Huter nach 1945 doch immer wieder zu bestimmten Anlässen über die Gemeinsamkeit von Tirol und Österreich eindeutig das Wort ergriffen. Dies in erster Linie als Lehrer in seinen Vorlesungen, die in einem sechssemestrigen Zyklus einen fundierten Überblick über die Ge-

---

182 Österreichische Geschichtswissenschaft der Gegenwart in Selbstdarstellungen 2, 178.

schichte Österreichs gaben. Einstündige Abendvorlesungen zu Spezialthemen wie zum Jahre 1848 ergänzten die Hauptvorlesungen, die Huter mit einer Erläuterung und einem Resümee des Begriffes Österreich in der Geschichte einleitete: „In heldenhaftem Kampf, mit wehender Fahne sank 1918 das Vielvölkerreich an der Donau unter den inneren Gebrechen und äußeren Schlägen dahin. Was von ihm übrig blieb unter dem alten schlichten Namen Österreich ist nach Lage und Größe der frühen Jugend des späteren Großstaates vergleichbar." Für Franz Huter war das ein Hinweis darauf, daß diesem Lande „die europäische Mission des Menschen- und Völkerverbindenden auf allen Gebieten des Lebens erhalten bleiben soll, zu der unsere österreichische Heimat durch ihre Lage an der Grenze zweier Welten und als Bewahrerin großer Gedanken und Erinnerungen vorherbestimmt ist". Solche Formulierungen zeigen, daß Franz Huter den Glauben an die übernatürlichen Kräfte in der Geschichte pflegte, er diesen sogar für nötig hielt. Franz Huter stellt sich bei den historischen Vorgängen nicht die Frage nach dem Vergänglichen und Veränderbaren, nicht die Frage, wie die historischen Bedingungen von Menschen materiell geschaffen und aufrechterhalten werden.

Die Tiroler Landesgeschichte war für Franz Huter ein integraler Bestandteil der Österreichischen Geschichte, die Heimat Tirol war für ihn ohne Vaterland Österreich nicht denkbar. Das kommt in seinen repräsentativen Tirolreden deutlich zum Ausdruck. Vor allem 1963 aus Anlaß der dreihundertjährigen Zugehörigkeit von Tirol zu Österreich. Am 26. Oktober 1963 hielt er vor der Hochschülerschaft und den Spitzen der Universität eine Rede zum „Tag der Fahne", bezeichnete es als eine „Ehrenpflicht der Innsbruck Alma Mater", sich jener Tage zu erinnern, „in denen sich die Tiroler Stände zum gemeinsamen Weg mit Österreich entschlossen. /.../ Gebs Gott, daß beide Fahnen, das Rotweißrot Österreichs und der rote Adler noch manches Jahrhundert nebeneinander und miteinander wehen zum Segen Tirols und Österreichs in einer freien Welt." Seinen Vortrag am 13. April 1965 im Rahmen der 12. Historikertagung des „Instituts für Österreichkunde" in St. Pölten über „Rudolf IV., die Vorlande und die Erwerbung Tirols" schließt Franz Huter mit den Worten: „So ist der Eintritt Tirols in die Herrschaft zu Österreich keineswegs eine rein dynastische Angelegenheit, sondern ein Ereignis, das mit dem Willen des ganzen Tiroler Volkes zustande kam".[183] Als Bundespräsident Kurt Waldheim zum 90. Geburtstag von Huter gratuliert, antwortet die-

---

183 Österreich in Geschichte und Literatur 10 (1966), 6-23, hier 23.

ser (14. August 1989): „In Treue fest zu Österreich mit Südtirol".[184] In seinem Schreiben vom 28. August 1989 an den Vizepräsidenten der Akademie Hermann Vetters betont Huter, daß er seine Beiträge zu den Dorfbüchern von Kastelruth und Völs am Schlern in die allgemeine Österreichische Geschichte hineingestellt habe.

Die Liebe zur Tiroler und Österreichischen Geschichte sind die Wurzeln der Kreativität Huters, in die seine wissenschaftsorganisatorischen Leistungen im Rahmen der Akademie miteinzubinden sind. Franz Huters Wertorientierungen richteten sich nach der Befreiung Österreichs vom Hitlerfaschismus nach vorne, orientierten sich an den Interessen der demokratischen Republik Österreich. Einbrüche bei besonderen Anlässen ändern an dieser Grundlinie nicht viel.[185] Auch wenn gegen Ende seines Lebens im Habitus nach außenhin die zunehmend als elitär verstandene Welt des „Alt-Kaiserjägerclubs" in den Vordergrund tritt, das römisch-katholische Denken wieder stärker wird, seine Überlegungen galten in den letzten Jahren aber doch oft der Zukunft einer Menschheit, die er angesichts der offenkundigen barbarischen Elemente nicht in der kapitalistischen Gesellschaft sah.

In einem Brief vom 5. Juli 1958 an Franz Huter überlegt Alphons Lhotsky: „Was niemals zur Sprache kam, ist die Leitidee des Ganzen! Wie Huber am Ende seine Darstellung auf Ausgleichsösterreich eingestellt hät-

---

184 Die Bindung Südtirols an Österreich hat Franz Huter nach 1945 stets betont. Als das in München erscheinende „Bayerische Sonntagsblatt für die katholische Familie" in einem Kommentar vom 23. Februar 1975 die Unterstützung Südtirols durch die Bundesrepublik, insbesondere durch Bayern in den Vordergrund rückte, betonte Franz Huter in seiner Zuschrift vom 19. März 1975, „daß die offiziellen und inoffiziellen Geldmittel, die aus Österreich nach Südtirol fließen, absolut genommen, ein Mehrfaches der Unterstützungen ausmachen, die aus der Deutschen Bundesrepublik kommen", und „daß die historischen und emotionalen Beziehungen Südtirols zu Österreich den unbedingten Vorrang besitzen und namentlich zu Nordtirol tausendfache familiäre Beziehungen bestehen, wie sie sich nicht zuletzt aus der mehrhundertjährigen durch eine große gemeinsame Geschichte geprägte Landeseinheit ergeben". Diese Diskussion wollte er aber nicht in publico führen.

185 F. H. am 14. Mai 1978 in Dinkelsbühl aus Anlaß einer Geburtstagsfeier für Dr. Heinrich Zillich auf dem Heimattag der Siebenbürger Sachsen: *Als wir damals im Alter von 17 oder 18 Jahren, kaum dem Gymnasium entwachsen, in des Kaisers Rock schlüpften, glaubten wir, daß die Doppelmonarchie zwischen Alpen und Karpathen, zwischen Karpathen und Meer weiter bestehen und auch fürderhin ihre Aufgabe als Bollwerk des Abendlandes, da sie durch Jahrhunderte gewesen war, erfüllen werde. /.../ Ein Spiegelbild dieses Reiches war sein Heer. Wenn die Kommandosprache bis zum grausamen Ende die deutsche war, so bezeugt dies, woher die einigende und sinngebende Kraft gekommen ist, die es geschaffen hat und am Leben erhielt".*

145

te, weiß wohl niemand. Daß er sich gar keine Gedanken darüber gemacht habe, glaube ich nicht, aber ich errate sie – ehrlich gesagt – aus den 5 Bänden nicht. Mir schwebt vor (doch bitte ich um Widerspruch oder Korrektur), daß eine solche Gesamtdarstellung unbedingt dem bestehenden Staate zu dienen habe, sich daher auf die Entstehung des Ländergefüges als die eigentliche geschichtliche Leistung konzentrieren müsse / .../". In seinem Vorwort zu seiner „Geschichte Österreichs seit der Mitte des 13. Jahrhunderts (1281-1358)" (Wien 1967) formulierte Alphons Lhotsky, daß „die Republik Österreich der Gegenwart nichts anderes als das nur wenig modifizierte „Haus Österreich" der Zeit Kaiser Friedrichs III." ist. Ihm war einsichtig, daß es 1918 in Österreich verabsäumt worden war, das Geschichtsbild auf die junge Republik Österreich abzustimmen. Er bezeichnete das als einen Fehler, der nach 1945 nicht nochmals begangen werden dürfe. So definitiv hat das Franz Huter nicht gesehen, aber seine Äußerungen nach 1945 über Österreichs Geschichte waren an die neuen demokratisch-politischen Hauptforderungen adaptiert und erzeugten Österreich freundliche Empfindungen. Das klingt besser, als es ist. Politische Empfindungen, zumal wenn sie opportun sind, stehen auf tönernen Füßen, ändern sich unter anderen politischen Verhältnissen. Das heute von der Universität Innsbruck ausgehende Leitbild für die Tiroler Landesgeschichtsschreibung ist nicht viel mehr als eine Hilfswissenschaft Tiroler Provinzpolitik. Das universitäre Leitbild ist nicht schlechterdings stockkonservativ, sondern im historischen Prozeß Lieferant historischer Kulissen für ein Europa des menschenverachtenden Profitdenkens und der „geschichtslosen" Herrschaft von Banken und transnationalen Industriekonzernen. Das hängt vielfach mit dem Berufscharakter von Professoren zusammen. Edgar Zilsel, angesehener emigrierter Wissenschaftssoziologe, ist der Meinung (Der Kampf 1929, 178-186), daß es kaum eine Tätigkeit gibt, die den Charakter wegen ihrer gesellschaftlichen Bedingungen so gefährdet, wie die des Geisteswissenschaftlers: „Man schreibt unter großen Schwierigkeiten Bücher, man steht allein unter zahlreichen Konkurrenten, oder Kollegen strecken hilfreiche Hände entgegen, die waschen oder gewaschen werden wollen". Alphons Huber hat das etwas gröber formuliert: „Meine schon wiederholt ausgesprochene Ansicht, daß unter den Professoren das größte Gesindel sich finde, befestigt sich immer mehr".[186]

---

186 Alfons Huber an Julius Jung am 26. Jänner 1880. Zitiert nach Peter Goller/Gerhard Oberkofler: „... in erster Linie entscheiden ja doch Persönlichkeiten den Gang der Geschichte". Zum Briefwechsel zwischen Alfons Huber und Julius Jung. Der Schlern 68 (1994), 379-436.

Franz Huter bei seinem Vortrag über Alfons Huber in Schlitters am 25. Oktober 1994

Die von der Universität geprägte Tiroler Landesgeschichte unterwirft sich seit Jahren mit rechtsliberalem Mäntelchen den politischen Anforderungen der Zeit. Das wird besonders deutlich an landesgeschichtlichen Großausstellungen wie der wissenschaftlich fundierten, ja perfekt inszenierten und gerade deshalb monströsen Meinhard II.-Ausstellung unter dem Titel „Eines Fürsten Traum". In dem von den Landeshauptleuten Luis Durnwalder und Wendelin Weingartner gemeinsam gezeichneten Vorwort wird Tirol als eine „weltoffene Region mit Beziehungen vor allem nach Norden und Süden" bezeichnet, ohne jeden Bezug zur demokratischen Republik Österreich, dessen Name und Begriff nicht einmal mehr genannt wird. Wurde nach 1938 der fast tausendjährige Name Österreich überhaupt verboten, so wird er heute durch Begriffe wie Europaregion Tirol und andere, für das Aufgehen des selbständigen und unabhängigen Österreichs in den Großraum EU vorteilhafte Schlagworte ersetzt. Die jüngere Generation wird entwurzelt und wehrlos, sie wird nicht zum österreichischen Europäer erzogen, so wie das Franz Huter nach 1945 jedenfalls dachte, sondern zum EU-Regionaltiroler hinabgedrückt. Es wird der Mythos einer regionalen Einheit geschaffen, der Mythos von angeblich historischen, kulturellen Gemeinsamkeiten, die früher in einer idyllischen Ära existiert haben sollen, und alles ist wie zufällig zum Vorteil des deutschen Kapitals. Dieses verfolgt nicht bloß ökonomische, sondern auch politische Interessen. Heute fragen sich die Elsässer, welchem Land sie in Anbetracht der immer mehr von Deutschland beherrschten Wirtschaft eigentlich angehören und werden mit einem Geschichtsbild konfrontiert, das von der Wiedervereinigung der Region in Erinnerung an die Wilhelminische Annexion spricht. Was hat das mit der Tiroler Landesgeschichte zu tun? Der 1994 (Innsbruck) erschienene Band 295 der früher von Franz Huter herausgegebenen Schlern-Schriften umschließt sieben Vorträge zum Thema „Das Elsaß und Tirol an der Wende vom Mittelalter zur Neuzeit" und ist dem Gedenken an Alfred Toepfer (1894-1993) gewidmet. Toepfer ist an der Universität bekannt durch seine Ende der 20er Jahre installierte Stiftung zu Hamburg und als großzügiger Gastgeber in eigenen Gästehäusern in der Lüneburger Heide. Weniger bekannt sind seine Rolle als Regionalisierungsspezialist unter europäischer Tarnung der Nazibesatzer[187] und die Umstände der Anhäufung seiner Nachkriegsgewinne. Zwischen den heutigen Organisatoren der Euro-Regionen und dieser Tradition sind eindeutige Beziehungen. Sie reichen an der Universität zurück in die fünziger und sechziger Jahre, als sich hier der Deutsche Freundeskreis wieder niederließ und die symbolische Kraft universitärer Symbole eilfertigen Professoren abkaufte. So erhielt 1966 der im Umkreis von Reichsführer SS Himmler tätige Unternehmer Fritz Kiehn (1885-1980) trotz eindeutiger Warnung von seiten des Präsidenten des Bundesverfassungsgerichtes zu Karlsruhe Dr. Gebhard Müller die Würde eines Ehrensenators.

Die „Geschichte der EU-Region Tirol" verdrängt also die „Österreichische Geschichte" aus dem Universitätsleben. Im Rahmen der Mittelalterlichen Geschichte und von beliebigen Segmenten Neuerer Geschichte lassen sich Regionen besser mystifizieren. An den akademischen Geschäften der Gegenwart spiegelt sich also auch die Degradation von Lehre und Forschung der „Österreichischen Geschichte" wider.

Das Leitbild „Europa Region Tirol" korrespondiert mit dem Ausstieg aus dem konkret geschichtlich-gesellschaftlichen Zusammenhang und mit der Anerkennung eines Schicksals, dem sich die Menschen zu beugen haben. Jene an der Universität tun sich dabei mit ihren Privilegien leicht. Georg Lukács beschreibt 1933 in seinem „Grand Hotel Abgrund" den relativen materiellen und geistigen Komfort, den die Bourgeoisie ihren ideologischen Handlangern bietet. Dadurch verstärkt sie die Illusion der Unabhängigkeit, die Illusion der eigenen Opferbereitschaft, des Über-den-Klassenstehens überhaupt.[188] Georg Lukács hat nichts von seiner Aktualität verloren.

187 Konkret 7/98, Zu Protokoll, 32-35.
188 Revolutionäres Denken – Georg Lukács. Eine Einführung in Leben und Werk. Hg. von Frank Benseler. Luchterhand 1984, 179-224.

XIII. Anhang

Dokument Nr. 1

1923 11 07. Innsbruck. Hermann Wopfner beurteilt als Erstreferent die Dissertation „Die Grundherrschaften des Tales Schnals" von Franz Huter. Dem schließt sich Harold Steinacker in seiner gutächtlichen Äußerung am 10. November 1923 an.

Original. Folio. Maschineschriftliches Gutachten von Hermann Wopfner mit eigenhändiger Unterschrift. Handschriftlicher Zusatz von Harold Steinacker.

Die Arbeit bildet einen für sich abgeschlossenen Teil einer größern, der Besiedlung eines Hochalpentales gewidmeten Untersuchung. Äußere Umstände, Schwierigkeiten, welche den Südtiroler Studenten bei Fortsetzung ihrer Studien in Innsbruck erwachsen, hinderten den Verfasser, die ganze Arbeit, zu der bereits sehr ausgedehnte Vorarbeiten gemacht wurden, vorzulegen.

In der vorliegenden Untersuchung geht der Verfasser vor allem der Geschichte der Grundherrschaft im Tal Schnals nach: Ausdehnung des grundherrlichen Besitzes und dessen Bewirtschaftung, Entstehung der einzelnen Grundherrschaften, Art ihrer Wirtschaftsführung, Verhältnis zwischen Grundherrschaft und Zinsleuten, namentlich Gestaltung des Leiherechtes werden eingehend behandelt.

Die Gründlichkeit, mit welcher der Verfasser zu Werke geht, ist mit besonderm Lob hervorzuheben, namentlich, da es sich ja um eine Erstlingsarbeit handelt. Aus diesem Streben zu wohl begründeten Ergebnissen zu gelangen, hat der Verfasser den zum Ziele führenden, aber mühsamen Weg eingeschlagen, die Geschichte der Besiedlung auf eine so eingehende Untersuchung der grundherrschaftlichen Verhältnisse aufzubauen. Das Vorgehen des Verfassers weist namentlich in der Hinsicht eine sehr wertvolle Eigenart auf, als er durch genealogische Untersuchung des ältesten, in Schnals begüterten grundherrlichen Geschlechtes das Dunkel der ältesten Siedlungsgeschichte aufzuhellen sich bemüht. Geistige Selbständigkeit erweist der Verfasser nicht bloß in den Ergebnissen seiner Untersuchung sondern auch in der Methode der Forschung. Ebenso läßt die Art, wie er den archivalischen Quellen nachgeht, überlegtes, methodisches Vorgehen erkennen.

Die Arbeit stellt auch in ihrer gegenwärtigen Beschränkung einen wertvollen Beitrag zur alpinen Wirtschaftsgeschichte dar und berechtigt durchaus die Zulassung des Verfassers zu den strengen Prüfungen. Plumeshof, 7. November 1923. H. Wopfner m.p.
Ich schliesse mich dem vorstehenden Antrag und seiner Begründung an. An der Arbeit ist nicht nur die planmässige und weitausgreifende Sammlung des archivalischen Stoffes, sondern auch das kritische Eingehen auf die Beschaffenheit der Überlieferung mit ihren Lücken und Zufälligkeiten erfreulich. Bei einer Drucklegung wird es sich empfehlen, die in die Beilagen aufgenommenen Texte mit einem Kopfregest zu versehen und die jetzt am Schluss zugefügten Provenienzangaben, Beschreibungen, Altersbestimmungen usw. zu ergänzen und in die übliche Form zu bringen. Innsbruck 10. Nov. 23 H. Steinacker m.p.

Dokument Nr. 2

Franz Huter berichtet an die Historische Kommission des Tiroler Landesmuseums Ferdinandeum über die Arbeiten an der Ersten Lieferung des Tiroler Urkundenbuch.

Dokument Nr. 2/1

1926 02 16. Innsbruck. Franz Huter berichtet über die am Apparat der historischen Kommission des Ferdinandeum in der Zeit vom 5. bis zum 16. Februar 1926 vorgenommenen Ordnungsarbeiten und die getroffenen Vorbereitungen für den ersten halben Arbeitsmonat (15. Februar - 1. März 1926). Honorierung erfolgte ab 15. Februar 1926.

Typoskript. Eigenhändige Unterschrift. Handschrifliche Zusätze von Otto Stolz. Tiroler Landesmuseum Ferdinandeum.

Dem Mitarbeiter wurden bisher eingeantwortet: der von Prof. Heuberger angelegte Regestenapparat, die Abschriftensammlung der historischen Kommission (nur z.t. chronologisch geordnet), Auszüge aus dem Repertorium Röggls über das Trientner Domkapitelarchiv und aus dem Hippolitis über das Hochstiftsarchiv, endlich Auszüge aus den in der Biblioteca comunale di Trento befindlichen Handschriften (alle diese Auszüge verfertigt von Prof. Heuberger).

Da die nächste Zeit den Mitarbeiter auch nach Trient führen soll, versuchte er sich zunächst an Hand der Regesten Prof. Voltelinis und Neugebauers und der Regesten und Abschriften Prof. Heubergers einen Überblick über das urkundliche Material des Trientner Domkapitelarchivs, so weit es seinerzeit in Innsbruck lag und nun dem Trientner Staatsarchiv einverleibt ist, zu verschaffen und jene auf Deutschsüdtirol bezüglichen Stücke festzustellen, die einer Kopierung noch bedürfen. Dabei ergab sich, dass von etwa 225 seinerzeit in Innsbruck befindlichen Stücken 52 auf Deutschsüdtirol Bezug nehmen. Davon sind durch Abschriften im Apparat der hist. Kommission bereits erledigt: 6 Stücke (deren 3, durchwegs ältere, nämlich von 1182, 1202 u. 1205 gelegentlich zu kollationieren wären); ferner sind erledigt: 10 weitere Stücke, denen nur gewisse Stellen oder Zeugennamen im Wortlaute zu entnehmen sind, durch Regesten Prof. Heubergers; es verbleiben 11 Stücke, denen ebenfalls nur gewisse Stellen und Zeugennamen im Wortlaut entnommen werden müssen, und 25 Stücke, die ganz zu kopieren sind, wovon allerdings 5 Stücke urbarielle Aufzeichnungen und eines ein Archivinventar betreffen, sodass auch aus ihnen nur gewisse Stellen in Betracht kommen werden. Darüber hinaus dürften, wie mir Prof. Voltelini mitteilt und wie aus Aufzeichnungen Prof. Heubergers hervorgeht, die er vor seinen Reisen nach Trient über eingezogene Erkundigungen machte, wohl einige Stücke aus dem seinerzeit bei der Auslieferung des Kapitelarchivs nach Innsbruck in Trient zurückgebliebenen Teile des Domkapitelarchivs für das Urkundenbuch in Betracht kommen.

Zugleich versuchte der Mitarbeiter, sich an Hand der Archivberichte einen Überblick zu verschaffen über die in den Kirchen, Gemeinden- und Schlossarchiven Deutschsüditrols liegenden Urkunden vor 1300 und festzustellen, inwieweit schon Abschriften davon vorhanden sind. Dabei musste festgestellt werden, dass nur ganz vereinzelte Stücke in wortgetreuen Abschriften vorliegen und dass nach den Archivberichten, die bekanntlich das Material durchaus nicht vollständig verzeichnen, mindesten gegen 400 Stücke zu kopieren sind - die grossen Klosterarchive von Marienberg, St. Clara in Brixen und Innichen, das Dornsberger Archiv nicht eingerechnet, wohl aber das von Dr. Marsoner entdeckte Spitalsarchiv von Bozen mitgezählt. (Diese genannte Archive kommen vorderhand nicht in Frage.)

Begonnen wurde die Scheidung der Urkundenabschriften des Apparats in solche, die nur auf Welschtirol Bezug haben und in jene, die für die Edition des Südtiroler Urkundenbuches in Betracht kommen. Diese Scheidung wurde bis zum Jahre 1200 incl. chronologisch durchgeführt, auch unter Einbeziehung der von Prof. Heuberger besorgten Abschriften von Urkunden verschiedenster Provenienz, die bisher in den Apparat der früher schon bestehenden Abschriften noch nicht eingereiht worden waren. Und zwar wurden dem Faszikel „Deutsch-Südtiroler Urkundenbuch / von Otto Stolz mit der Einfügung durchgestrichen: Die Aufschrift möge lauten: Urkundenbuch des deutschen Etschlandes. A. Anteil des Bistums Trient./ bis 1200" einverleibt: sowohl Stücke, welche in ihrer Gänze zum Abdrucke kommen werden, wie jene, die nur mit Regest und den bezüglichen Stellen werden aufgenommen werden.

Innsbruck, am 16. Feber 1926. Huter m.p.

Gesehen Stolz m.p.

Dokument Nr. 2/2

1926 03 29. Innsbruck. Franz Huter berichtet über die in der Zeit vom 15. Februar bis 1. April 1926 für das Urkundenbuch des deutschen Etschlandes vorgenommenen Arbeiten.

Typoskript. Eigenhändige Unterschrift. Handschriftliche Anmerkung von Otto Stolz. Tiroler Landesmuseum Ferdinandeum.

Der Mitarbeiter reiste nach Erledigung der dringendsten Vorarbeiten (vgl. Bericht I.) am 18. Feber nach Südtirol. Er erledigte zunächst das Bozner Stadtarchiv (5 Stücke), das Neumarkter Kirchenarchiv (1 St.) und das Kalterer Dekanatsarchiv (Vigiliusbrief und 4 Stücke). Dann führte ihn ein Auftrag zu historischen Erhebungen in Langtaufers (von anderer Seite) in den oberen Vinschgau. Bei dieser Gelegenheit versuchte er vergeblich zweier Stücke des Glurnser Stadtarchives habhaft zu werden. Trotz regster Bemühungen und Rücksprache mit alten und neuen Bürgermeistern war der ältere Teil des Archivs nicht mehr aufzufinden. Im Vorbeigehen wurde dann das Burgeiser Kirchenarchiv erledigt und auf dem Rückwege vom oberen Vinschgau das Kirchenachiv Göflan ausgeschöpft (1 und 4 Stücke). Grössere Zeit nahm dann die Anfertigung von Abschriften im Bozner Kirchenarchiv (Propstei) in Anspruch (9 Stücke), da die dortigen Urkunden durch Feuchtigkeit (im Gefolge des Bombenwurfes von 1918) sehr gelitten haben. Doch glaubt der Mitarbeiter sein Möglichstes zur Lesung dieser Stücke getan zu haben. Die Benutzung des Payersbergischen Archivs (Zwölfmalgreien) wurde sichergestellt.

Nach Innsbruck zurückgekehrt widmete sich der Mitarbeiter (ab 20. III.) dem Fortgang der Ordnungsarbeiten am historischen Apparat. Die Einreihung der für das Tiroler Urkundenbuch im jetzt geplanten Sinne in Betracht kommenden Stücke in die Abteilung „Urkundenbuch des deutschen Etschlandes" ist nun bis 1253 durchgeführt.

Der Mitarbeiter beabsichtigt in den nächsten Tagen diese Ordnungsarbeiten bis 1300 zum Abschluss zu bringen und sich dann wieder nach Südtirol zu begeben. Sein nächstes Ziel ist - zum Abschluss seiner eigenen Arbeit über das Tal Schnals - das Schlossarchiv zu Kasten (Galsaun), dessen ältere Stücke fast ausschliesslich auch für das Urkundenbuch (Trientner Anteil) in Betracht kommen. Ferner wird er, von Baron Fuchs mit der Ordnung und Verzeichnung der in Obermais verbliebenen älteren Stücke des Dornsberger Archivs betraut, auch hier die für das Urkundenbuch in Betracht kommenden Stücke zu kopieren versuchen. Ausserdem sollen den Mitarbeiter diese Arbeitswochen, die er bis in den Juli auszudehnen gedenkt, auch nach Trient führen (Domkapitelarchiv). Als Abschluss ist, wenn noch möglich, an die Erledigung des Grieser Stiftarchives und des Tisner Pfarrarchives gedacht. - Der Mitarbeiter hat sich dieses Programm festgelegt unbeschadet der Erledigung einzelner Stücke in kleineren Archiven.

Innsbruck, 29. März 1926 Dr. Franz Huter m.p.

Gesehen 29. III. Stolz m.p.

Dokument Nr. 2/3

1926 05 15. Bozen. Franz Huter berichtet über die in der Zeit vom 15. März bis 15. Mai 1926 für das Urkundenbuch vorgenommenen Arbeiten.

Typoskript. Eigenhändige Unterschrift. Handschriftliche Anmerkung von Otto Stolz und Karl Inama von Sternegg. Tiroler Landesmuseum Ferdinandeum.

Der Mitarbeiter hat die Ausscheidung der für das Urkundenbuch des deutschen Entschlandes in Betracht kommenden Stücke aus der bereits vorhandenen Abschriftensammlung nun vollständig durchgeführt. Was nach 1270 an Abschriften vorhanden ist, ist verschwindend wenig. Das Material von 1254 - 1270 besteht in der Hauptsache aus Abschriften Hofrat Voltelinis (Trientner Hochstiftsarchiv und Wiener Staatsarchiv Repertorien I, VI u. VII).

Wie seinerzeit über das Trientner Domkapitelarchiv so suchte sich nun der Mitarbeiter auch bezüglich des Hochstiftsarchives einen Überblick über die bereits vorhandenen und noch fehlenden, auf den deutschen Anteil bezüglichen Stücke zu verschaffen. Das war bis 1253 auf Grund des von Prof. Heuberger angelegten Auszuges aus Hippolitis Repertorium möglich. Daraus ergab sich, dass etwa 50 Stücke noch ausständig sind. Diese Zahl dürfte sich aber praktisch verringern, weil doch angenommen werden darf, dass das Archiv seit der Anlegung des Repertoriums durch Hippoliti Verluste erlitten hat. Es dürfte sich hier übrigens ausschliesslich um Stücke handeln, die bisher in Innsbruck gelegen haben, während die in Wien gelegen habenden Stücke bis 1270 in den Abschriften Hofrat Voltelinis ziemlich vollständig vorliegen dürften. Für die Zeit von 1254 - 1300 war eine derartige Kontrolle unmöglich, weil Prof. Heubergers Auszug aus Hippoliti nur bis 1253 reicht. Es blieb nichts anderes übrig als die bereits in Abschrift vorhandenen Stücke nach Datierung und Lagebezeichnung zu notieren, um dann bei der Copierungsarbeit in Trient diese Stücke übergehen zu können. Im Übrigen ist die Abschriftenarbeit für die Stücke des Trienter Hochstiftsarchivs, soweit sie in Innsbruck lagen, ab 1253, soweit sie in Wien gelegen haben, ab 1270, noch ganz zu leisten.

Der Mitarbeiter ist am 14. April wieder nach Südtirol eingereist. Er hat in den folgenden 4 Wochen das Grieser Stiftsarchiv (6 Stücke, 1 Stück: 1295 Weinstiftung für Kloster war leider unauffindbar) und das Payersberger Familienarchiv in Bozen − Dorf (44 Stücke) /Nachtrag am Schluß der Seite) *Urkunde v. 1244 Feber 28 unauffindbar, fehlt bereits im Urkundenverzeichnis Dr. v. Braitenbergs, Archivberichte I 578 ist wohl mit Archivberichte IV. Nachträge nr. 339, I, 679 mit I, 583, I, 1581 mit I, 588, I, 584 mit I, 592 identisch! erledigt, womit seine Arbeitsverpflichtung für den ganzen Mai bereits erfüllt ist (täglich ca 4 Stunden - 120 Stunden, entspricht 45 Arbeitstage, 15. IV.-1.VI.1926).

Aus der Copierung von Urkunden des Dornsberger Archives, die jetzt in Mais liegen, ist leider nichts geworden, weil der Besitzer, Herr Baron Fuchs, sich die aus der Registrierung und Ordnung des in Mais zurückgebliebenen Teiles dieses Archives erlaufenden Kosten dadurch zu ersparen hofft, dass er auch diesen nach Innsbruck ans Staatsarchiv verfrachtet, wo er auf Grund der Zusage weil. Michael Mayrs unentgeltlich registriert und geordnet werden soll. Für die Zwecke der hist. Kommission ist das kein Schaden. Es können dafür andere wichtige Bestände früher aufgenommen werden und die Kommission kann die Arbeiten in Südtirol selbst früher zu Ende führen.

Der Mitarbeiter fährt dieser Tage nach Galsaun (Schlossarchiv Kasten) zum Zwecke eigener Arbeiten, wird aber dabei auch die für das Urkundenbuch aus diesem Archiv in Betracht kommenden Stücke mitnehmen. Der Juni soll dann ausschliesslich Arbeiten im Trientner Archiven gewidmet sein.

Schliesslich erlaubt sich der Mitarbeiter um die Ermächtigung zu bitten, diplomatisch interessante Stücke für Zwecke des Urkundenbuches auf Kosten der Kommission photographieren lassen zu dürfen. Zunächst möchte er da 2 Stücke aus dem Grieser Stiftsarchiv vorschlagen: 1. die Urkunde Bischofs Konrad v. Trient v. 1199 (Not. Instr. mit Besiegelung) u. 2. die Urkunde Bischof Gerards v. 1224 (Ausstattung der Kaiserurkunden). Es handelt sich hier um Urkundentypen, deren Beigabe im Bilde dem Urkundenbuch förderlich sein dürfte. Der Mitarbeiter hat einen guten Amateurphotographen gefunden, der die Sache mit Lust und Liebe und um billiges Geld herstellen würde (Lire 5.- ohne, Lire 15.- mit Vergrösserung).

Bozen, den 15. Mai 1926 Dr. Franz Huter m.p.

Gesehen Stolz m.p. 27.7.

Gesehen Inama m.p. 30.7.

Dokument Nr. 2/4

1926 07 24. Innsbruck. Franz Huter berichtet über die Arbeiten am Urkundenbuch für die Zeit vom 15. Mai bis 15. Juli 1926.

Typoskript. Eigenhändige Unterschrift. Handschriftliche Anmerkung von Otto Stolz und Karl Inama von Sternegg. Tiroler Landesmuseum Ferdinandeum.

Der Mitarbeiter weilte vom 12.-21. Mai auf Schloss Kasten (bei Castelbell i. Vinschgau) und erledigte (auch zum Zwecke eigener Arbeiten) das dortige Archiv der Herren von Schlandersberg. Für das Urkundenbuch fielen ab: 6 Abschriften und 5 Regesten (diese letzteren aus glücklicherweise ziemlich ausführlichen und, wie die Überprüfung der Auszüge an noch vorhandenen Originalen ergab, verlässlichen Urkundenauszügen des 18. Jh.).

Die bereits für Anfang Juni in Aussicht genommene Abreise nach Trient verzögerte sich wegen verspäteren Einlaufens der Bewilligungen zur Archivbenutzung bis Mitte Juni. In dieser Zwischenzeit wurde auf einem

Sonntagsausfluge die einzige ältere Urkunde des Deutschnofener Kirchenarchivs mitgenommen.

Vom 18. Juni bis 15. Juli (durch 28 Tage) arbeitete der Mitarbeiter den
einst in Trient zurückgebliebenen Teil des Domkapitelarchivs auf (früher
in der Dompropstei aufbewahrt, jetzt im fb. Gymnasium). Dieses bisher
fast unerforschte Archiv beherbergt den grössten Teil des Domkapitelarchivs und der seinerzeit nach Innsbruck abgelieferte und jetzt wieder
nach Trient zurückgekehrte (ins Staatsarchiv) Bestand ist nur ein kleiner
Bruchteil des ganzen Domkapitelarchives. Auch das Archiv der Dompropstei ist jetzt räumlich mit dem Domkapitelarchiv vereinigt. Es enthält
neben dem eigentlichen Dompropsteiarchiv auch die älteren Archivalien
der der Dompropstei im 15. Jahrhundert inkorporierten Klöster San Lorenzo
und St. Anna in Sopramonte und des Leprosariums St. Nikolaus bei Trient.
Der Mitarbeiter hat auch diese Archive nach in Betracht kommenden Urkunden durchforscht u. einige der Sammlung einverleiben können.

Das Gesammtergebnis des Trientner Aufenthalts: 97 Stücke (62 Ab-
schriften u. 35 Regesten), davon etwa die Hälfte aus der Zeit vor 1253.
Der Mitarbeiter hat seine Trientner Zeit durch das Entgegenkommen des
Mons. Zanolini, der das Archiv des Domkapitels verwaltet u. dem es zur
Ausbeutung überlassen ist, gut ausnutzen und täglich 8-9 Stunden den
Arbeiten für das Urkundenbuch widmen können. Zusammen mit den
Arbeiten in Schloss Kasten u. Deutschnofen hat er so die Arbeitsverpflich-
tung für die 3 Monate (Juni, Juli, August) erfüllen können.

Der Mitarbeiter hat betreffs der Fortführung der Arbeiten (im Trientner
Staatsarchiv) bereits Fühlung genommen und gedenkt im September, sobald die heisse Zeit vorüber ist, sich wieder nach Trient zu begeben und
die Domkapitelarchivbestände des Staatsarchivs (es dürfte sich hier um
etwa 2 Dutzend noch in Betracht kommende Stücke handeln) und vor
Allem das Hochstiftsarchiv aufzuarbeiten.

Innsbruck, 24. Juli 1926. Dr. Franz Huter m.p.
Gesehen! 27.7. Stolz m.p.
Gesehen 30.7. 26 Inama m.p.

Dokument Nr. 2/5

1926 12 23. Bozen. Franz Huter berichtet über seine in den Monaten
Oktober, November und Dezember 1926 vorgenommenen Arbeiten am
Urkundenbuch.

Typoskript. Eigenhändige Unterschrift. Tiroler Landesmuseum Ferdinandeum.

Der Mitarbeiter ist Ende September wieder nach Südtirol eingereist, um seine Arbeiten dort wieder aufzunehmen. Es galt nunmehr den Schätzen des Staatsarchives in Trient, nachdem mit dem Domkapitelarchiv dortselbst bereits im Juni - Juli ein guter Anfang gemacht worden war. Leider ergaben sich diesmal nicht so günstige Arbeitsbedingungen wie damals. Denn das Staatsarchiv war nur durch 5 Stunden täglich geöffnet, das Minimum, welches das Regolamento zulässt. Nur wenn der Direktor auf Dienstreisen war, war es möglich die Arbeitszeit um ein Stündlein zu erhöhen.

Der Mitarbeiter hat in 16 Arbeitstagen à 5 Stunden im Oktober, 21 Arbeitstagen im November und 8 Arbeitstagen im Dezember die Urkunden der Abteilungen Domkapitelarchiv und Hochstiftsarchiv (lateinische Abteilung) aufzuarbeiten oder doch zu einem gewissen Abschluss zu bringen versucht.

Der Abteilung Domkapitelarchiv wurden entnommen 12 Abschriften und 6 Regesten. Leider waren die noch von Voltelini als seinerzeit im Innsbrucker Staatsarchiv befindlich verzeichneten Stücke nr. 1, 3-17, 38, 39, 47, 66, 83, 95-119, 121-127, 129, 130, 131, und einige ausserdem von Dr. Neugebauer seinerzeit verzeichnete Stücke nicht auffindbar.

Das Hochstiftsarchiv wurde an Hand des Innsbrucker Hochstiftsarchivrepertoriums und des Wiener Repertoriums nr. VII. durchgenommen. Als vorläufige Ausbeute ergaben sich 102 Abschriften und 94 Regesten. Gerne hätte der Mitarbeiter vor dem endgültigen Abschluss der Bearbeitung dieses Archivbestandes alle bereits vorhandenen und nunmehr noch dazugekommenen Abschriften dieses Archivs nochmals gesichtet, um nicht doppelte Arbeit zu leisten. Leider verweigern ihm die italienischen Behörden ohne Angabe der Gründe die Ausreise. Auch eine kleine Illustration zur Minderheitenpolitik Italiens! So ist der Mitarbeiter genötigt die Güte des geschäftsführenden Mitglieds der Kommission in Anspruch zu nehmen und um baldige Beantwortung folgender Fragen zu bitten, was sich wohl nicht allzu mühsam an Hand des Heubergerschen Regestenapparats machen lässt.

/Fragenkatalog auf Seite 3 nicht überliefert./

Der Mitarbeiter hält es angesichts der immer unsichereren Verhältnisse geboten, mit der Sammlung des in Südtirol liegenden Materials sobald als möglich zu Ende zu kommen. Er hat nach dem vorläufigen Abschluss der

Arbeiten in Trient weitere 6 Arbeitstage à 8 Stunden der Kollationierung der im Feber d. J. in Kaltern erledigten Abschriften (verbunden mit photographischer Aufnahme des Vigiliusbriefes) und der Aufarbeitung des Schlossarchives von Brandis sowie der 2 Stücke des Marlinger Kirchenarchives gewidmet und Brandis und Marling 31 Abschriften (darunter einige in den Archivberichten nicht verzeichnete Stücke) und 4 Regesten nach Hause gebracht.

Nach den Weihnachtsfeiertagen hofft der Mitarbeiter auf Grund eines mit Dr. Marsoner /getroffenen Übereinkommens/ dessen Abschriften der Urkunden des Bozner Spitalsarchives mit ihm durchkollationieren zu können. Dann will er ausser dem Abschluss der Trientner Arbeiten an die Erledigung der restlichen Archive des deutschen Etschlandes (vor allem des Tisner Kirchenarchives) gehen.

Bozen, 23 Dezember 1926 Dr. Huter m.p.

Dokument Nr. 2/6

1927 02 18. Innsbruck. Franz Huter berichtet über seine im Jänner und in der ersten Hälfte Februar 1927 vorgenommenen Arbeiten am Tiroler Urkundenbuch.

Typoskript. Eigenhändige Unterschrift.

Der Mitarbeiter hat gleich nach den Weihnachtsfeiertagen auf Grund eines mit Herrn Dr. Marsoner, Leiter des Bozner Museums, der das Spitalsarchiv neu entdeckt hat, getroffenen Abkommens die Abschrift der 120 vor 1300 liegenden Stücke des Bozner Spitalsarchives in Angriff genommen. Herr Dr. Marsoner hatte die Abschriften dieser Urkunden bereits vor mehr als Jahresfrist angefertigt, in der Absicht, sie selbst zu publizieren, fand jedoch Niemanden, der ihm die nötigen Geldmittel dafür vorgestreckt hätte. Als dann der Mitarbeiter ihn mit der Bitte anging, die Abschriften der hist. Kommission für die Zwecke des Urkundenbuches zur Verfügung zu stellen, erklärte er sich dazu bereit unter der Bedingung, dass die Abschriften nur für diesen Zweck verwendet würden, während bei eventueller vorheriger publizistischer Verwertung seine Abschriften als Quelle zitiert werden müssten. Herr Dr. Marsoner hat dann in liebenswürdiger Weise selbst geholfen, einen Grossteil der Abschriften mit dem Mitarbeiter zu kollationieren. Die Kompletierung der Abschriften hat dann der Mitarbeiter fast ausschliesslich allein durchgeführt (Maße usw.). Da die Abschriften Dr. Marsoners doppelseitig angelegt waren und viele Stücke starke Correcturen aufwiesen, ergab sich die Notwendigkeit, sie reinzuschreiben, eine Arbeit, der sich der Vater des Mitarbeiters aus reinem Interesse für die Sache unter Anleitung des Mitarbeiters unterzog. (Maschinschrift). Der Mitarbeiter hat für Kompletierung und Kollationierung der Abschriften – ein Grossteil wurde, was bei der Anlegung der Reinschriften geboten schien, bereits mit Regest versehen – 90 Arbeitsstunden aufgewendet.

Anderweitige Gänge haben den Mitarbeiter nach Hafling und Tisens geführt und ermöglichten es ihm auch dort für das Urkundenbuch je 2 Stücke zu kopieren (4 Stunden).

Ab Ende Jänner weilte der Mitarbeiter neuerdings in Trient, um die Arbeiten am dortigen Staatsarchiv zu Ende zu führen. Auf eine bereits anfang Jänner an Prof. Stolz gerichtete Anfrage bezüglich einiger Urkunden des Hochstiftsarchivs, wegen deren Aufnahme der Mitarbeiter im Zweifel war, hat der Mitarbeiter in folge „Versagens" der italienischen Post keine Nachricht erhalten, obwohl Prof. Stolz umgehend zu antworten die Güte hatte. Glücklicherweise fand der Mitarbeiter, bis zum Einlangen der Antwort auf die neuerdings gestellte Anfrage, in der Trientner Stadtbibliothek unter dorthin verschlagenen Splittern des Hochstifts- und Domkapitelarchivs einige auf den deutschen Anteil des Bistums Trient bezügliche Stücke, auch 2 Stücke des Bozner Deutschordensarchivs fanden sich in dieser Sammlung. Insgesamt hat der Mitarbeiter in seinem letzten 14tägigen Trientner Aufenthalt (74 Stunden) 36 Vollabschriften und 15 Regesten gesammelt.

Als nächstes Arbeitsziel käme – nach Einordnung und Überprüfung der Vollständigkeit der Stücke aus dem Hochstiftsarchiv und einer eventuellen Nachlese am Trientner Staatsarchiv die Kopierung der restlichen Stücke des Tisenser Kirchenarchivs und einiger weniger später Stücke im Meraner, Maiser, Partschinser und Kuenser Kirchenarchiv in Betracht (würde etwa eine Woche Arbeitszeit in Anspruch nehmen). Ferner wäre mit Baron Fuchs wegen der alten, seinerzeit bei der Deponierung des Dornsberger Archivs im Innsbrucker Staatsarchive in Südtirol zurückgebliebenen Urkunden des Dornsberger Archivs Fühlung zu nehmen, von denen sich ein Teil auch auf den Trientner Anteil des Etschlandes (nicht nur des Churer Anteils) bezieht. Auch aus dem Archiv des Schlosses Trostberg, das Dr. Marsoner in den letzten Jahren neu geordnet hat, kommen einige Stücke für das deutsche Etschland in Betracht. Nach Mitteilungen

Dr. Marsoners sind die dort liegenden Stücke des 13. Jh. viel zahlreicher als auf Grund der Archivberichte scheinen möchte.

Ebenso kämen vereinzelte Stücke aus den Nonsberger Schlossarchiven in Frage, wie die bisher von Straganz publizierten Ladurnerregesten zeigen. Bezüglich der Ladurnerschen Sammlungen (Originale, Abschriften, Regesten) wird, bevor an die Druckfertigmachung des gesammelten Materials gegangen wird, unbedingt ein Abkommen getroffen werden müssen.

Wichtig sind auch die zahlreichen älteren Stücke des Gandegger Archivs, die wir nur von Ladurner her kennen und die nach den Archivberichten 1888 bereits nicht mehr in Gandegg lagen. Mit dem Besitzer des Schlosses, Grafen Khuen, müsste man sich, am besten wohl über seinen Archivar, Staatsarchivar Dr. Otto Brunner am H.H. u. St. A. in Wien, ins Einvernehmen setzen.

Endlich wäre über den Stand der Publikation der jetzt in der Bozner Staatsarchivfiliale liegenden Meinhardinischen Urbare (Gelt von Ulten und Tschars, Latsch, Glurns und Sarnthein) volle Gewissheit zu schaffen.

Innsbruck, den 18. Feber 1927 Dr. Huter m.p.

Dokument Nr. 2/7

1927 12 12. Innsbruck. Franz Huter legt einen Generalbericht über seine in der Zeit vom 15. Februar 1927 bis 15. Dezember 1927 vorgenommenen Arbeiten am Tiroler Urkundenbuch vor. Die Detailberichte für die Monate März bis April 1927 vom 28. April 1927 und für die Monate Mai bis August 1927 vom 12. August 1927 werden hier nicht abgedruckt.

Typoskript. Eigenhändige Unterschrift. Tiroler Landesmuseum Ferdinandeum.

Nach Sichtung, Ordnung und Registrierung des im ersten Berichtjahre gesammelten Materials unternahm der Mitarbeiter eine neue Sammelreise nach Südtirol, die sich über die Monate Mai, Juni, Juli und erste Hälfte August erstreckte. Es wurden dabei die Kirchenarchive v. Tisens, Partschins, Meran, Kuens und Mals erledigt, die Arbeiten am Trientner Staatsarchiv abgeschlossen (darunter die auf das deutsche Etschland bezüglichen Stücke des Codex Wangianus nach dem Druck bei Kink kollationiert), auch die einschlägigen Handschriften der Trienter Stadtbibliothek, soweit es sich ohne Zuhilfenahme des Regestenapparates machen liess, erledigt.

Ferner wurden gesammelt die in Betracht kommenden Stücke aus den Schlossarchiven von Brughiero, Dornsberg und Arsio, sowie - unter dankenswerter Beihilfe Dr. Marsoners - aus dem Schlossarchive Trostburg, das besonders reiche Ausbeute ergab, endlich aus dem Klosterarchive Marienberg und aus dem Archive der Generalgemeinde Fleims in Cavalese. Damit dürfte ausser einem Gang nach Altrei und einigen photographischen Aufnahmen in Marienberg die Sammlung des Materials in Südtiroler Archiven im Grossen und Ganzen erschöpft sein.

Der Rest des Sommers und die Herbstmonate wurden zur Einordnung und Registrierung des in den vorangegangenen Monaten gesammelten Materials, ferner zur Durchsicht des reichen, abschriftlichen Materials aus dem Nachlasse P. Justinian Ladurners benutzt; dem Verwalter dieses Nachlasses, P. Max Straganz, gebührt für die durch Prof. Wopfner vermittelte Erlaubnis zur freizügigen Benutzung desselben der besondere Dank der histor. Kommission. Ferner wurden hier zugängliche Originalurkundenbestände aufgearbeitet: so einige Stücke spaurischer Provenienz (aus dem Archive der Familie von Riccabona, vermittelt durch Hofrat v. Inama) und einige Stücke aus der Sammlung Oswald Zingerle (vermittelt durch Hofrat Reinhold v. Zingerle), ferner das gegenwärtig zum grössten Teile in Innsbruck befindliche Archiv des Schlosses Churburg (vermittelt durch Exz. Trapp), endlich die Originalurkundensammlung des Ferdinandeums selbst (einschliesslich Codex Wangianus maior) und die Abteilungen Parteibriefe und Pestarchiv des Staatsarchives (die drei letztgenannten Bestände vorläufig nur bis zum Jahre 1253), und begonnen und fast erledigt auch die Abteilung Schatzarchivurkunden.

Die Sammlung von Abschriften für das Urkundenbuch kann sich nunmehr Archiven ausserhalb Tirols zuwenden. Zunächst käme das Deutschordenszentralarchiv in Wien in Betracht, an welches hinsichtlich Versendung des Materials bereits herangetreten wurde, dann das nationalgermanische Museum in Nürnberg, das bischöfl. und Staatsarchiv in Chur und vor allem das Bayerische Hauptstaatsarchiv in München.

Innsbruck, 12. Dezember 1927 Dr. Franz Huter m.p.

Dokument Nr. 2/8

1929 02 14. Wien. Franz Huter berichtet über die im Jahre 1928/29 (bis einschließlich Jänner) vorgenommenen Arbeiten am Tiroler Urkundenbuch und seinen Arbeitsplan für 1929 (erstes Halbjahr).

Typoskript. Eigenhändige Unterschrift. Tiroler Landesmuseum Ferdinandeum.

Der Mitarbeiter hat sich im abgelaufenen Berichtsjahre in erster Linie der Gewinnung des im Münchner Hauptstaatsarchive verwahrten Materials aus den Archiven der bayerischen Klöster gewidmet. Auf zwei, im März und im Dezember 1928 in München verbrachten Urlauben zu je 14 Tagen wurden diese Klosterarchive einer systematischen Durchsicht nach tirolischen Belangen unterzogen. Und zwar wurden jeweils die ältesten Urbare zur Feststellung des tirolischen Besitzstandes herangezogen und dann die bezüglichen Einzelurkunden, Traditionsbuchstellen und in den Kopialbüchern enthaltenen Stücke verzeichnet. Auf diese Weise wurden folgende Archive geistlicher Institute durchgenommen: Altenhohenau, Altmünster, Attl, Au a. I., Augsburg-Hochstift, Augsburg - St. Ulrich u. Afra, Baumburg, Beiharting, Benediktbeuren, Bernried, Beuerberg, Biburg, Diessen, Ebersberg, Frauenchiemsee, Herrenchiemsee, Habach, Hohenwart, Münchsmünster, Polling, Raitenhaslach, Rott a. I., Rottenbuch, Scheftlarn, Scheyern, Schliersee, Seeon, Steingaden, Tegernsee. - Abgeschrieben wurde in München verhältnismässig wenig u. zwar wichtige Urbarstellen und Stücke aus wenig ergiebigen Kopialbüchern, deren Versendung sich nicht gelohnt hätte, oder Cimelien, wie der Pollinger Rotulus, dessen Versendung Schwierigkeiten gehabt hätte. Es kann am besten hier bemerkt werden, dass der Mitarbeiter z. T. auch bereits die zugehörigen Handschriften aus der Münchner Staatsbibliothek mitbenützt hat (Scheyern, Schliersee).-

Die Hauptverarbeitung des gewonnenen Materials führte der Mitarbeiter in Wien durch, wohin er sich eine grössere Reihe von Urkunden und Handschriften dank dem Entgegenkommen der Archivdirektionen von Wien und München schicken lassen konnte. Hand in Hand mit der Abschriftnahme ging die Verzeichnung der leicht zugänglichen Drucke und Regestenwerke (Mon. Boica, Regestenwerke), während natürlich die Vervollständigung dieser Angaben einer systematischen Durchsicht der Literatur vorbehalten bleiben muss. Dasselbe galt hinsichtlich der Datierung von undatierten Stücken (zahlreichen Traditionsbuchstellen), die viel besser beim Vorliegen des ganzen Materials einer Epoche (unter bes. Berücksichtigung der Zeugenreihen) vorgenommen werden kann. Weiter ist zu vermerken, dass die Abschriften aus dem Benediktbeuroner Traditionsbuch und dem Traditionsbuchfragment von Kühbach nach den guten Drucken Baumanns vorgenommen wurden, sie werden dann vor dem Druck oder im Druck noch mit dem Originale zu vergleichen sein. Ganz davon absehen wird man wohl beim Eichstätter Material (nur Brixner Anteil), das ja in Mon. Boica 49 modern gedruckt vorliegt.

Leider ist es dem Mitarbeiter nicht möglich gewesen, das in München verzeichnete Material ganz aufzuarbeiten und er dürfte bis zum Sommer noch mit der Bearbeitung desselben beschäftigt sein. Dafür hat er die Zwischenzeit zwischen den einzelnen Sendungen zur Aufarbeitung der Urkunden des Deutschordenszentralarchivs (vor 1253) benutzt und auch das Salzburger Urkundenbuch nach Tirolerstücken durchgenommen; eine systematische Durchsicht der Regesta Boica, die zugleich eine Kontrolle der Münchner Sammelarbeit sein soll, wurde begonnen. Desgleichen wurde der ältere Teil der neuerdings von Hofrat v. Voltelini der histor. Kommission überlassenen Urkundenabschriften (bis 1253) verzeichnet, soweit es sich nicht, was meist der Fall war, um bereits vorhandene Stücke gehandelt hat.

Alles in Allem hat das Berichtsjahr der Sammlung des Urkundenbuches einen Zuwachs von 17 Photos, 299 Abschriften und 140 Originalstellen im Regest gebracht. Darin sind die Abschriften Prof. v. Voltelinis und ist der Gewinn von ca. 70 Stücken aus dem Innicher Stiftsarchiv, worüber der Mitarbeiter getrennt schon berichtet hat, nicht eingeschlossen. Für den Innicher Aufenthalt hat der Mitarbeiter einen Teil seines Sommerurlaubes verwendet und er ist Herrn Dir. Moeser für die Überlassung eines wichtigen Fundbehelfes der Innicher Urkunden, der es ihm ermöglichte, das Archiv in verhältnismässig kurzer Zeit zu erledigen, daher besonders verbunden.

Als Arbeitsplan für das neue Berichtsjahr würde der Mitarbeiter Folgendes vorschlagen: Zunächst sollte das Münchner Material voll ausgeschöpft werden. Es kommen vor allem noch die Klöster Moosburg, Ottobeuren, Weyern, Weihenstefan, Wessobrunn und die Klöster und Hochstifter von Freising und Regensburg in Betracht. Für Freising, das ja sehr reiches Material birgt, ist die Arbeit durch den Druck des wichtigsten Traditionsbuches und die Arbeiten Zahns erleichtert, es kann also genügend vorbereitende Arbeit geleistet werden, damit der Münchner Aufenthalt damit nicht zusehr belastet wird. Dies umsomehr als Dir. Moeser dem Mitarbeiter breits zugesagt hat, dass er ihm seine Abschriften aus Bitteraufs Druck für Zwecke der hist. Kommission zur Verfügung stellen werde. - Andererseits wird es sich nicht umgehen lassen, den reichen Kaiserselekt (ab Heinrich IV.) und auch den bayer. Fürstenselekt des Bayerischen Hauptstaatsarchivs (letzterer dürfte allerdings fast nur für den Brixner Anteil in

Betracht kommen) systematisch durchzugehen.

Nicht unerhebliche Ausbeute dürften die zum grössten Teile aus den Brixner Archiven stammenden Extradenda des Münchner Hauptstaatsarchives ergeben, die, wie der Mitabreiter im Dezember v. J. erfuhr, gegenwärtig neu verzeichnet werden. - Ausser am Hauptstaatsarchiv wären auch auf der Staatsbibliothek eine Reihe von Handschriften, die dem Mitarbeiter bei der Bearbeitung der bayer. Klosterarchive aus der Literatur bekannt geworden sind und deren Zahl sich durch eine systematische Durchsicht des gedruckten Münchner Handschriftenkatalogs wohl noch vermehren liesse, zu bearbeiten. Darüber hinaus müsste auch die Bibliothek des histor. Vereins für Oberbayern, die ebenfalls geschichtl. Handschriften enthält, nach einschlägigem Materiale durchgegangen werden. Der Mitarbeiter würde dabei sicher auch auf freundliche Hinweise des Herrn Prof. Widemann (Verfasser des Registers zu den Regesta Boica) rechnen können, der übrigens auch um Erlaubnis zur Durchsicht seiner Collectanea angegangen werden müsste, aus denen ja auch Dir. Martin für seine Salzburger Regesten Nutzen gezogen hat. An dieser Stelle möchte der Mitarbeiter nicht versäumen, auf die neuerliche wertvolle Hilfe hinzuweisen, die er im Dezember in München durch Herrn Prof. Steinberger erfahren hat.

Zu diesem schon ziemlich ausgedehnten Münchner Programm tritt dann noch ein kleineres in Augsburg. Nach den Angaben von Prof. Schröder – Dillingen (Steichele – Schröder) befindet sich nämlich im dortigen Ordinariatsarchiv das Archiv des auch in Südtirol begüterten Klosters Irrsee und es scheint, dass sich dort auch noch ein Teil des Augsburger Hochstiftsarchivs versteckt hat. Sicher befinden sich dort handschriftliche Geschichten des Bistums Augsburg und des Klosters St. Afra (mit urkundlichen Belegen) von Placidus Braun und wahrscheinlich Abschriftensammlungen desselben, sodass sich, Alles in Allem genommen, eine Durchsicht des Archives wohl lohnen würde. Doch müsste man sich der Beihilfe Professor Schröders in Dillingen schon zu dem Zwecke versichern, um überhaupt in das Archiv hineinzukommen, was wie man hört nicht sehr leicht sein soll. – Als weitere Programmziele kommen dann noch Nürnberg (German. Museum) und Chur in Betracht.

Der Mitarbeiter würde die Zeit bis zum Juni der Aufarbeitung des im Dezember verzeichneten Materials und der Vorbereitung für die neue Münchner Reise widmen, wobei ihm allerdings freigestellt werden müsste, auf die Abschriftnahme des allein den Brixner Anteil betreffenden Malterials (soweit es sich nicht um Traditionsbuchstellen handelt), vorläufig zu verzichten. Ausserdem soll diese Frist der Vorbereitung für den Münchner Aufenthalt dienen und zwar in erster Linie zur Durchsicht des Zahnschen Codex Austriacus – die Abschriften Dr. Moesers aus Bitterauf würde ich mir nach Wien erbitten – und des gedruckten Münchner Handschriftenverzeichnisses (Staatsbibliothek). Auch wäre jetzt schon die Korrespondenz mit Prof. Schröder und auch mit Nürnberg zu führen. Für die Erledigung des Münchner Programms müsste der Mitarbeiter auf jeden Fall um einen Studienurlaub von mindestens vier Wochen einkommen. Natürlich lässt sich nicht sicher voraussagen, ob die Zeit auch für Augsburg reichen wird. Ein Urlaub von dieser Dauer dürfte sich mit Gesuch der histor. Kommission, das ja auch Hofrat Redlich von der Akademie aus unterstützen dürfte, nicht schwer erreichen lassen. –

Zum Schlusse erlaubt sich der Mitarbeiter noch in eigener Sache einige Sätze hinzuzufügen. Aus einem Briefe, in welchem der Geschäftsführer der histor. Kommission, Prof. Stolz, den Mitarbeiter um Zusendung des in diesem Jahre gesammelten Materials ersuchte, um es für seinen dritten Band der „Ausbreitung des Deutschtums in Südtirol im Lichte der Urkunden" und für eine Arbeit über die Schwaighöfe in Tirol durchzusehen, erscheint der Passus: „Bei der endgültigen Herrichtung zum Druck wird es (das Material) ja dann dem betreffenden Bearbeiter an seinen ständigen Aufenthaltsort wieder übergeben werden können." – Aus diesem Satze könnte man herauslesen, dass die histor. Kommission sich vorzubehalten gedenkt, wem sie die endgültige Herausgabe des Urkundenbuchs übertragen wird. Wenn schon der unterzeichnete Mitarbeiter nicht glauben kann, dass die histor. Kommission seine aus mehjähriger Mitarbeit erwachsenen Ansprüche auf die Übertragung der Herausgabe des Etschländer Urkundenbuches übergehen würde, so kann er doch nicht umhin diese Zweifel zu äussern und bittet die histor. Kommission, dieselben durch eine zusichernde Erklärung zu zerstreuen. Der unterzeichnete Mitarbeiter erlaubt sich dabei darauf hinzuweisen, dass die in verschiedener Hinsicht Verzichte erfordernde Sammelarbeit für derartige Publikationen für Jeden wissenschaftlich Strebenden nur dann eine Befriedigung bedeutet, wenn die Sammelarbeit durch die Herausgabe gekrönt erscheint; ganz abgesehen davon, dass für einen bisher Aussenstehenden das Hineinarbeiten in den Stoff viel Zeit und Mühe erfordert. Schliesslich darf der Mitarbeiter auch darauf verweisen, dass er sich nicht gescheut hat, Erholungsurlaubstage in den Dienst der Sache und seine eigenen darstellenden wissenschaftlichen Arbeiten zu Gunsten der Arbeiten am Urkundenbuch zeitlich zurückzustellen. Die vom Mitarbeiter unter äusserst ungünstigen Verhältnissen in Südtirol durchgeführten Sammelarbeiten der vergangenen Jahre ist schliesslich auch von der histor. Kommission anerkannt worden. Wien, den 14. Februar 1929 Dr. Franz Huter m.p.

Dokument Nr. 2/9

1930 04 08. Wien. Franz Huter berichtet über die Arbeiten am Tiroler Urkundenbuch im Jahre 1929 und sein Programm für 1930. Typoskript. Eigenhändige Unterschrift. Tiroler Landesmuseum Ferdinandeum.

Die Arbeiten am Tiroler Urkundenbuch sind im abgelaufenen Berichtjahre wieder ein gutes Stück vorwärts gekommen. In der Hauptsache wurde an der Gewinnung des im Münchner Hauptstaatsarchive (zum geringen Teile auch in der Staatsbibliothek) erliegenden reichen Materials der bayerischen Klosterarchive weiter gearbeitet. Es konnte nicht nur das während der Münchner Urlaubsaufenthalte im Jahre 1928 gesichtete Material in Abschriften dem Apparat einverleibt, sondern auch auf einem neuen 4 wöchentlichen Münchner Aufenthalt im Dezember 1929 das ganze restliche Münchner Material im Grossen und Ganzen festgestellt und z. T. auch bereits abgeschrieben werden. Es handelt sich hier in der Hauptsache um die bisher noch ausständigen Archive der Klöster St. Andrä und Neustift in Freising, Mossburg, Ottobeuren, St. Emmeran in Regensburg, Wessobrunn, Weihenstephan und Weyern und um die Archive der Hochstifter Bamberg, Freising und Regensburg. Letztere zwei waren besonders ergiebig. Dieses Pensum konnte nur deshalb erledigt werden, da sich der Mitarbeiter durch eine systematische Durchsicht der Regesta Boica genügend vorbereitet hatte. Eine Übersicht der Tirol betreffenden Urkunden vor 1300, welche 1806 aus dem in Innsbruck verwahrten landesfürstlichen (Schatz-) Archiv und Brixner Hochstifts- und Domkapitelarchiv nach München verschleppt worden sind, steht noch aus. Die Direktion des Münchner Hauptstaatsarchivs hat dem Mitarbeiter die Herstellung einer solchen Übersicht aus den nicht allgemein zugänglichen Extradendaverzeichnissen, wie sie vor dem Kriege dort für den internen Gebrauch angelegt wurden, durch einen Beamten des Archivs in sichere Aussicht gestellt.

Ferner wurde in München selbst – leider erfolglos – das Archiv des historischen Vereins für Oberbayern, soweit die vorhandenen Fundbehelfe ausreichen, untersucht. Glücklicher war der Mitarbeiter in Augsburg, wo er im bischöflichen Archiv einige wenige Stücke aus dem Klosterarchiv Irrsee und im Stadtarchiv ein anderes aus dem bischöflichen Archiv auffinden konnte. Auch mit der Verarbeitung des im Archiv des germanischen Nationalmuseums erliegenden Materials wurde begonnen. Da der Mitarbeiter den Münchner Aufenthalt vollauf beschäftigt war, konnte die usprünglich geplante Fahrt nach Nürnberg nicht durchgeführt werden. Doch hat die Direktion dieses Instituts dankenswerter Weise einen Grossteil des Materials nach Wien entlehnt, einige Stücke werden photographiert und der Rest soll noch nach Wien entlehnt werden, sodass der Mitarbeiter auch damit bald zu Ende zu kommen hofft. Die Zwischenpausen zwischen den Archivaliensendungen aus München und Nürnberg hat der Mitarbeiter zur Registrierung des späteren Teiles der der historischen Kommission von Hofrat Voltelini überlassenen Urkundenabschriften und zu den oben erwähnten Vorbereitungsarbeiten für München verwendet. Der Mitarbeiter hat dann endlich in der Woche nach Weihnachten 1929 während eines kurzen Urlaubsaufenthaltes in Südtirol das Klosterarchiv in Neustift aufgesucht und – ausser dem Traditionskodex – alle Einzelstücke vor 1300 verzeichnet. Sie sind so zahlreich, dass ihre Verarbeitung, auch wenn man nur den Text der schlechten Mairhoferschen Drucke überprüft und dann reinschreiben lässt, etwa 14 Tage brauchen wird. Natürlich sollten – es handelt sich grösstenteils um prächtige Siegelurkunden – von zahlreichen Stücken zumindest photographische Schriftproben genommen werden. Eine besondere Frage bildet das Traditionsbuch. Sein Studium – und es wird durchgeführt werden müssen, ob man nun das Buch als solches druckt oder die Einzelstücke in die beiden Serien des Urkundenbuches aufnimmt – ist natürlich besonders zeitraubend, und sollte unter Dazuhalten der anderen Ergebnisse der Neustifter Schreibstube durchgeführt werden. Endlich verbleiben, nachdem Chur durch die von Dr. Schadelbauer dort vorgenommenen Arbeiten erledigt erscheint, noch Kloster Münster und die späteren (nach 1253) Urkunden des Deutschordenszentralarchivs.

Für das Jahr 1930 wäre also die Abschriftnahme des in der Hauptsache festgestellten urkundlichen Materials, soweit es nicht schon im Abschriftenapparat vorhanden ist, vorgesehen und zugleich schwebte dem Mitarbeiter die möglichste Vervollständigung des Materials aus den vorgenannten, noch nicht oder doch noch nicht ganz durchgearbeiteten Provenienzen als Ziel vor.

Andererseits legt die zunehmende Schwierigkeit der Geldbeschaffung – die Schwierigkeit und Langwierigkeit von Urkundenbucharbeiten insbesondere regionalen Charakters scheinen noch immer nicht genügend gewürdigt zu werden – den Gedanken nahe, die Abschriftnahme der späteren Stücke zurückzustellen oder wenigstens nur nebenher zu betreiben und das Hauptaugenmerk auf die Bearbeitung und das Druckfertigmachen des Urkundenstoffes für eine erste Lieferung (etwa bis 1200) zu legen. Der Mitarbeiter möchte sich daher vorschlagsweise in diesem letzteren Sinne entscheiden.

Wien, den 8. April 1930. Dr. Franz Huter m.p.

Dokument Nr. 2/10

1930 10 31. Wien. Franz Huter berichtet über die Arbeiten zum Urkundenbuch in Neustift bei Brixen.

Eigenhändige Handschrift. Tiroler Landesmuseum Ferdinandeum.

Der Unterzeichnete hat sich auch heuer wieder vom Präsidium des Bundeskanzleramtes einen Studienurlaub – in der Dauer von 14 Tagen – erbeten. Es galt, bevor an die Veröffentlichung einer Ersten Lieferung des Urkundenbuches des deutschen Etschlandes geschritten wird, noch das Material des reichen Stiftsarchivs Neustift zu gewinnen. Wenn die Zeit gereicht hätte, wären auch noch die wenigen älteren Urkunden (13. Jh.) in St. Sigmund (Widum) und auf der Ehrenburg (Künigl) zu bearbeiten gewesen.

Die Arbeiten des Unterzeichneten erfuhren Förderung und Hemmnis zugleich. Förderung durch Archivdirektor Dr. Moeser, der in uneigennütziger Weise dem Unterzeichneten seine Photos (6) und Abschriften (22) sowie einige Notizen, die er vor Jahren aus dem Neustifter Archiv gesammelt hatte, für Zwecke der hist. Kommission überließ. Hemmnis durch den Neustifter Chorherrn Dr. Sparber, der gegen die Abschriftnahme des ganzen älteren Neustifter Materials Einspruch erhob, mit der Begründung, daß das Kloster selbst durch ihn und Chorherrn Schrott die älteren Geschichtsquellen bearbeiten und herausgeben lassen wolle. Der Unterzeichnete erreichte jedoch, daß er jene Stücke kopieren durfte, die sich auf Personen oder Orte im Bistum Trient beziehen. Hinsichtlich der übrigen Stücke vor 1300 mußte er sich mit der bloßen Verzettelung und Angabe der Signatur begnügen.

Um einen summarischen Überblick zu gewinnen, geht man am besten vom Druck des Neustifter Urkundenbuches von Mairhofer aus. Er enthält vor 1300 392 Stücke. Davon entfallen auf das Traditionsbuch (Cod. 1 des Neustifter Archivs) 278 Eintragungen, der Rest auf anders überlieferte Stücke, die Mairhofer fast ausschließlich aus Kopialbüchern (Cod. 2 des 13. Jh., der 3 bändige Cod. 5 des 15. Jh.) und nicht nach dem Original gedruckt hat. In Wirklichkeit sind von diesen 114 Stücken – nach meinen Feststellungen – 99 im Original erhalten und nur für 15 sind wir auf die Kopialbücher angewiesen. Dazu kommen noch 10 Originale von Stükken, die im Traditionsbuch abschriftlich eingetragen sind und von den angeführten 278 Stücken eigentlich in Abzug zu bringen wären. Über das Traditionsbuch und diese 109 Originale und 15 Kopialbuchstellen hinaus hat der Unterzeichnete noch 78 Einzelstücke (68 Originale, 10 Kopialbuchstellen) festgestellt, sodaß sich also die Gesamtzahl der vor dem Jahre 1300 liegenden und außerhalb des Traditionsbuchs überlieferten Stücke auf 202 (177 Originale + 25 Kopialbuchstellen) erhöht und die Summe der aus der Neustifter Überlieferung zu entnehmenden Stücke für die Zeit vor 1300 auf die stattliche Zahl von 470 Nummern beläuft.

Davon wurde bei dem diesmaligen Neustifter Aufenthalt das Traditionsbuch für die Bearbeitung nicht herangezogen. O. Redlich selbst hat verschiedentlich sein Bedauern ausgesprochen, daß er es nicht zusammen mit den Brixner Traditionsbüchern veröffentlicht hat. Es müßte aber auch jetzt noch als eigener Band der Acta Tirolensia herausgegeben werden; eine Aufteilung auf beide Urkundenbuchserien kommt nicht in Frage. Am besten wäre es wohl, es noch vor dem Urkundenbuch herauszubringen, da man sich dann in letzterem darauf ebenso knapp beziehen könnte wie auf die Brixner Traditionen. Doch würde diese Ausgabe wohl das Herauskommen des Urkundenbuches stark verzögern.

Von den außerhalb des Traditionsbuchs überlieferten Stücken waren schon durch Photos und überprüfte Abschriften von der Hand Dir. Moesers sieben Stücke gewonnen. Außerdem hat der Unterzeichnete bei seinem jetzigen Neustifter Aufenthalt 80 Stücke in überprüften Abschriften (samt Beschreibung) erledigt und auf 13 photogr. Platten (13#18) 7 Siegel und 28 Schriftproben sowie eine Vollaufnahme (Deutsches Stück v. 1294) reproduziert. Ferner sind zum größeren Teile nach dem Drucke bei Mairhofer (Huter), zum geringeren Teile nach Abschriften Ammanns (Moeser) 57 Stücke in Abschriften vorhanden, die noch der Überprüfung und Beschreibung an Hand des archival. Materials bedürfen. Vom Rest der Stükke (58) sind nur Zettelregesten vorhanden.

Die hiemit begonnenen Arbeiten am Neustifter Materiale würden also zur Vollendung noch einen etwa 4 wöchentlichen Aufenthalt in Neustift notwendig machen. Voraussetzung jeder weiteren Arbeit ist, daß Sparber seine ablehnende Haltung aufgibt. Hinsichtlich des Traditionsbuchs – das außerhalb obiger Zeitberechnung steht – dürfte mit ihm leicht zu reden sein, da er sich wegen der Schwierigkeiten, die eine solche Edition immerhin bietet, wie es scheint, nicht recht darüber traut. Die Sammelarbeiten für den Trienter Teil des Urkundenbuchs aber sind glücklicherweise, was Neustift anlangt, im Großen und Ganzen als abgeschlossen zu betrachten. Wien, den 31. Oktober 1930. Dr. Franz Huter m.p.

Dokument Nr. 2/11

1932 03 11. Wien. Franz Huter berichtet über die Arbeiten am Urkundenbuch im Arbeitsjahr 1931/32. Typoskript. Eigenhändige Unterschrift. Tiroler Landesmuseum Ferdinandeum.

Die Arbeiten am Tiroler Urkundenbuche sind im abgelaufenen Berichtjahre nach zwei Richtungen weiter verfolgt worden.

1. hat der Mitarbeiter durch das Entgegenkommen Dir. Moesers nun auch das Material aus den Klosterarchiven von Wilten und Georgenberg-Fiecht gewinnen können. Von den die Abteilung Deutsches Etschland betreffenden Stücken wurde Abschrift genommen, von den anderen Regesten angefertigt. Ausserdem hat der Bearbeiter im Klosterarchiv Neustift bei Brixen das dortige Traditionsbuch des Näheren einsehen und die auf das deutsche Etschland bezüglichen Stellen mit dem insb. hinsichtlich der Namenformen unverlässlichen Drucke im Neustifter UB. vergleichen können. Leider nicht möglich war ihm aber der ebenfalls für dieses Berichtsjahr in Aussicht genommene Besuch des Klosterarchivs Münster, da er auf seine Anfragen von der dortigen Stiftsvorstehung einfach keine Antwort erhielt. Er hat nun auf dem Wege über Prof. Wopfner – Domherr Caminada – Chur neuerdings Schritte eingeleitet, die ihm die Benützung dieses wichtigen Archivs, das auch schon für die erste Lieferung des UB. einige Stücke enthält, ermöglichen sollen.

2. hat sich der Bearbeiter im abgelaufenen Jahre weiter der Ausarbeitung des Manuscripts der ersten Lieferung (bis 1200) des UB. für das deutsche Etschland gewidmet, die etwa 500 Nummern umfassen soll.

Die Datierung der zahlreichen Traditionsnotizen der süddeutschen und einheimischen Klöster erwies sich als sehr schwierig und zeitraubend. Auch die Revision der Texte an Hand der leider sehr spärlich vorhandenen Potographien und der oft von verschiedenen Händen hergestellten Urkundenabschriften sowie die Einarbeitung der Literatur erforderte längere Zeit als der Bearbeiter voraussehen konnte. Auch musste das neugewonnene Material der oben genannten Klöster ebenfalls eingearbeitet werden. Der Bearbeiter möchte die Arbeiten an den Texten in den nächsten Wochen zum Abschlusse bringen und dann endgültig an die Ausarbeitung der Einleitung gehen, für die ihm die Provenienzlisten und viele Notizen bereits vorliegen. Im September möchte er das Archiv von Münster erledigen und das dortige Material bis 1200 noch rasch für die erste Lieferung mitverwenden. Er würde dann voraussichtlich bis Ende des Jahres Einleitung und Texte vorlegen, sodass dann im nächsten Jahre der Druck der ersten Lieferung durchgeführt werden könnte.

3. Der Bearbeiter hofft dieses Programm einhalten zu können, obwohl die Arbeiten von Mitte April bis Mitte Juni eine Unterbrechung erfahren müssen. Der Bearbeiter wurde nämlich vom Südostinstitut in München, das auch das UB. materiell unterstützt, beauftragt, die genaue Inventarisierung der Südtiroler Kirchenarchive in die Wege zu leiten und insb. einen geistlichen Herren, der dafür Interesse und auch Eignung zu besitzen scheint, soweit abzurichten, dass er dann die Arbeiten allein weiter führen kann. Der Bearbeiter glaubte sich diesem dringlichen Auftrage aus den verschiedensten politischen und wissenschaftlichen Rücksichten nicht entziehen zu sollen und sieht, da ihm auf seinen Antrag die Mittel für die photographische Aufnahme aller Urkunden vor 1450 in Aussicht gestellt wurde, den Hauptvorteil der Aktion in der Bergung wertvollen und bedrohten wissenschaftlichen Materials, das für die verschiedensten, nicht zuletzt auch für diplomatische Zwecke verwendet werden kann.

Der Bearbeiter hat bei der Revision der Texte für die erste Lieferung es besonders schmerzlich empfunden, dass ihm von den zahlreichen Stükken des Trientner Archivs keine Photographien zur Verfügung gestanden haben, die allein die vollständige Verlässlichkeit des Textes gewährleisten und die volle Ausnützung des Materials für die Geschichte des Urkunden- und Kanzleiwesens ermöglichen. Er möchte daher, wenigstens soweit das Material der Kirchenarchive in Betracht kommt, nunmehr Versäumtes nachholen und glaubt dadurch den Aufschub, den die Arbeiten am UB. erfahren, durch den Erfolg dieser Arbeit leicht wettmachen zu können.

Wien, den 11. März 1932. Huter m.p.

Dokument. Nr. 3

1937 10 23. Wien. Die von der Philosophischen Fakultät Wien eingesetzte Kommission, bestehend aus Dekan Alfred Himmelbauer (Professor für Mineralogie und Petrographie) als Obmann, Otto Brunner (Verfassungsgeschichte und Österreichische Geschichte) als Berichterstatter und aus Wilhelm Bauer (Österreichische Geschichte), Rudolf Egger (Archäologie), Hans Hirsch (Mittelalterliche Geschichte und Historische Hilfswissenschaften), Josef Keil (Alte Geschichte), Dietrich Kralik (Germanistik), Hans Sedlmayr (Kunstgeschichte), Heinrich Srbik (Allgemeine Geschichte) und Martin Winkler (Osteuropäische Geschichte) als Mitglieder, berichtet über die persönliche und wissenschaftliche Eignung von Franz Huter.

Original. Maschineschrift. Eigenhändige Unterschriften. Universitätsarchiv Wien.

I. Persönliche Eignung.

Dr. Franz Huter ist am 14. August 1899 zu Bozen in Tirol geboren und absolvierte die Gymnasialstudien am dortigen Gymnasium der PP. Franziskaner in den Jahren 1910-1917. Im März 1917 zum zweiten Regiment der Tiroler Kaiserjäger eingerückt und seit Jänner 1918 im Felde, war er an der Verteidigung des Pasubio beteiligt und wurde kurz vor der Katastrophe zum Fähnrich in der Reserve des eben genannten Regiments befördert. Am 3. November 1918 geriet er in Kriegsgefangenschaft, Ende Februar 1919 wurde er als Südtiroler aus derselben entlassen und konnte im Mai 1919 seine Hochschulstudien an der Universität Innsbruck beginnen. Er setzte sie 1920/21 in Freiburg im Breisgau, 1921/22 in Wien fort und kehrte dann nach Innsbruck zurück, um im Dezember 1923 mit einer Arbeit über die Grundherrschaften des Tales Schnals bei Hermann Wopfner zu promovieren. Im Frühjahr 1924 trat er in den Kurs des Österr. Instituts für Geschichtsforschung in Wien ein und legte im Juli 1925 die Staatsprüfung ab. Vom Herbst 1925 bis März 1928 volontierte er am Landesregierungsarchiv für Tirol in Innsbruck. Ende März 1928 trat er als wissenschaftlicher Beamter in das Haus-, Hof- und Staatsarchiv ein, wo er noch gegenwärtig als Staatsarchivar wirkt. Irgendwelche Umstände, die im Sinne der Habilitationsordnung als Hindernisse gelten könnte, sind nicht bekannt, auch betrifft die Venia ein Nominalfach der Philosophischen Fakultät, für das an allen österreichischen Universitäten o. und a.o.

Professoren ernannt werden. Es wird daher von der Kommission einstimmig beantragt, dass Dr. Franz Huter die persönliche Eignung für die Habilitation zuerkannt werde.

Wien, am 23. Oktober 1937.

A. Himmelbauer m.p. – Otto Brunner als Berichterstatter m.p. - Sedlmayr m.p. – J. Keil m.p. – Wilhelm Bauer m.p. – Srbik m.p. – R. Egger m.p. – Martin Winkler m.p. – Kralik m.p. – Hirsch m.p.

II. Wissenschaftliche Eignung

Dr. Franz Huter hat als wissenschaftliches Werk 18 grössere und kleinere wissenschaftliche Arbeiten im Gesamtumfang von 57 Druckbogen aufzuweisen. Von ihnen sollen nur die grösseren Arbeiten und die Habilitationsschrift näher gewürdigt werden.

Die Untersuchung über die Quellen des Messgerichtsprivilegs der Erzherzogin Claudia für die Bozener Märkte (1635), Bozener Jahrbuch für Geschichte, Kunst und Kultur 1927, 131 S., behandelt ein wichtiges Problem der Geschichte des Handels und des Handelsrechtes. Das 1635 geschaffene Gericht für die fremden, vornehmlich italienischen Kaufleute, die die Bozener Märkte besuchten, der Merkantilmagistrat, ist die erste derartige Einrichtung auf deutschem Boden und hat bald als Vorbild weithin gewirkt. Schon 1661 in Frankfurt a. M. als Vorbild eines dort zu errichtenden Messgerichtes empfohlen, wird die Bozener Ordnung zur Vorlage der Leipziger Handelsgerichtsordnung von 1682. Aber nicht nur die beiden führenden Messestädte des Reichs nahmen das Bozener Vorbild auf, auch die Schaffung eines Wiener Handels- und Wechselgerichts durch Kaiser Karl VI. legt das Bozener Vorbild zugrunde. So sind die Bozener Ordnungen zur geschichtlichen Grundlage des heute in Österreich geltenden Handels- und Wechselrechts geworden. Es muss von Interesse sein, den Quellen des Bozener Gerichtsprivilegs nachzugehen. Huters Untersuchungen führen zunächst auf die unmittelbaren Vorlagen; sie fanden sich in den hochentwickelten Handelsgerichtsordnungen der italienischen Messen, namentlich im Statut der Veroneser Wechselmessen, aber auch in den analogen Einrichtungen Genuas, Bolognias und Luccas. Daneben aber wirken französische Einrichtungen, namentlich sind die Ordnungen der Messen von Lyon und Besancon vorbildlich geworden. Beide aber, italienische wie französische Handelsrechtsordnungen, weisen in ihrem Ursprung auf die grossen internationalen Waren- und Geldmärkte des hohen Mittelalters, auf die Messen in der Champagne. So führt die Untersuchung über ihr engeres Thema zu weitreichenden Ergebnissen, die die geschichtlichen Wurzeln der österreichischen Handelsgerichtsbarkeit bis in ihre fernen Ursprünge aufzuhellen geeignet ist.

Als Mitarbeiter des Gesamtinventars des Haus-, Hof- und Staatsarchivs in Wien hat Huter die Biographien der Archivbeamten bearbeitet, die im Druck etwa 10 Bogen des 1936 erschienenen 1. Bandes einnehmen. Ist ein erheblicher Teil von ihnen, die wissenschaftlich nicht stärker hervorgetretenen Archivare behandeln, nur eine Zusammenstellung der wichtigsten Daten ihres Lebens und der amtlichen Laufbahn, so rundet sich eine grössere Zahl, die die bedeutenden Gelehrten, die an der Spitze des führenden österreichischen Archivs gestanden haben, behandeln, zu kleinen Monographien. Ich nenne die Biographien von Alfred v. Arneth, Josef Chmel, Josef v. Hormayr, Andreas v. Meiller, Michael Ignaz Schmidt und Gustav Winter. Im Ganzen haben wir einen wertvollen Beitrag zur Geschichte der österreichischen Geschichtswissenschaft und des österreichischen Archivwesens vor uns, der auch in jenen Teilen, die wesentlich Materialsammlung sind, einen dauernden Wert als gelehrtes Nachschlagewerk besitzt.

Den grössten Teil seiner freien Arbeitszeit hat Dr. Huter in den letzten Jahren der Sammlung und Bearbeitung der Urkunden seines Heimatlandes gewidmet. Den ersten Teil des von ihm gesammelten Materials hat er als ersten Teil des Tiroler Urkundenbuches: Die Urkunden zur Geschichte des deutschen Etschlandes und des Vintschgaues bis 1200, vorgelegt (1937, 390 S.). Der Bearbeiter hat dabei den Typus des landschaftlichen Urkundenbuches gewählt, d.h., er hat das gesamte Urkundenmaterial einer Landschaft gesammelt und bearbeitet und nicht ein institutionelles Urkundenbuch gegeben, in dem die Urkunden nach den Ausstellergruppen veröffentlicht werden. Damit ist Huter den schwierigeren Weg gegangen, da eine sehr weit zerstreute Überlieferung zu überblicken war und die Echtheitsfragen hier schwieriger zu lösen sind, da es sich um eine grosse Vielzahl von Stellen handelt, die das Beurkundungsgeschäft vollziehen. Das landschaftliche Urkundenbuch bietet aber den Vorteil, dass es das gesamte Material für alle an der geschichtlichen Landeskunde interessierten Wissenschaften in kritischer Bearbeitung vorlegt. Schon heute kann gesagt werden, dass die Sprachwissenschaft und insbesonders die Ortsnamenforschung erheblichen Nutzen aus Huters Veröffentlichung ziehen konnte.

Die Einzeluntersuchungen in den einzelnen Stücken sind im Urkundenbuch selbst an entsprechender Stelle gegeben. Eine grössere Untersuchung eines zur Geschichte Südtirols besonders wichtigen Stücks, das in der Hauptsache dem 9. Jh. entstammt, dem Vigiliusbrief von Kaltern, hat Dr. Huter in den Mitteilungen des Österr. Instituts für Geschichtsforschung Bd. 50 gegeben. Die Ergebnisse seiner Arbeit am Urkundenbuch hat Dr. Huter in seiner Untersuchung über das Südtiroler Urkundenwesen in der Zeitschrift „Tiroler Heimat" 7/8 vorgelegt. Hier werden sorgfältig die deutschen und rätoromanischen Grundlagen des Urkundenwesens dargestellt und der jüngere von Süden her einwirkende Einfluss der italienischen Urkunde untersucht.

Die Arbeiten Huters beschäftigen sich vorwiegend mit der Geschichte seiner Tiroler Heimat, aber sie führen doch alle weit darüber hinaus. Sie zeigen eine sichere Beherrschung sowohl der Methoden der Historischen Hilfswissenschaften, wie der Probleme der Rechts und Wirtschaftsgeschichte. Durch die Arbeit an der Geschichte seiner Südtiroler Heimat ergibt sich für den Habilitanden nicht nur eine eingehende Kenntnis der Österreichischen und überhaupt der Deutschen, sondern auch der Italienischen Geschichte. Auch die bei Habilitationen für das Fach der Österreichischen Geschichte geforderte Vorlage von Arbeiten sowohl zur mittleren wie zur neueren Geschichte Österreichs ist bei Dr. Huter gegeben. Liegt sein Hauptarbeitsgebiet auch im Mittelalter, so ist schon als wissenschaftlicher Beamter des Wiener Staatsarchivs Huter mit den Problemen der neueren Geschichte Österreichs voll vertraut. Da er, wie sich aus dem von ihm vorgelegten Vorlesungsverzeichnis ergibt, vor allem das Gebiet der Territorialgeschichte und der geschichtlichen Landeskunde zu pflegen beabsichtigt, würde seine Habilitation die sorgfältige Betreuung eines heute immer wichtiger werdenden Zweiges der Österreichischen Geschichte im akademischen Unterricht sehr erleichtern.

Die Kommission hat in ihrer Sitzung vom 23. Oktober 1937 einstimmig beschlossen, dem Kandidaten die wissenschaftliche Eignung zur Erlangung der Venia legendi für das Fach der Österreichischen Geschichte zuzuerkennen.

Wien, den 23. Okt. 1937

A. Himmelbauer m.p. – Otto Brunner als Berichterstatter m.p. – Srbik m.p. – R. Egger m.p. – Martin Winkler m.p. – Kralik m.p. – Hirsch m.p. – Sedlmayr m.p. – J. Keil m.p. – Wilhelm Bauer m.p.

Dokument Nr. 4

1940 07 20. /Wien/. Franz Huter macht grundsätzliche Bemerkungen zur Frage der Sicherung des Archivgutes aus Südtirol. Maschinegeschriebener Durchschlag. Eigenhändig abgezeichnet. Nachlaß Franz Huter. Universitätsarchiv Innsbruck.

Die Archivschätze Südtirols sind – entsprechend der frühen und intensiven Teilnahme des Landes an der Entwicklung der deutschen Gesamtkultur – außerordentlich reich und gehen bis ins 9. Jhd. zurück. Die Schriftdenkmäler, d. s. Urkunden, Briefe und Akten, sind von unseren Vätern und Ahnen selbst geschrieben oder in ihrem Auftrage verfaßt und niedergelegt worden und wir erheben daher Anspruch auf sie als auf einen Teil unseres Ahnenerbes im eigentlichen Sinne des Wortes. Für die Herkunft ist der heutige Aufbewahrtungsort ganz gleichgültig, d.h. wir erheben auch Anspruch auf die in den öffentlichen Archiven (des Staates, der Gemeinde) und in den Archiven der Kirchen und Klöster liegenden Schriftdenkmäler. Darüber hinaus gehören unsere Archivschätze dem ganzen deutschen Volke. Denn die Nation hat ein eminentes Interesse daran, daß ihre Kulturleistung in diesem Lande festgehalten und dargestellt wird. Die Archivalien sind aber eine Hauptgrundlage dieser Darstellung und mit die wichtigsten Zeugnisse dieser grandiosen Kulturleistung. Sie sind umso wertvoller als wir das Land selbst, seine Baudenkmäler und nicht zuletzt Wiesen und Felder und Anlagen aller Art, die für diese Kulturleistung den beredtesten und vor allem augenfällig sichtbarsten Beweis liefern, zurücklassen müssen. Es genügt uns nicht, die Archivschätze in der Betreuung der öffentlichen Hand hierzulande zu wissen. Denn selbst wenn wir nicht die schmerzlichsten Erfahrungen mit ungeahnten Benützungsschwierigkeiten gemacht hätten, wäre es für uns klar, daß ein anderes Volk und ein anderer Staat nicht das nötige Verständnis für den Nachweis der deutschen Kulturleistung haben kann und haben wird, umsomehr, als diese Leistung dem italienischen Anspruch auf dieses Land zwangsläufig widersprechen muß.

Es handelt sich also bei den Archivschätzen um deutsches Volksgut im eigentlichsten Sinne und seine Abtretung müßte – auf Grund des Optionsergebnisses – für Italien eine Ehrenpflicht sein, zumal sich dieses faschistische und uns so eng befreundete Italien auf denselben Grundlagen des völkischen Bekenntnisses und der völkischen Vergangenheit erhoben hat. Der Begriff deutsches Volksgut ist denn auch in die Verhandlungen zwischen den maßgebenden deutsch-italienischen Faktoren eingeführt und auch in den Besprechungen zwischen den höchsten Stellen immer wieder gebraucht worden. Mit ihm müssen wir weiter operieren, da er ideell und praktisch unseren Ansprüchen entgegenkommt. Es ist bezeichnend, daß der bekannte Publizist Senator Tolomei in seinem „Archivio per l'Alto Adige" gegen diesen Begriff sogleich Sturm gelaufen hat. Dieses Überbleibsel der liberalen Ära, das den Vorrang des Volkes vor dem Staat nie begreifen wird, und dieser alte Kritikaster seiner Regierung und Kulturreferent der Saboteure der Achsenpolitik von diesseits der Alpen, hat seinen Landsleuten als Schreckgespenst vor Augen gestellt, der Begriff des deutschen Volksgutes könnte dahin ausgelegt werden, daß alle in deutscher Sprache ausgefertigten Archivalien ausgeliefert werden müßten. Da würde dann z.B. der größte Teil des Bozner Staatsarchives und der Stadtarchive von Meran und Bozen verloren gehen, da – es ist zum ersten Male, daß dies von dieser Stelle eingestanden wird – der größte Teil der in diesen Archiven verwahrten Schriftstücke in deutscher Sprache abgefaßt sei. Diese Auslieferung nach diesem Gesichtspunkte würde zwar tatsächlich unsere Ansprüche in weitem Maße befriedigen, sie ist aber deswegen nicht annehmbar, weil sie gerade das ältere, sehr wertvolle urkundliche Material ausschließt. Bekanntlich ist auch in Binnendeutschland die deutsche Sprache in den Urkunden erst während des späteren 13. und im Laufe des 14. Jhd. gegenüber dem Latein durchgedrungen und in unserem Gebiete hat sich das Latein dank der Geltung des Notariatsinstruments, obwohl die Notare vielfach Deutsche (und zwar sehr oft aus dem Reich wie Dinkelsbühl, Frankfurt, Köln, München) waren, z.T. besonders lange erhalten.

Tolomei verhält sich gegenüber einer Archivalienauslieferung nach dem Grundsatz der Urkundensprache natürlich ablehnend und greift auf sein altes geographisches Prinzip zurück, das er worauf er ausdrücklich hinweist - schon auf der Pariser Friedenskonferenz von 1919 vertreten habe. Er prägt den Satz: „Alles was etschländisch ist, ist diesseits der Alpen; alles aber was diesseits der Alpen gelegen ist, ist italienisch". Wer sich heute in der Zeit engster deutsch-italienischer Waffenbrüderschaft, die dem gemeinsamen Kampf gegen die Pariser Vorortsverträge dient, auf diese Verträge beruft, richtet sich wohl von selbst. Zum Satz Tolomeis aber ist zu sagen, daß sein Autor die letzten Monate, insbesondere den Dezember 1939 verschlafen zu haben scheint. Denn wenn dem so wäre, wie er glaubt, dann gäbe es kein Umsiedlungsproblem und dann bräuchten wir uns mit den Südtiroler Archivalien erst gar nicht zu beschäftigen.

Unser Anspruch auf diese Archivalien ist also total, und es ist klar, daß er auf harten Widerstand stoßen wird. Er ist aber ideell so fest begründet, daß grundsätzlich von ihm keine Abstriche gemacht werden dürfen. Es wird gewiß Sturm gelaufen werden gegen die umfassende Anwendung des völkischen Kulturgutsanspruches auf ganz Südtirol und auf die ganze Zeit. Denn es war schon seit mindestens 1920 das Bestreben des Kreises um Tolomei, die deutsche Kulturleistung räumlich und zeitlich möglichst einzuschränken. Demgegenüber wäre festzuhalten, daß zu dem Zeitpunkt, da die Urkunden reicher zu fließen beginnen (Ausgang des 12. Jhd.), das Land schon größtenteils deutsch war, und daß die Nachkommen jener Landesteile, welche noch länger, ja z. T. bis heute, ihr Ladinertum (nicht Italienertum) erhalten haben, der deutschen Kultur zugehören und diese Zugehörigkeit erst jüngst durch ihr Optionsbekenntnis selbst erhärtet haben. Auf das Argument des wissenschaftlichen Interesses an den Archivalien wäre zu erwidern, daß die Archivalien in der neuen Heimat oder sonstwo in einem staatlichen Archiv des Reiches auch den italienischen Forschern im Rahmen der allgemein geltenden Bestimmungen zur Benützung freistehen werden. Voraussetzung dafür ist allerdings, daß diese Benützungsfreiheit auch von italienischer Seite für die zurückbleibenden, weil nicht auf volksdeutschem Boden liegenden und entstandenen Archive (wie z.B. die für die Darstellung der deutschen Kulturleistung sehr wertvolle Trientner Hochstifts-Archive) zugestanden wird. In dieser Richtung müßte jedes weitere Entgegenkommen vermieden werden. Entgegenzukommen ist nur in einer Richtung, u. zw. in der Befriedigung der Verwaltungsbedürfnisse, welche Staat und Gemeinde und die Rechtsnachfolger der Liegenschaften geltend machen können. Und zwar wäre hier mit dem wissenschaftlichen Grundsatz der Scheidung von historischem Archiv und Verwaltungsregistratur zu operieren. Verhältnismäßig einfach liegen die Dinge bei den Privat-Archiven. Sie sind gewöhnlich Familienarchive rein geschichtlichen Inhalts. Soweit älteres Schriftgut zur Verwaltung der Liegenschaften benötigt wird, verwahrt man es in der Regel nicht im Archiv, sondern im Original oder abschriftlich im Schreibtisch bei den Verwaltungsakten (Verwaltungsregistratur). Hier ist also die Scheidung meist praktisch von Natur aus gegeben. Es sollte also keiner Schwierigkeit unterliegen, daß diese Archive dem Umsiedler folgen, während die Verwaltungsregistratur dem Rechtsnachfolger verbleiben soll. Auch die Archive der Klöster sind durchaus historische Archive, sie sind schon nach dem Aufbewahrungsort von den Verwaltungsregistraturen (Wirtschaftsarchiven) dieser Anstalten vollkommen getrennt und das gleiche gilt von den zahlreichen Kirchenarchiven (Pfarrarchiven) in ihrem historischen Teil, der von den laufenden Verwaltungsakten (inkl. z. B. den die etwa noch gültigen geistlichen Stiftungen betreffenden Schriftstücken) gesondert aufbewahrt und eindeutig geschieden ist. Ebenso waren die historischen Stadt- und Gemeindearchive für den Bedarf der laufenden Verwaltung kaum mehr herangezogen, was sich auch darin zeigt, daß die historischen Archive zahlreicher Gemeinden im Staatsarchiv hinterlegt wurden.

Schwieriger ist die Lage bei den staatlichen Archiven. Hier handelt es sich vor allem um die große Masse der Gerichts- und Verfachbücher, die für viele Gerichte seit dem 16. Jhd. vorliegen und ein besonders wertvolles Kultur- und vor allem auch sippenkundliches Material enthalten, und um die Grundsteuerkataster und Transportbücher seit dem 18. Jhd. Wir können allerdings auch bei den Gerichts- und Verfachbüchern geltend machen, daß es sich in der Hauptsache um historische Materialien handelt, die wenigstens bis 1848 herauf für die laufende Verwaltung kaum mehr oder wenigstens nur in Ausnahmsfällen gebraucht werden. Ebenso darf behauptet werden, daß Steuerkataster (Hofbeschreibungen) und Transportbücher (Grundbesitzübertragungsevidenzbücher seit der Anlegung der Kataster) durch die Anlegung des Grundbuchs seit den 90er Jahren des vorigen Jhd. vielfach überholt sind, aber die Verwaltungspraxis dürfte hier darauf hinweisen, daß in Streitfällen doch öfters auf diese älteren Quellen zurückgegriffen werden muß. Hier könnte ein Entgegenkommen insofern gezeigt werden, daß man das jüngere einschlägige Material (ab 1848) noch einige Zeit (etwa bis 1970) für Verwaltungszwecke zurückläßt unter der Bedingung, daß dieses Material dann bis November 1918 heraus endgültig an das Reich ausgeliefert wird.

Htr m.p. 20./7. 40.

Dokument Nr. 5

1941 02 08. Bozen. Franz Huter schreibt seinen Lebenslauf.
    Maschinegeschriebener Durchschlag mit eigenhändigen handschriftlichen Ergänzungen. Personalakt Franz Huter. Universitätsarchiv Innsbruck.

Ich bin am 14. August 1899 in Bozen als Sohn des Anton Huter, Kaufmann, und der Regina Grünberger geboren. Mein Großvater stammt vom Pulserhof in Völseraicha (Eisacktal), der als Erbhof seit 1638 bis heute im Besitze unseres Blutes ist. Vorher, mindestens seit 1550 besaßen meine Ahnen den Trafsölerhof in Ums (ebendort). Meine Mutter stammt aus dem Schneider- und vor 1800 Müllergeschlechte der Grienberger, das vor 200 Jahren ebenfalls aus dem Eisacktale (Grienwergerhof in Latzfons bei Klausen) nach Bozen eingewandert ist. Die Huter sind Blutsverbindungen mit fast allen Völser Bauerngeschlechtern und in der letzten Generation mit den Weissenhorn aus Matsch im Vintschgau eingegangen, die Grünberger mit Geschlechtern der Boznergegend und in der Generation des Großvaters mit dem Brixner Hafnergeschlechte der Bacher, wodurch Blut der Bauerngeschlechter um Brixen in unsere Sippe geflossen ist.

Volks- und Mittelschule besuchte ich in Bozen und maturierte dortselbst im Dezember 1917. Inzwischen war ich (im März 1917) zum 2. Regiment der Tiroler Kaiserjäger eingerückt und rückte im Jänner 1918 ins Feld. Mai bis November stand ich am blutgetränkten Pasubio. Beim allgemeinen Zusammenbruch des österr.-ungar. Heeres geriet ich in italienische Kriegsgefangenschaft, ab Mai 1919 oblag ich den Hochschulstudien in den Fächern Geschichte, Geographie und Deutsch und zwar Sommersemester 1919 bis Sommersemester 1920 in Innsbruck (bei den Professoren Wopfner, Steinacker, Wieser und Schatz), Wintersemester 1920 und Sommersemester 1920/1921 in Freiburg im Breisgau (bei den Professoren von Below, Finke, Rachfahl und Krebs), Wintersemester 1921 in Wien (bei den Professoren Dopsch, v.Ottenthal, Redlich, Oberhummer und Brückner), ab Sommersemester 1922 wieder in Innsbruck (wo inzwischen Sölch an Stelle von Wieser getreten war). Mitte Dezember 1923 promovierte ich bei Wopfner (Steinacker und Sölch) mit einer Arbeit über „Die Grundherrschaften des Tales Schnals" und widmete mich dann den Vorbereitungen auf die Lehramtsprüfung, willens im Südtiroler Mittelschuldienst tätig zu sein. Die Neuordnung der dortigen Schulverhältnisse im Sinne gründlicher Italienisierung zwang mich davon abzugehen und veranlaßten mich, am Wiener Institut für Geschichtsforschung die Ausbildung zum Archivar zu suchen (Sommersemester 1924 bis Sommersemester 1925, Staatsprüfung Juni-Juli 1925). Im Herbst trat ich am Staatsarchiv Innsbruck als Volontär [ein], seit Februar 1926 war ich zugleich als wissenschaftlicher Mitarbeiter der historischen Landeskommission für Tirol für die Arbeiten am „Tiroler Urkundenbuch" tätig. Da die Erwartung, im italienischen Archivdienst in Südtirol tätig zu sein und so im deutschen Grenzkampf teilnehmen zu können, zunichte geworden war, erwarb ich im Sommer 1927 die österreichische Staatsbürgerschaft und erlangte - durch Vermittlung Prof. Steinackers - im März 1928 eine Stelle im Wiener Haus-, Hof- und Staatsarchiv (heute Reichsarchiv), an dem ich noch heute tätig bin. Die Mitarbeiterschaft am Tiroler Urkundenbuch blieb aufrecht und 1930 und 1932 wurde ich vom Institut für die Erforschung des deutschen Südens und Südostens (Vorstand Prof. K.A. v. Müller) zur Bearbeitung der Inventare kirchlicher Archive in Südtirol eingesetzt. Bereits 1926 hatte ich den deutschen Abgeordneten Südtirols im italienischen Parlament durch ein ausführliches historisches Gutachten über die deutsche Vergangenheit der Stadt Bozen, das dann in einem Memorandum dem italienischen Ministerpräsidenten überreicht wurde, dienen können. Im Herbst 1937 (genehmigt Jänner 1938) habilitierte ich mich an der Universität Wien bei Otto Brunner (Hans Hirsch und Heinrich R.v.Srbik) für Österreichische Geschichte (bestätigt August 1939) und hielt im Wintersemester 1938/1939 Vorlesungen über Quellen zur Österreichischen Wirtschaftsgeschichte. Im August 1939 rückte ich wieder unter die Fahnen und ging mit einer Fronteinheit der Flak an die polnische Grenze (Ostslowakei) bzw. seit Februar 1940 als Offizier (Oberleutnant).

Mit 17. Juni 1940 wurde ich freigestellt, um dem Rufe des Reichsführers SS als Reichskommissar für die Festigung deutschen Volkstums in die Umsiedlungskommission nach Südtirol als Sachbearbeiter für das Archivwesen zu folgen. In dieser Aufgabe, der Sicherung bzw. Aufnahme des Archivguts aus Südtirol, bin ich auch gegenwärtig noch eingesetzt.

Dokument Nr. 6

1941 04 21. Innsbruck. Der Dekan der Philosophischen Fakultät Franz Miltner übermittelt dem Reichsministerium für Wissenschaft in Berlin unter Bezug auf ein beiliegendes Gutachten Hermann Wopfners den Dreiervorschlag für die in „Geschichte des Alpenraums" umbenannte Lehrkanzel für Österreichische Geschichte. Personalakt Franz Huter. Durchschrift. Eigenhändig abgezeichnet. Universitätsarchiv Innsbruck.

Für die Neubesetzung der nach Professor Dr. Hermann Wopfner frei werdenden historischen Lehrkanzel bringe ich im Einvernehmen mit der Fakultät und unter Hinweis auf das ausführliche, hier beigeschlossene von Professor Wopfner ausgearbeitete Gutachten folgende Wissenschaftler in Vorschlag:
1.) Staatsarchivar Dr. Franz Huter, Dozent an der Universität Wien,
2.) Stadtarchivar Dr. Ernst Klebel, Dozent an der Universität Wien und
3.) Dr. Hans Kramer, Dozent an der Universität Innsbruck.

Der im Gutachten an erster Stelle genannte tit.ord. Professor Dr. Otto Stolz kommt, ungeachtet seiner wissenschaftlichen Leistungen, nicht in Betracht, da die Lehrkanzel nur als Extraordinariat derzeit besetzt werden soll, weil die Fakultät das Ordinariat für die Volkskunde verwendet wissen will, und da zweitens eine Kumulierung der Lehrkanzel mit der hauptamtlichen Leitung des Archivs grundsätzlich abgelehnt werden muß. Die vorteilhafteste Besetzung würde nach Meinung der Fakultät, der ich mich vollinhaltlich anschließe, eine Ernennung Dr. Franz Huters darstellen.

Gleichzeitig mit der Neubesetzung bitte ich, den bisherigen Titel der Lehrkanzel für Österreichische Geschichte in Lehrkanzel für „Geschichte und Wirtschaft des Alpenraumes" abzuändern. Dieser Antrag ist einerseits sinngemäß abzuleiten aus der neuen Bezeichnung der Universität als Deutsche Alpenuniversität andererseits bezweckt er die besondere politische Aufgabe gerade dieser im engeren Heimatraum verankerten Lehrkanzel klar zu umreißen.

[Zitierte Beilage: Von Hermann Wopfner ausgearbeitetes Besetzungsgutachten]

Für die Lehrkanzel aus österreichischer Geschichte würde ich in der hier folgenden Reihung empfehlen:

I. Hofrat Dr. Otto Stolz, tit.ord. Professor, außerplanmäßiger Professor mit dem Lehrauftrag für tirolische Geschichte, Österreichische Geschichte und Archivkunde, Leiter des Archivs des Reichsgaues Tirol (des früheren Statthaltereiarchivs).

Stolz ist geboren zu Innsbruck als Sohn des Dr. Otto Stolz, Universitätsprofessors für Mathematik, besuchte die Universitäten zu Innsbruck und Wien, machte in Wien 1905 das Doktorat und als ordentliches Mitglied des Instituts für Österreichische Geschichtsforschung die Staatsprüfung an diesem Institut, war dann Mitarbeiter am Historischen Atlas der österreichischen Alpenländer und trat 1908 als Beamter im Innsbrucker Statthaltereiarchiv ein, wo er seit 1. Dezember 1932 als Vorstand dieses Archiv leitet. Er hat selbst in ausgedehntem Maße und in höchst verdienstvoller Weise an der Ordnung und Inventarisierung des Archivs sich beteiligt. 1912 habilitierte er sich an der Universität Innsbruck für Geschichte und wurde im Jahre 1923 zum tit.a.o. und 1926 zum tit.o. Professor an dieser Universität ernannt und mit einem Lehrauftrag für Tirolische und Österreichische Geschichte sowie für Archivkunde, 1929 weiters für allgemeine Geschichte der Wissenschaften gewählt. Seit 1923 ist er Mitglied des Verwaltungsausschusses und Obmann der historischen Kommission des Landesmuseums Ferdinandeum, 1931-1937 war er ehrenamtlicher Vorstand desselben.

Im Weltkrieg war er Oberleutnant und Kompagniekommandant in einem Tiroler Landsturmregiment und geriet bei der Einnahme von Przemysl in russische Gefangenschaft (1914-1920).

Professor Otto Stolz kann sowohl als Forscher wie als Lehrer auf eine ganz ungewöhnlich reiche und erfolgreiche Tätigkeit hinweisen, deren Grundlage eine außergewöhnliche Arbeitskraft und Begabung bildet. Seine Lehrtätigkeit kam zur Zeit, als er die Lehrkanzel für neuere Geschichte vertrat, der eines ordentlichen Professors gleich, was den Umfang betraf, allerdings nicht was die Entlohnung anging. Nicht unerwähnt soll bleiben die wertvolle Einführung in Archivkunde und Archivbenützung, die er den Studierenden gab. Stolz ist ein wirkungsvoller Redner und hat die Gabe, seine Hörer auch bei Darstellung eines an sich beschränkten Gegenstandes auf weite Zusammenhänge hinzuweisen. Seine Lehrtätigkeit erstreckte sich sowohl auf österreichische wie allgemeine deutsche Geschichte und betonte die enge Verbundenheit österreichischer und gesamtdeutscher Geschichte. Da Stolz über Antrag der Fakultät bereits durch neun Wintersemester (1929-1937) die Lehrkanzel für neuere Geschichte vertrat, würde seine Ernennung zum ordentlichen Professor schon an sich der Billigkeit entsprechen. Aus den zahlreichen, durchwegs wertvollen wissenschaftlichen Arbeiten, die Stolz seit 1929 veröffentlichte, sollen hier nur einige hervorgehoben werden.

Selbständig erschienene größere Werke: Geschichtskunde der Gewässer Tirols. Schlernschriften 32, 1936; Die Schwaighöfe in Tirol. Wissenschaftliche Veröffentlichungen des Alpenvereines, Heft 5, 1930; Die Ausbreitung des Deutschtums in Südtirol im Lichte der Urkunden. Vier Bände 1927-1934; Politisch-Historische Landesbeschreibung von Tirol, 2. Teil, Schlernschriften 1937.

Im Sammelwerk „Tirol", herausgeg. v. Alpenverein, die Abschnitte über das Land Tirol als politischer Körper, Handel und Gewerbe, Märkte und Städte, Geistiges Leben, Kirche, Schulwesen und Wissenschaft, Alpinismus und Leibesübungen.

Aus den in Zeitschriften erschienenen Aufsätzen: Geschichte des deutschen Volksbewußtseins in Tirol (Hefte f. Volks- und Kulturbodenforschung 1932); Geschichte der Landwirtsch. in Tirol, Tiroler Heimat 1930; Die Anfänge des Bergbaues und des Bergrechtes in Tirol, Zeitschr. der Sav.-Stiftung f. Rechtsgesch. Germanist. Abteil. 48, 1928; Landstandsch. d.Bauern, Hist.Vtljschr. 28 u.29.) Aufsätze, die sich auf allgem. deutsche Geschichte und auf nicht-tirol. Landschaften beziehen: Der deutsche Raum in den Alpen und seine Gesch., Zeitschr. d. Alpenvereines 1933 und 1934; Weistum und Grundherrschaft, Vierteljahrschrift für Sozial- und Wirtschaftsgesch. 29, 1936; Zur Gesch. der Landeshoheit im Unterengadin und in Tirol, Zeitschr. f.Rechtsgesch. 49, 1929; Zur Geschichte des Bergbaues im Elsass-Lothring. Jahrbuch 18, 1939; Welsch und Deutsch im Elsässischen Grenzland des 14. bis 16. Jahrh., Elsass-Lothringen Jahrb. 18, 1939; Die Bauernbefreiung in Süddeutschland, Vierteljahrschr. f. Sozial- u. Wirtschaftsgesch. 23, 1940.

Die Arbeiten, die Stolz verfaßte, zeichnen sich durch umfassende Quellenkenntnis, klaren Aufbau, kritischen Sinn und Selbständigkeit der Auffassung aus. Sie umfassen die verschiedensten Zweige geschichtlicher Forschung wie politische Geschichte, Wirtschafts- und Rechtsgeschichte, darüber hinaus wurden auch Probleme der historischen Geographie, der Namensforschung und der geschichtlichen Volkskunde in wertvoller Weise behandelt.

Wo sich die Arbeiten auf Landesgeschichte beziehen, lassen sie doch den weiten Blick des Verfassers und sein Verständnis für große Zusammenhänge erkennen. Seine Arbeiten auf dem Gebiet der gesamtdeutschen Geschichte zeigen die Fähigkeit, auch in weiterem Rahmen erfolgreich zu forschen. Gerade eine seiner jüngsten Arbeiten, welche die Bauernbefreiung als Gegenstand hat, bietet einen beachtenswerten Beitrag zur Geschichte der deutschen Agrarverfassung.

Für Prof. Stolz käme nach seinen Leistungen und seiner gegenwärtigen amtlichen Stellung nur ein Ordinariat in Frage. Es wäre sachlich wünschenswert, wenn Professor Stolz, falls er ernannt würde, die Leitung des Archivs behalten könnte. Dadurch würde auch der finanzielle Aufwand für die Beibehaltung des bisherigen Ordinariates für Österreich. Geschichte bedeutend verringert, da ja nur der Betrag zu bewilligen wäre, der die bisherigen Bezüge Prof. Stolz auf die Bezüge des Ordinarius erhöhen würde. Bei Festsetzung des Stundenausmaßes für seine Lehrtätigkeit wäre - beim Verbleiben Prof. Stolz in der Archivleitung - seine Lehrverpflichtung etwas niedriger, etwa drei Stunden Vorlesung und einstündige Seminar-Übungen zu bemessen.

II. Staatsarchivar Dr. Franz Huter, Privatdozent an der Universität Wien.
Franz Huter wurde als Sohn des Kaufmanns Anton Huter 1899 in Bozen geboren. Die Huter sind ein altes Südtiroler Bauerngeschlecht, dessen einer Zweig heute noch auf dem Pulser Hof in Völseraicha sitzt, den es seit 1638 innehat.

Huter besuchte die Volks- und Mittelschule in seiner Heimatstadt Bozen und widmete sich sodann dem Studium von Geschichte und Geographie an den Universitäten Innsbruck, Wien und Freiburg im Breisgau. Da die Italienisierung des Schulwesens in Deutschsüdtirol den von Huter beabsichtigten Eintritt in den dortigen Schuldienst unmöglich machte, begab sich Huter neuerdings an die Universität Wien und trat als ordentliches Mitglied in das Institut für österreichische Geschichtsforschung ein, wo er die Staatsprüfung des Institutes ablegte. Im folgenden Herbst des Jahres 1925 trat Huter als Volontär in den Dienst des Archives der Tiroler Landesregierung (Statthalterei-Archiv), seit Februar 1926 war er als wissenschaftlicher Mitarbeiter der historischen Landeskommission für Tirol mit den Arbeiten für das Tiroler Urkundenbuch betraut. Der von Huter ursprünglich beabsichtigte Eintritt in den italienischen Archivdienst wurde wegen der immer brutaler um sich greifenden Deutschfeindlichkeit des italienischen Faschismus unmöglich. Huter erwarb 1927 die österreichische Staatsbürgerschaft und erlangte im März 1928 eine Stelle am Haus-, Hof- und Staatsarchiv in Wien, an dem er noch heute als Staatsarchivar tätig ist. Vom Institut für die Erforschung des deutschen Südens und Südostens (Vorstand K.A. von Müller) wurde Huter zur Bearbeitung der Inventare kirchlicher Archive in Südtirol eingesetzt. Für die deutschen Abgeordneten Südtirols arbeitete Huter ein ausführliches historisches Gutachten über die deutsche Vergangenheit der Stadt Bozen. Im Herbst 1937 habilitierte er sich an der Universität Wien für Österreichische Geschichte (bestätigt August 1939). 1938/39 hielt Huter Vorlesungen über Österreichische Wirtschaftgeschichte.

Huter rückte zu Beginn 1918 ins Feld und stand von da an in der Front (Mai bis November am Pasubio); am Schluß des Krieges geriet er in die italienische Kriegsgefangenschaft. Im August 1939 rückte er wieder unter die Fahnen und ging mit einer Fronteinheit der Flak an die polnische Grenze, vom Oktober 1939 bis Juni 1940 diente er bei Fronteinheiten der Flak im Heimatkriegsgebiet und zwar seit 1940 als Oberleutnant. Mit Juni 1940 wurde er freigestellt, um dem Rufe als Sachbearbeiter für das Archivwesen nach Südtirol zu folgen.

Huter hat sich in seinen wissenschaftlichen Arbeiten mit Kulturgeschichte, Volksgeschichte, Geschichte der städtischen und bäuerlichen Wirtschaft sowie mit geschichtlicher Hilfswissenschaft (besonders Urkundenlehre) beschäftigt. Von letzteren Arbeiten legen die Abhandlungen über das Urkundenwesen Deutschsüdtirols, die Abhandlung über den berühmten Vigiliusbrief und besonders der von Huter herausgegebene erste Band des Tiroler Urkundenbuches Zeugnis ab. Die erstgenannte Abhandlung zeigt, wie in den Urkunden Tirols Einflüsse italienischer Kultur mit deutschem Urkundenwesen sich vermengen. Die treffliche, lehrreiche Untersuchung über den Vigiliusbrief ist nicht nur als Muster von wissenschaftlicher Urkundenkritik sondern auch kulturgeschichtlich bedeutsam. Die kritische Bearbeitung im ersten Band des Tiroler Urkundenbuches hat in der Beurteilung durch Fachleute (Gross, Santifaller) eine ausgezeichnete Anerkennung gefunden. Seine Vertrautheit mit der wissenschaftlichen Verarbeitung der Quellen neuzeitlicher Geschichte hat Huter durch seine Mitarbeit an den in den letzten Jahren veröffentlichten Inventaren des Haus-, Hof-, und Staatsarchivs in Wien dargetan. Band IV (Akten zur Verwaltungsgeschichte) hat ihn allein zum Bearbeiter. Mit der Geschichte des Marktverkehres und des Handels befaßt sich Huters eingehende Untersuchung der Quellen des Meßgerichtsprivilegs der Erzherzogin Claudia für die Bozner Märkte; die Verdienste dieser Arbeit, welche die Grundzüge wissenschaftlicher Kritik auf wirtschaftsgeschichtliche Quellen anwendet, sind von Stolz in der Zeitschrift der Savignystiftung für Rechtsgeschichte und von Wopfner in der Vierteljahrschrift f.Sozial- und Wirtschaftsgeschichte 1928 gebührend gewürdigt worden. Auf dem Gebiet der Genealogie liegt die verdienstliche Untersuchung über die Herren von Schnals (Schlernschriften 9. Festschr. f. Ottenthal 1925). Durch seine Ausführungen über die Urkunde Kaiser Konrad I. für Trient griff Huter in fördersamer Weise in die wissenschaftlichen Auseinandersetzungen über diese mehrfach von der Urkundenwissenschaft behandelte Frage ein. Über die Besiedlung alpiner Landschaften handelt eine klare übersichtliche Darstellung im Jahrgang 1939 der Alpenvereinszeitschrift. Mit volksgeschichtlichen Problemen beschäftigt sich Huters Arbeit über die Beschwerden der Leute von Gufidaun, Villanders und Velthurns (Schlernschriften 44). Eine Arbeit von großem Wert für Volksgeschichte und -kunde, Kulturkunde, Wirtschaftsgeschichte und Siedlungskunde liegt leider erst handschriftlich vor. Diese Monographie über ein alpines Hochgebirgstal, das Tal Schnals, kann sich würdig an die besten Arbeiten dieser Art, z.b. die Arbeit des Franzosen Allix über Oisans anreihen.

Mit bestem Gewissen kann die Ernennung Huters zum außerordentlichen Professor für Österreichische Geschichte empfohlen werden. Für seine Lehrtätigkeit an unserer Grenzlanduniversität spricht seine Vertrautheit mit der Geschichte unseres Grenzlandes. Da Huter auch auf dem Gebiet der Wirtschaftsgeschichte sich erfolgreich betätigt hat, würde durch seine Ernennung ermöglicht, daß auch er wie der bisherige Vertreter der Österreichischen Geschichte die Wirtschaftsgeschichte in den Bereich seiner Lehrtätigkeit einbeziehen könnte.

III. Stadtarchivar Dr. Ernst Klebel, Privatdozent an der Universität Wien. Klebel ist geboren am 24. Februar 1896 als Sohn des Dr. Wilhelm Klebel, der bereits 1907 als Bezirkshauptmann in Völkermarkt starb, und der Anna geb. Erben. In Kärnten aufwachsend, begann sich Klebel schon früh für nationale Fragen, wie sie der Kampf zwischen Deutschen und Slowenen vor Augen stellte, zu interessieren. Dies führte ihn unter anderm in die Reihen einer nationalen Korporation, der akademischen Landsmannschaft „Kärnten". Geschichte und Denkmäler der Heimat übten bereits in seiner Jugendzeit starke Einwirkung auf Klebel aus. Er begab sich in der Folge an die Universität Wien, wo er in den Jahren 1918-1921 Mitglied des Österreichischen Instituts für Geschichtsforschung war, aber auch eifrig kunsthistorische Studien bei Prof. Josef Strzygowski betrieb. Bei diesem promovierte er 1922 mit einer kunstgeschichtlichen Arbeit. Strzygowski nahm den jungen Doktor als Assistenten in sein Institut, in welcher Stellung Klebel von 1922 bis 1927 sich betätigte. Strzygowskis Entdeckung des nordischen Stromes in der europäischen Kunst hat auch Klebels Arbeiten beeinflußt, wie seine 1926 erschienene Abhandlung über nordische Holzbaukunst ersehen läßt. 1923 ist Klebel der katholischen [CV-] Verbindung Amalungia beigetreten und trat hier gemeinsam mit den großdeutsch eingestellten Mitgliedern der Korporation für den Anschlußgedanken ein. In weiterer Folge wurde er zu einem der Führer des anschlußfreundlichen Flügels in den Kreisen katholischer Akademiker.

Das Vertrauen aller Gruppen der „deutschen Studentenschaft" berief Klebel im Dezember 1930 zum Vorsitzenden des Ehrenrates des Kreises VIII. Dieses Amt behielt Klebel bis zur Auflösung der „deutschen Studentenschaft" am 1. September 1933. Seit 1. Juni 1933 gehörte Klebel der NSDAP an. 1931 hatte sich Klebel an der Universität Wien für Geschichte habilitiert. Am 1. Dezember 1936 wurde seine Dozentur aus politischen Gründen, offenbar wegen seiner Zugehörigkeit zur ns.Partei, aufgehoben. Zwischen 1934 und 1937 fand Klebel vorübergehend Verwendung in wissenschaftlicher Arbeit an den Universitäten Berlin, Frankfurt und Würzburg; außerdem arbeitete er als Stipendiat gemeinsam mit weil. Prof. v. Voltelini an der Vorbereitung der Ausgabe des Schwabenspiegels, für welche er schon seit 1927 wissenschaftlich tätig war. Nach dem Anschluß erlangte Klebel die Wiederherstellung seiner Dozentur an der Universität Wien. Am 1. April 1939 ward er zum Stadtarchivar von St.Pölten in Niederösterreich bestellt.

Klebels wissenschaftliche Tätigkeit ist eine sehr vielseitige und umfangreiche, umfaßt an 52 größere Abhandlungen und kleinere Aufsätze. Seine Arbeiten beziehen sich auf allgemeine Deutsche- und Verfassungsgeschichte, Siedlungsgeschichte des deutschen Südostens, Geschichte der kirchlichen Verfassung, Geschichte Bayerns, Tirols und Kärntens, auf Kunstgeschichte und endlich Quellenkunde zur Geschichte des Mittelalters. Seine Arbeiten zeigen ausgesprochene Fähigkeit zu selbständiger und fruchtbarer Kritik. Reichtum an selbständigen Gedanken, gehen vielfach mit Erfolg methodisch neue Wege. Klebel besitzt die wertvolle Gabe neue Probleme zu erkennen und Wege zu ihrer Lösung zu weisen. Gleich am Beginn seiner wissenschaftlichen Laufbahn glückte es seinem Eifer und Spürsinn in der Bibliothek des Klosters Admont ein bisher unbekanntes Salzburger Annalenwerk zu finden, worüber er in den „Mitteilungen der Gesellschaft für Salzburger Landeskunde" 1921, S. 33-54 berichtete. Im Zusammenhang mit dem erwähnten Fund veröffentlichte Klebel eine längere Abhandlung über Fassungen und Handschriften der österreichischen Annalistik im „Jahrbuch für Landeskunde von Niederösterreich" 1921, S. 43-185. Besonders reich an wertvollen Ergebnissen sind auch Klebels Arbeiten über geschichtliche Siedlungskunde; gerade auf siedlungsgeschichtlichem Gebiet haben die neuen Forschungswege, die Klebel einschlägt, bereits schöne Ergebnisse gezeitigt. Klebel darf auf diesem Gebiet als führender Forscher schon heute angesprochen werden. Auch seine Arbeiten auf dem Gebiet der Kirchenverfassung haben die Siedlungsforschung wesentlich bereichert. Von allgemeiner Bedeutung ist auch die jüngst von Klebel veröffentlichte Arbeit „Langobarden, Bajuwaren und Slawen", die unter anderm bedeutsame neue Gedanken zur Frage nach der Herkunft der Baiern bringt und wertvolle Kritik übt (Mitteilungen der anthropolog. Gesellschaft in Wien 69, 1939, S. 41-116). Fragen altgermanischer Kultur behandelt Klebels Aufsatz: Altgermanische Holzbaukunst. Studien an Quellen und erhaltenen Denkmälern 1927, ersch. in J. Strzygowski, Heidnisches und Christliches um 1000, S. 166-209.

Klebel wirkt in seinen Vorträgen, wovon ich mich selbst überzeugen konnte, anregend und zeigt im Gespräch über wissenschaftliche Fragen große Belesenheit, gewandte Form des Ausdrucks und selbständiges Urteil. Klebel würde als Forscher und Lehrer jeder Universität zur Ehre gereichen. Für das Ansehen, dessen sich Klebel erfreute, zeugen die ihm übertragenen wissenschaftlichen Arbeiten am Historischen Atlas der Österreichischen Alpenländer, am historischen Atlas von Ober- und Niederbayern und an der Herausgabe des Schwabenspiegels.

Außerhalb dieses Dreiervorschlages wären noch zwei Forscher wegen ihrer Verdienste um das Fach der österreichischen Geschichte zu erwähnen, nämlich Hellmuth Rössler, der in seinem 1940 erschienenen zweibändigen großen Werke Österreichs Kampf um Deutschlands Befreiung die Fähigkeit zu wissenschaftlich wertvoller, gedankenreicher und weitblikkender, auch formell ausgezeichneter Darstellung erwiesen hat; sodann der Dozent an hiesiger Universität Dr. Hans Kramer, der auf dem Gebiet der neueren und mittelalterlichen Geschichte Österreichs und Tirols sowie auf dem der Quellenkunde bereits Treffliches geleistet hat. Besonders soll seine Fähigkeit zu gemeinverständlicher und gleichzeitig wissenschaftlich wohl begründeter Darstellung hervorgehoben werden, wie er sie in seinem Buch über den Tiroler Helden Haspinger an den Tag legte.

Dokument Nr. 7

1946 02 08. Bozen. Dr. Karl Tinzl bestätigt Franz Huter korrektes Verhalten in Südtirol.
Original. Maschineschrift. Eigenhändige Unterschrift. Nachlaß Franz Huter. Universitätsarchiv Innsbruck.

Prof. Dr. Franz Huter hat im Kampfe der Südtiroler gegen die Italienisierung seit 1921 auf historischem Gebiet ständige und sehr wertvolle Hilfe geleistet. Ich verweise nur auf die unter grossem persönlichen Risiko geleistete Mitarbeit zur Materialbeschaffung für das Südtiroler Urkundenwerk von Stolz und auf die von ihm verfasste Widerlegung der Ausführungen Mussolinis über den italienischen Merkantil-Magistrat in Bozen, die von den damaligen Abgeordneten Baron v. Sternbach und Dr. Tinzl unter ihrem Namen an Mussolini gerichtet und veröffentlicht wurde. Wie ich aus vielen persönlichen Gesprächen mit ihm weiss, sah er den Nationalsozialismus hauptsächlich unter dem Gesichtspunkt, dass ein starkes Deutschland am ehesten die Befreiung Südtirols zu Stande bringen könne, während er im übrigen starke Reserven gegenüber der nationalsozialistischen Partei hatte. Seine Tätigkeit in Südtirol unter der Herrschaft des Obersten Kommissars und Gauleiters Franz Hofer bestand ausschliesslich in der Beschaffung und Bearbeitung von historischem Material zur Begründung des Anspruches auf die Vereinigung von Südtirol mit Nordtirol. Seine Kontakte mit dem Obersten Kommissar beschränkten sich auf wenige dienstliche Besprechungen in obigen Fragen und er stand vollständig ausserhalb des Kreises der Vertrauten Franz Hofers. Seine Tätigkeit in und für Südtirol, die den Italienern nicht unbekannt blieb, hat gerade wegen ihres Wertes den Zorn derselben erregt, sodass er es gegenwärtig kaum wagen könnte, nach Südtirol zurückzukommen.

Bozen, den 8. Febr 1946 Dr. Karl Tinzl m.p.

Dokument Nr. 8

1946 02 23. Innsbruck. Bescheid des Verwaltungsdirektors der Universität Richard Pokorny namens des Überprüfungsausschusses betreffend politische Überprüfung Franz Huters.

Personalakt Franz Huter. Eigenhändig abgezeichnet. Universitätsarchiv Innsbruck.

Der Überprüfungs-Ausschuß der Universität Innsbruck hat in seiner Sitzung vom 28. Jänner 1946 unter dem Vorsitze des LGVizePräs. OLGR Dr. Anton von Petzer nachstehenden Beschluß gefaßt: „a.o. Prof. Dr. Franz Huter ist im Einvernehmen mit der Bundesbezw. Landesregierung in den Archivdienst zurückzuversetzen. Die venia legendi für Wirtschaftsgeschichte und geschichtliche Hilfswissenschaften wird ihm belassen. [Verlust der venia legendi für Österreichische Geschichte] Gründe: Die Parteikarte Dr. Huters weist eine Mitgliedschaft seit 1.7.1940 auf, die Parteinummer ist 8.225.291. Schon 1939 leistete er vorübergehend Blockhelferdienste bei der Ortsgruppe St. Veit an der Wien. 1943 wurde er an die hiesige Universität berufen, an der er seinerzeit selbst studiert hatte. In Südtirol mit verschiedenen archivalischen Arbeiten betraut, besorgte er diese in mustergültiger Weise, in seinen Arbeiten sind politische Ausführungen nicht zu finden. Ansonsten gebärdete er sich aber in den Kreisen der Beamten des Obersten Kommissars in Bozen ziemlich nationalsozialistisch, weshalb er für die Lehrkanzel für Österreichische Geschichte nicht gut tragbar scheint."

Es steht Ihnen frei, gegen diesen Beschluß des Überprüfungs-Ausschusses eine Beschwerde an den Staatskommissär für die unmittelbaren Bundesangelegenheiten einzubringen.

Dokument Nr. 9

1946 10 03. Innsbruck. Aktenvermerk des Verwaltungsdirektors der Universität Innsbruck Richard Pokorny.
Original. Akten des Staatskommissärs für alle unmittelbaren Bundesangelegenheiten im Land Tirol. Eigenhändige Unterschrift. UAI.

Major Trouillet teilte dem Gefertigten im Auftrage des Hochkommissariates folgendes mit:
[...]
Die Rückversetzung des Univ.Prof. Dr. Franz Huter in den Archivdienst ist sofort durchzuführen.
[...]

Dokument Nr. 10

1946 11 06. Innsbruck. Vorschlag der Kommission für die Neubesetzung der systemisierten ordentlichen Lehrkanzel für Mittelalter und Historische Hilfswissenschaften (Ignaz Philipp Dengel als Referent, Hermann Wopfner, Otto Stolz, Josef Brüch, Moriz Enzinger). Am 27.11.1946 wurde der Vorschlag als Fakultätsbeschluß an das Bundesministerium für Unterricht weitergeleitet. Dieser Besetzungsvorschlag blieb unrealisiert. Akten der Philosophischen Fakultät, Berufungsakt „Lehrkanzel für Mittelalter und Historische Hilfswissenschaften". Eigenhändige Unterschriften. Die in eckiger Klammer eingefügten Passagen sind einem dem Innsbrucker Berufungsvorschlag beiliegenden Konzept eines Antrages der Wiener Philosophischen Fakultät auf Verleihung einer Gastprofessur an Gerhart Ladner entnommen. Universitätsarchiv Innsbruck.

Primo loco: Dr. Gerhart Maximilian Ladner, Univ. Professor, geb. 1905 in Wien, wo er an der Universität zum Dr.phil. promoviert wurde. Er absolvierte das dortige öst. Institut für Geschichtsforschung, wurde sodann Mitarbeiter der Monumenta Germaniae, Abt. Diplomata, wo er für die Herausgabe der Urkunden Heinrichs IV. tätig war [Er kam dann als Mitarbeiter zu Geheimrat Kehr nach Berlin, wo er für die Ausgabe der Diplome Heinrichs IV. tätig war. Es ergab sich die Gelegenheit, diese besonderen Spezialkenntnisse zur Verteidigung eines der deutschen, von Ungarn beanspruchten Reichskleinodien in einer besonderen Verteidigungsschrift zu verwenden.], ebenso wurde er Mitglied des Österreich. Histor. Instituts in Rom und des Vatikanischen Institutes für christliche Archäologie sowie Sekretär der öst. Kommission für historische Ikonographie des comite international des sciences historiques. 1937 wurde er Privatdozent der Geschichte des Mittelalters und der historischen Hilfswissenschaften an der Universität Wien. Nach der Machtübernahme Hitlers verlor er seine venia legendi [aus rassischen Gründen]. Seine international gewürdigte wissenschaftliche Tätigkeit verschaffte ihm sodann eine Professur für Mittelalterliche Geschichte und Kunstgeschichte an der [katholischen] Universität Toronto, Kanada. 1946 wurde er als Geschichtsprofessor an die Universität South Bend, Indiana, USA, berufen, wo er heute noch wirkt. Prof Ladner genießt den Ruf eines außerordentlich tüchtigen und strebsamen Gelehrten auf dem Gebiete der Geschichte und Kunstgeschichte des Mittelalters.

[Die Philosophische Fakultät (Wien) hat ihn an dritter Stelle für die Lehrkanzel der Kunstgeschichte in Vorschlag gebracht, aus welchem Anlaß seine kunsthistorische wissenschaftliche Leistung von Professor (Camillo) Praschniker gewürdigt wurde.]

Von seinen Publikationen seien u.a. erwähnt:

Formularbehelfe in der Kanzlei Kaiser Friedrich II. und die Briefe des Petrus de Vinea. Mitteil. des öst. Instituts f. Geschichtsforschung 12. Ergbd. 1932.

Eine unbekannte Handschrift des Langobardischen Lehenrechtsbuches, Neues Archiv 50.Bd. 1933.

Die gründliche Vereinigung sowohl kunsthistorischer [Studien bei Strzygowski und Schlosser] als auch historischer Kenntnisse ließen ihn geeignet erscheinen für die Bearbeitung der Porträtsammlung des Erzherzogs Ferdinand II. von Tirol und zwar zunächst für die Porträtreihen der österr. Landesfürsten. Im Sinn der von der ikonographischen Kommission des internationalen Historikerverbandes aufgestellten Erfordernisse wurde der Quellenwert der einzelnen Bildnisse untersucht und in eine Wertskala gefügt, so daß es jetzt möglich ist, festzustellen, welches der Porträts dieser Serie als authentisch zu betrachten ist und woher eine eventuelle Ableitung stattfand. Diese Arbeit wurde dann für die Porträtserien der Häuser Gonzaga und Medici fortgesetzt und fand solche Anerkennung, daß die Erteilung eines Arbeitsauftrages für die Papstporträts seitens des päpstlichen Instituts für christliche Archäologie erfolgte. Der 1. Bd. (die Papstbildnisse des Altertums und des Mittelalters) bis zu Ende des Investiturstreites ist in deutscher und ital. Sprache veröffentlicht, die Bearbeitung des 2. Bandes bis nahe an den Abschluß gebracht. Die aus der Erforschung dieser Denkmale gewonnenen Erkenntnisse wurden mehrfach für allgemeine historische Zwecke ausgebaut.

Einen wichtigen Beitrag geistesgeschichtlicher Forschung bietet Ladners Buch „Theologie und Politik vor dem Investiturstreit", 1936.

Von weiteren Arbeiten seien erwähnt:

Die italienische Malerei im 11. Jh., Jahrbuch der kunsthistor. Sammlungen in Wien 1931.

Der Bilderstreit und die Kunstlehren der byzantinischen und abendländischen Theologie, Zeitschr. f. Kirchengesch. 50. Bd. 1931.

Attilas Schwert, Mitteil. des öst. Instituts f. Geschichtsforschung 44, Bd. 1931.

Die Statue Bonifaz VIII. in der Lateranbasilika und die Entstehung der dreifach gekrönten Tiara, Röm. Quartalschrift 42. Bd. 1934.

Die Papstbildnisse auf den Münzen des 8. bis 10. Jh., Numismat. Zschr. 28. Bd. 1935.

Die Bildnisse der östlichen Päpste des 7. u. 8. Jh., Rom 1936.

Dazu kommen noch wertvolle Rezensionen in österr., deutschen und ausländischen Zeitschriften.

Ladner verfügt über ausgedehnte wissenschaftliche Beziehungen, die in Amerika gemachten Erfahrungen und erworbenen Kenntnisse würden im Falle der Berufung für Österreich sehr nutzbringend verwendet werden können.

Secundo loco: Dr. Anton Julius Walter, Privatdozent für Mittelalter und Historische Hilfswissenschaften an der Universität Wien. Geb. 1906 in Wien, erhielt er seine Ausbildung als Historiker an der Wiener Universität als Schüler von Hans Hirsch und Oswald Redlich. Er absolvierte dort das österreich. Institut für Geschichtsforschung, wurde 1929 in Wien zum Dr.phil. promoviert. Er unternahm dann zahlreiche Reisen zur Erforschung der maßgebenden Archive Deutschlands und Italiens und war auch als Mitglied des Österreich. histor. Instituts in Rom tätig. Er habilitierte sich 1937 an der Wiener Universität für Geschichte des Mittelalters und

Historische Hilfswissenschaften. Doch wurde ihm die Dozentur vom NS-Regime 1938 entzogen. 1945 wieder eingesetzt wurde er im Rahmen des öst. Instituts für Geschichtsforschung mit der Herausgabe der Urkunden Konrads III. und der Urkunden Ottos IV. und Philipps von Schwaben betraut. Neben dem Wiener Ordinarius Santifaller ist Walter zur Zeit wohl der einzige in Österreich, der diese Forschungsrichtung konsequent verfolgt.

Eine tüchtige Arbeit Walters beschäftigt sich mit den echten und gefälschten Privilegien des Stiftes St.Florian und ihrer Stellung in der Verfassungsgeschichte Österreichs, 1932. Eine weitere Publikation ist „Die deutsche Reichskanzlei während des Endkampfes zwischen Staufern und Welfen", Innsbruck 1937. Zu diesem Buche schreibt die Historische Zeitschrift Bd. 159: „Walter bietet eine Kanzleigeschichte wie wir sie für frühere Zeiten nicht haben und in solcher Breite auch kaum je haben werden. Überzeugend sind die Ausführungen über die Entwicklung von der diplomatischen Minuskel zur gotischen Urkundenschrift." Wie Prof. Santifaller hervorhebt, besitzt Dr. Walter viel pädagogisches Geschick in seiner Lehrtätigkeit. Aus dem Curriculum vitae Walters geht hervor, daß er weder Anwärter noch Mitglied der früheren NSDAP war.

Tertio loco: Dr Heinrich Appelt, Privatdozent für Mittelalter und Historische Hilfswissenschaften an der Universität Wien. Geb. 1910 in Wien, studierte er in Wien und wurde dort 1932 zum Dr.phil. promoviert. 1933 absolvierte er das österreich. Institut für Geschichtsforschung. Er war dann Mitarbeiter des burgenländischen Urkundenbuches und trat hierauf als Mitarbeiter an der Herausgabe der Urkunden der Brixener Hochstiftsarchive bei Prof. Santifaller in Breslau ein. Er wurde dortselbst 1936 in den Mitarbeiterstab des Schlesischen Urkundenbuches übernommen. 1939 habilitierte er sich an der Breslauer Universität mit einer Arbeit über die Urkundenfälschungen des Klosters Trebnitz und wurde 1939 zum Dozenten für Mittelalterliche Geschichte ernannt. Sodann wurde er zum Militärdienst eingezogen. Nach der Berufung Professor Santifallers nach Wien wurde er 1943 sein Nachfolger als Extraordinarius für Geschichte des Mittelalters und Historische Hilfswissenschaften in Breslau. Nach dem Siege der Alliierten mußte er Breslau verlassen, ging nach Wien, wo er für das Wintersemester 1945/46 einen Lehrauftrag zur Abhaltung von Vorlesungen und Übungen aus mittelalterlicher Geschichte erhielt. Auch leitet er ein großes Seminar und ist Mitglied der Prüfungskommission für das Lehramt und für die rechtshistorische Staatsprüfung. Wie aus dem Curriculum vitae hervorgeht, hat Appelt der nat.-soz. Partei und ihren Gliederungen weder als Anwärter noch als Mitglied angehört.

Von seinen Publikationen seien erwähnt:

Die falschen Papsturkunden des Klosters St. Benigne de Dijon, Mitteil. des öst.Instituts f.Geschichtsforschung 51.Bd. 1937.

Die Echtheit der Trebnitzer Gründungsurkunden, Zschr. d.Vereins für Gesch. Schlesiens 71.Bd. 1937.

Klosterpatronat und landesherrliche Kirchenhoheit der schles. Herzoge im 13. Jh., Mitteil. d. öst. Instituts f. Geschichtsforschung 4. Ergbd. 1939.

Zur Siedlungsgeschichte der Kastellanei Lähn, Zschr. des Vereins f. Geschichte Schlesiens 73. Jg. 1939.

Kalender und Nekrolog des Kollegiatstiftes im Kreuzgang zu Brixen aus dem 13. Jh., zusammen mit Prof. Santifaller hg. von H. Appelt, Bozen 1939.

Nachtrag: Prof. Ladner, der begreiflicherweise nach der Heimat zurückstrebt, würde es, wie er erklärt, als Ehre auffassen, eine Berufung nach Innsbruck zu erhalten. Seine derzeitige Adresse ist: 1204 East Bronson Street, South Bend.

Der Ausschuß für Neubesetzung der Lehrkanzel für Geschichte des Mittelalters und für Historische Hilfswissenschaften stellt den Antrag, die Fakultät wolle diesen Vorschlag an das Bundesministerium für Unterricht weiterleiten.

Dokument Nr. 11

1947 05 05. Wien. Das Bundesministerium für Unterricht teilt dem Dekanat der Philosophischen Fakultät Innsbruck mit, daß sich der Besetzungsvorschlag für die Lehrkanzel der mittelalterlichen Geschichte wohl nicht realisieren lasse. In Reaktion auf dieses Ministerialschreiben nannte die Innsbrucker Fakultät am 7.7.1947 unter der Federführung von Ignaz Philipp Dengel folgende Historiker als Supplenturkandidaten: Karl Pivec, Heinrich Fichtenau, Hermann Wiesflecker, Erich Zöllner.

Akten der Philosophischen Fakultät, Berufungsakt „Lehrkanzel für Mittelalter und Historische Hilfswissenschaften". Kanzleifertigung. Universitätsarchiv Innsbruck.

Zu dem dortigen Besetzungsvorschlage vom 27. November 1946, Zl. 737/ 1 wird folgendes bemerkt:

Der an erster Stelle vorgeschlagene Professor Dr. Gerhard Ladner hat am 31. März 1947 dem Bundesministerium für Unterricht brieflich mitgeteilt, daß ihn die Berufung als Ordinarius für Mittelalterliche Geschichte und Historische Hilfswissenschaften an der Universität Innsbruck sehr ehre und freue, daß es aber unsicher sei, ob ihn die University of Notre Dame in Indiana, USA, an der er seit 1946 Professor ist, selbst im Jahre 1948/49 freigeben kann; doch hoffe er, im Sommer 1948 zwecks mündlicher Besprechungen nach Österreich zu kommen und endgültige Entscheidungen treffen zu können. Falls bis dahin die ihm zugedachte Innsbrucker Lehrkanzel anderweitig besetzt sein sollte, dann würde er dort allenfalls eine Gastprofessur anstreben.

Nun kommt der an zweiter Stelle genannte Privatdozent Dr. Anton Julius Walter wegen seiner politischen Belastung nicht in Frage und

der an dritter Stelle genannte Privatdozent Dr. Heinrich Appelt ist als a.o. Professor für Mittlere Geschichte und Historische Hilfswissenschaften an die Universität Graz vorgesehen.

Das Bundesministerium für Unterricht wird trachten, für die Lehrkanzel in Innsbruck im Jahre 1948 den Professor Dr. Ladner zu gewinnen. Seine Antwort vom 31. März d.J. lautet aber so wenig bestimmt, daß schon jetzt eine Ergänzung des Antrages durch Nennung weiterer Kandidaten wünschenswert erscheint, damit im Falle einer definitiven Absage Ladners wegen der Besetzung der Lehrkanzel die erforderlichen Schritte sogleich gemacht werden könnten.

Weiters wird das Dekanat ersucht, wegen vorläufiger Supplierung der Lehrkanzel zu berichten.

Hiebei wird darauf hingewiesen, daß der ehemalige Professor der Universität in Leipzig, Dr. Karl Pivec, gegenwärtig als Gastprofessor in Wien tätig ist, so daß dieser vermutlich zunächst für eine einstweilige Supplierung in Innsbruck - unter Voraussetzung einer Wohngelegenheit - und allenfalls für die Wiederbesetzung im Falle einer definitiven Absage Ladners frei wäre.

Dokument Nr. 12

1947 06 25. Innsbruck. Ignaz Philipp Dengel stellt Antrag auf Ernennung von Nikolaus Grass zum a.o.Professor für Österreichische Geschichte an der Universität Innsbruck.
Original. Personalakt Franz Huter. Eigenhändige Unterschrift. Universitätsarchiv Innsbruck.

Nikolaus Grass, Dr.phil., Dr.jur. et Dr.rer.pol., erhielt kürzlich nach dem Tode des Professors Wohlhaupter eine Berufung als Supplent auf die Lehrkanzel für Rechtsgeschichte an die Universität Kiel. Dr. Grass (34 Jahre alt) hat trotz der günstigen materiellen Bedingungen diese Berufung abgelehnt. Die Fakultät kann es nur begrüßen, daß diese tüchtige, vielseitig vorgebildete wissenschaftliche Kraft mit ihrer stets bezeugten mutigen echt österreichischen Gesinnung der Heimat erhalten bleibt und ergreift die Gelegenheit, einem alten Brauche in ähnlichen Fällen gemäß, die materielle Position des Dr. Grass auf eine bessere Grundlage zu stellen. Dr. Grass ist Kommissär beim Amte der Tiroler Landesregierung in Innsbruck (Monatsgehalt 320.-S) und bezieht für seine Lehrtätigkeit an unserer Fakultät kein Honorar. Gleichzeitig hat er an der Juristenfakultät einen zweistündigen Lehrauftrag. Um seiner Lehrtätigkeit gegenüber den überaus zahlreichen Hörern besser nachkommen zu können, hat er sich vom Amte der Landesregierung bei Karenz seiner Gebühren auf ein halbes Jahr beurlauben lassen, ein Zustand, der auf die Dauer für seine Verhältnisse nicht tragbar ist.

Es wird daher vorgeschlagen, dem Bundesministerium für Unterricht den Antrag zu unterbreiten, Dr. Grass zum wirklichen außerordentlichen Professor für österr. Geschichte an unserer Fakultät zu ernennen mit der Verpflichtung, in jedem Semester fünf Stunden Vorlesungen und eine Stunde Seminar zu halten und zugleich ihn mit dem Prüfungsrechte bei Rigorosen und Lehramtsprüfungen zu betrauen.

Es ist höchste Zeit, daß der Lehrstuhl für Österreichische Geschichte an unserer Universität, der seit 1945 verwaist ist, endlich ordnungsmäßig besetzt wird.

Im Zuge der so dringend notwendigen Revision der falschen Geschichtsauffassung über Österreich ist heute die Österreichische Geschichte das wichtigste Geschichtsfach. Dr. Grass, Tiroler nach Abstammung und Gesinnung, besitzt für dieses Fach die volle moralische und wissenschaftliche Eignung.

Dokument Nr. 13

1947 07 23. Wien. Der Bundesminister für Unterricht berichtet dem Bundeskanzleramt über die dienstrechtliche Stellung Franz Huters. Personalakt Franz Huter. Abschrift an das Rektorat der Universität Innsbruck. Kanzleifertigung. Universitätsarchiv Innsbruck.

Der am 14.8.1899 in Bozen geborene Dr.phil. Franz Huter stand ab März 1928 als Staatsarchivar am Haus-, Hof- und Staatsarchiv in Wien in Verwendung und wurde mit 1.12.1941 zum außerordentlichen Professor an der Universität Innsbruck bestellt.

Nach Wiedererrichtung der Republik Österreich wurde sein politisches Verhalten von dem auf Grund einer landesgesetzlichen Regelung aus Mitgliedern aller drei politischen Parteien zusammengesetzten „Überprüfungsausschuß" am 28.1.1946 in Innsbruck überprüft. Von diesem Überprüfungsausschuß wurde ausgesprochen, daß Prof. Dr. Huter im Einvernehmen mit der Bundes- bzw. Landesregierung in den Archivdienst zurückzuversetzen ist. Eine Abschrift dieses Erkenntnisses folgt mit dem Beifügen anverwahrt mit, daß nach ho. Auffassung der genannte Überprüfungsausschuß zwar nicht als Sonderkommission angesehen werden konnte, jedoch die von ihm überprüften Fälle eine seinerzeitige nochmalige Beurteilung nach § 21 Verbotsgesetz durch eine Sonderkommission entbehrlich machte.

Prof. Huter wurde auch nach Wiedererrichtung der Republik Österreich zur Ausübung seines Lehramtes als außerordentlicher Professor für Österreichische Geschichte und Wirtschaftsgeschichte ausnahmsweise im Dienste belassen, zuletzt mit Zustimmung des vom Ministerrat eingesetzten Komitees zur Säuberung der höchsten Stellen in Staat und Wirtschaft bis Ende des Sommersemesters 1947. Da er jedoch als Hochschullehrer nicht gemäß § 7 Beamtenüberleitungsgesetz in den Dienststand übernommen werden kann und vor allem auch bei der Frage seiner Aufnahme in einem der neu zu bildenden Personalstände seine dienstrechtliche Stellung am 13.3.1938 beachtlich ist, wird Dr. Huter als ehemaliger Staatsarchivar dem Bundeskanzleramte mit Bezug auf den do. Erlaß vom 18.2.1946, Zl. 41551/4/1946, mit der Bitte um eine entsprechende Verfügung gemeldet.

Beigefügt wird, daß eine Verlängerung seiner ausnahmsweisen Belassung im Lehramte über das Sommersemester 1947 hinaus hierorts nicht in Erwägung gezogen wird und eine dortige Verfügung daher mit Wirksamkeit vom 30.9.1947 angeregt werden darf.

Schließlich wird berichtet, daß das Rektorat der Univ. Innsbruck gebeten hat, Dr. Huter nach Möglichkeit in Tirol zu verwenden, um ihn szt. eventuell als Lehrbeauftragten für Wirtschaftsgeschichte und Historische Hilfswissenschaften der Universität Innsbruck zu erhalten. Der Personalakt folgt in der Beilage mit.

Dokument Nr. 14

1947 09 13. Innsbruck. Erkenntnis der Überprüfungskommission beim Bundesministerium für Unterricht betreffend Franz Huter.

Personalakt Franz Huter. Abschrift. Universitätsarchiv Innsbruck.

Die beim Bundesministerium für Unterricht errichtete Überprüfungskommission hat am 13.9.1947 unter dem Vorsitze des Sektionschefs Dr. Otto Skrbensky, im Beisein von Professor G. Ebers, Professor Th. Erismann, Professor H. Bayer, Dozent R. Muth und Dozent N.Grass, dem

Dr. Franz Huter

gemäß § 19, Abs. 1, lit.b, aa, des Nationalsozialistengesetzes vom 6.2.1947, BGBl. Nr. 25, gestattet, die Lehrbefugnis als Privatdozent für historische Hilfswissenschaft und Wirtschaftsgeschichte vom Bundesministerium wieder zu erhalten. Die Erfüllung weiterer Erfordernisse, die für die Ausübung der angeführten Tätigkeit in anderen Rechtsvorschriften begründet sind, bleibt unberührt. Eine Berufung gegen dieses Erkenntnis ist nicht zulässig.

Das Verfahren vor dieser Kommission kann wieder aufgenommen werden, wenn nachträglich Umstände hervorkommen, die eine andere Entscheidung herbeigeführt hätten.

Begründung:
Dr. Franz Huter wurde am 1.7.1940 in die NSDAP aufgenommen (Mitgliedsnummer 8.225.291). Am 1.12.1941 wurde er zum außerordentlichen Professor für „Geschichte des Alpenraumes und allgemeine Wirtschaftsgeschichte" an der Universität Innsbruck ernannt. Er war vorher Staatsarchivar in Wien.

Seine Übernahme als ao. Prof. für diese Teilgebiete der allgemeinen neueren Geschichte ist im Dienstpostenplane nicht vorgesehen, seine Übernahme als ao.Professor in den österreichischen Dienst sohin nicht möglich.

Huter hat als Archivbeamter anläßlich seiner Bestellung zum Kommissär für Archivwesen in Südtirol eine vollkommen objektive Haltung eingenommen und sich insbesondere in dieser Stellung jeder politischen Propaganda enthalten. Zeugnisse der fürstbischöflichen Ordinariate Brixen und Trient bestätigen, daß er sich namentlich gegenüber den Wünschen der Leiter der geistlichen Archive stets durchaus zuvorkommend gezeigt und sich in dieser Tätigkeit nicht den Anschein einer nationalsozialistischen Betätigung gegeben hat.

Auch als akademischer Lehrer hat er sich stets objektiv verhalten. Dr. Huter hat sowohl im Archivdienst als auch als akademischer Lehrer im österreichischen Sinne gewirkt.

Dokument Nr. 15

1948 01 26. Innsbruck. Der Dekan der Philosophischen Fakultät Innsbruck Karl Jax berichtet dem Bundesministerium für Unterricht Franz Huter betreffend.

Original. Personalakt Franz Huter. Eigenhändig abgezeichnet. Universitätsarchiv Innsbruck.

In Angelegenheit des Extraordinarius für Mittelalterliche Geschichte und Hilfswissenschaften und der Lehrkanzel für Österreichische Geschichte tritt das Professorenkollegium der phil. Fakultät wiederum an das Bundesministerium für Unterricht heran:

1. Die Frage des Extraordinariates für Mittelalterliche Geschichte und Hilfswissenschaften muß nach Wiederbesetzung des Ordinariates für Mittelalter und histor. Hilfswissenschaften zurückgestellt werden.

2. Nach Teilung der Wopfnerschen Lehrkanzel für Österreichische Geschichte und Wirtschaftsgeschichte in ein Ordinariat für Volkskunde und in ein Extraordinariat für Geschichte des Alpenraumes und Wirtschaftsgeschichte wurde Staatsarchivar Dr. Franz Huter am 1.12.1941 zum ao. Professor für die letztgenannten Fachgebiete ernannt.

Die beim Bundesministerium für Unterricht errichtete Überprüfungskommission unter dem Vorsitze des Herrn Sektionschef Dr. Otto Skrbensky stellte fest, daß Huter sowohl im Archivdienst wie auch als akademischer Lehrer im österreichischen Sinne gewirkt hat, seine Übernahme als ao. Professor wäre aber nicht möglich, weil seine Fachgebiete im Dienstpostenplan nicht vorgesehen wären.

Demgegenüber erlaubt sich die Fakultät darauf hinzuweisen, daß die

Bezeichnung „Geschichte des Alpenraumes" im Jahre 1941 nur gewählt wurde, um der drohenden Aufhebung der Lehrkanzel für Österreichische Geschichte vorzubeugen. Tatsächlich wurde von Prof. Huter Österreichische Geschichte in den Vorlesungen und Übungen behandelt.

Prof. Huter hat am 31. Oktober 1947 ein Gnadengesuch nach § 27 des NS-Gesetzes eingereicht, das am 3. November 1947 durch ein Handschreiben des Fürstbischofs Dr. Johann Geisler an den Herrn Bundespräsidenten wärmstens befürwortet wurde, indem besonders die Verdienste Huters um Südtirol hervorgehoben wurden.

Für den Fall der günstigen Erledigung dieses Gesuches stellt das Professorenkollegium das dringende Ansuchen um Wiedereinsetzung Prof. Huters in die Lehrkanzel für Österreichische Geschichte und Wirtschaftsgeschichte.

Dokument Nr. 16

1948 02 25. Innsbruck. Rektor Franz Gschnitzer unterstützt mit Schreiben an die Nazi-Registrierungsstelle beim Stadtmagistrat Innsbruck ein Nachsichtgesuch Franz Huters.
Original. Personalakt Franz Huter. Eigenhändig abgezeichnet. Universitätsarchiv Innsbruck.

Die Berufung des Dr. Franz Huter auf den Lehrstuhl für Österreichische Geschichte (oder wie man damals sagte, um die Lehrkanzel halten zu können, Geschichte des Alpenraumes) und Wirtschaftsgeschichte im Jahre 1942 entsprach dem Vorschlage und dem Wunsche der Fakultät. Wenn auch Professor O. Stolz seiner wissenschaftlichen Bedeutung und seinem Alter nach im Vorschlage an erster Stelle stand, so handelte es sich dabei nur um eine ehrenvolle Nennung, die praktisch infolge der höheren dienstlichen Stellung von Stolz als Archivdirektor keine Bedeutung hatte. Hingegen war Huter gemäß seiner Herkunft, seinem Studiengang und seinen wissenschaftlichen Leistungen für diese Lehrkanzel gerade der richtige Mann.

Selbst Tiroler, ist er von Haus aus mit Land und Leuten eng vertraut. Seine Studien an der Universität Innsbruck haben diese Vertrautheit noch vertieft, insbesondere da Hermann Wopfner sein Lehrer war. Ergänzende Studien an anderen Universitäten und seine langjährige Tätigkeit als Beamter des Haus-, Hof- und Staatsarchivs in Wien haben in der Folge seinen geistigen Horizont weit über die engere Heimat hinaus erweitert. Schon zur Zeit seiner Berufung nach Innsbruck galt Huter als hervorragender Forscher von großer wissenschaftlicher Reife. Seine überaus verantwortungsvolle Aufgabe im südtirolischen Archivwesen während des Krieges bewies darüber hinaus, daß ihm auch große Fähigkeiten in Fragen der wissenschaftlichen Organisation eigen sind.

[...]

Dokument Nr. 17

1949 05 04. Innsbruck. Protokoll über die Sitzung des Ausschusses der Philosophischen Fakultät der Universität Innsbruck betreffend die Wiederbesetzung der Lehrkanzel für Österreichische Geschichte. Anwesend waren Karl Jax (1885-1968), Karl Brunner (1887-1965), Hans Kramer (1906-1992), Hermann Wopfer (1876-1963), Richard Heuberger (1884-1968) und Hans Kinzl (1898-1979). Der Antrag wird von der Philosophischen Fakultät in ihrer Sitzung vom 20. Mai 1949 mit 22 Ja Stimmen, 1 Nein und 1 Leer Stimme angenommen.

Maschinegeschriebene Abschrift des Originals. Beilage zum Sitzungsprotokoll der Philosophischen Fakultät der Universität Innsbruck vom 20. Mai 1949. Universitätsarchiv Innsbruck.

Die Neubesetzung der Lehrkanzel für österr. Geschichte ist ein dringendes Erfordernis. Die österr. Geschichte ist ein besonders wichtiges Teilfach für die Lehramtsprüfung aus Geschichte. Auch für die rein wissenschaftliche Ausbildung der Historiker hat die Vertretung der österr. Geschichte durch einen Professor den größten Wert, weil ein Teil bedeutsamer Dissertationen mit Benutzung archivalischer Quellen ausgearbeitet werden kann. Als Prof. Hermann Wopfner, der frühere langjährige Inhaber dieser Lehrkanzel im J. 1941 entpflichtet wurde, hat die Universität erreicht, daß die Lehrkanzel unter dem Namen einer solchen für Geschichte des Alpenraumes erhalten blieb. Der für diese Lehrkanzel seinerzeit ernannte a.o. Prof. Dr. Franz Huter hat in Wirklichkeit Österreichische Geschichte gelesen und außerdem noch im Sinne seines Lehrauftrages die Wirtschaftsgeschichte vertreten.

Die Fakultät schlägt daher zur Wiederbesetzung der Lehrkanzel primo et unico loco Prof. Dr. Franz Huter vor und ersucht, ihm die Lehrverpflichtung für Österreichische Geschichte und allg. Wirtschaftsgeschichte zu erteilen. Sie greift hiermit ihren Beschluß vom 23. 1. 1948 (16) wieder auf.

Prof. Franz Huter hat sich in seinen wissenschaftlichen Arbeiten auch in den letzten Jahren eingehend und erfolgreich mit österr. und Wirtschaftsgeschichte beschäftigt. Siehe Verzeichnis seiner Veröffentlichungen. Eine Reihe seiner Arbeiten beschäftigen sich besonders mit Südtirol. Vor allem sei verwiesen auf seine Untersuchung „Beiträge zur Bevölkerungsgeschichte Bozens im 16. - 18. Jh.", Bozen 1948, und auf den im Druck befindlichen 2. Band des Tiroler Urkundenbuches, der eine besonders wichtige und methodisch wertvolle Art mittelalterlicher Quellenpublikation darstellt.

Seine langjährige Tätigkeit im Wiener Haus-, Hof- und Staatsarchiv und seine besondere Kenntnis der Südtiroler Archive lassen ihn hervorragend befähigt erscheinen, die Studenten in dieses Gebiet der Geschichtsforschung einzuführen. Dazu ist Prof. Huter ein fesselnder und erfolgreicher Lehrer.

Die beim Bundesministerium für Unterricht errichtete Überprüfungskommission unter dem Vorsitze des Herrn Sektionschefs Dr. Otto Skrbensky stellte am 13. 9. 1947 fest, „Dr. Huter hat sowohl im Archivdienst wie als akademischer Lehrer im österreichischen Sinne gewirkt". Er wurde nur deshalb nicht schon in den österr. Staatsdienst übernommen, weil eine Lehrkanzel für Geschichte des Alpenraumes im Dienstprostenplan nicht vorgesehen sei: Das Professorenkollegium hat aber zur Kenntnis genommen, daß eine Lehrkanzel für österr. Geschichte im Stellenplan 1949 vorgesehen ist und daß demnach der Realisierung des obigen Vorschlages nichts im Wege steht. Die Wiederbesetzung der Lehrkanzel für österr. Geschichte ist noch vor Beginn des Wintersemesters 1949/50 dringend geboten.

Schriftführer: Prof. H. Kramer e.h.

Jax e.h. Wopfner e.h. Kinzl e.h. Heuberger e.h. K. Brunner e.h.,

Dokument Nr. 18

1950 02 09. Wien. Der Bundesminister für Handel und Wiederaufbau Ernst Kolb schreibt dem Innsbrucker Volkskundedozenten Karl Ilg (zugleich CV-Bundesbruder) betreffend Franz Huter.

Original. Personalakt Franz Huter. Eigenhändige Unterschrift. Universitätsarchiv Innsbruck.

Zu Deinem Schreiben vom 18. Jänner ds.J. betreffend die Bewerbung des Professor Dr. Huter an der Universität Innsbruck, teile ich Dir auf Grund erhaltener Information durch den Herrn Unterrichtsminister Dr. Hurdes mit, daß der seinerzeitige Säuberungsausschuß der Innsbrucker Universität dahin erkannt hat, daß Prof. Dr. Huter zwar wissenschaftliche Geschichte und neuere Geschichte, nicht aber „Österreichische Geschichte" wegen seiner NS-Vergangenheit lesen dürfe. Dessen ungeachtet aber hat das philosophische Professorenkollegium beantragt, diese freie Lehrkanzel für „Österreichische Geschichte" durch Berufung des Prof. Dr. Huter zu besetzen. Da jedoch bisher für dieses Fach kein Minderbelasteter [ge]nannt wurde, mußte das Unterrichtsministerium dem philosophischen Professorenkollegium anheimgeben, neue Besetzungsvorschläge für die beiden freien geschichtlichen Lehrkanzeln zu erstellen.

Dokument Nr. 19

1950 02 12. Wien. Leo Santifaller (1890-1974) macht Dekan Wolfgang Gröber (1899-1980) Vorschläge betreffend die Lehrkanzel für Österreichische Geschichte und für Geschichte des Mittelalters und Historische Hilfswissenschaften.
Original. Maschineschrift. Eigenhändige Unterschrift. Akten Lehrkanzel für Mittelalter 1950. Universitätsarchiv Innsbruck.

Euerer Spektabilität
danke ich bestens für das Schreiben vom 2. Februar 1950. Gerne entspreche ich, soweit ich es vermag, Ihrem Wunsche, passende Vorschläge für die Besetzung Ihrer beiden Lehrkanzeln für Österreichische Geschichte /und Geschichte/ des Mittelalters auszuarbeiten und ich danke Ihnen für das mir entgegengebrachte Vertrauen.
Fall A
Österreichische Geschichte: Huter.
Ganz allgemeine möchte ich hervorheben, daß Huter ein ganz ausgezeichneter Forscher vornehmlich auf dem Gebiete der Urkundenlehre und der Wirtschaftsgeschichte ist. Desgleichen ist er ein vorzüglicher Lehrer - seine Schüler sind wegen ihrer Methodik und ihres reichen Wissens sofort zu erkennen.
Daß Huter für die österreichische Lehrkanzel die fachliche Eignung besitzt, brauche ich nicht besonders hervorzuheben; darüber ist ja die Fa-

kultät selbst, vornehmlich auf Grund der Gutachten des früheren Lehrkanzelinhabers, Prof. Wopfner, bestens unterrichtet.

Wie Euerer Spektabilität bekannt ist und wie ich auch selbst höre, ist jedoch im Ministerium wenig Geneigtheit vorhanden, Huter für die österreichische Lehrkanzel zu ernennen. Ganz im Vertrauen gesagt, sind aus studentischen Kreisen Proteste gegen eine Ernennung Huters hieher gelangt: Huter hätte sich neuerdings über das Fach der österreichischen Geschichte abfällig geäußert; ich mache von dieser Anzeige entgegen dem ausdrücklichen Wunsche der Protestierenden weiter keinen Gebrauch, ich erwähne dies nur, weil darin doch immerhin die Stimmung mindestens eines Teiles der Studierenden zum Ausdruck kommt. Auch sonst höre ich, daß von verschiedenen (auch tirolischen) Seiten gegen eine Ernennung Huters Einspruch erhoben wurde. Unter diesen Umständen erschiene es im Interesse der Fakultät und Huters selbst doch vielleicht klug und ratsam, die Ernennung Huters nicht um jeden Preis zu fordern. Dies umso mehr, als Huter fachlich ebenso, wenn nicht noch besser, auch für das Fach der Geschichte des Mittelalters geeignet erscheint, das Ministerium soviel ich höre, geneigt ist, die Ernennung Huters für das Mittelalter ohne Schwierigkeiten zu vollziehen und Huter dadurch keinerlei finanzielle Einbuße erleidet, ja im Gegenteil, es scheint sogar die Absicht zu bestehen, das Mittelalter als Ordinariat zu besetzen.

Doch zunächst möchte ich für den Fall der Ernennung Huters für Österreichische Geschichte, dem Wunsche Euerer Spektabilität entsprechend, auch einen Vorschlag für die Besetzung des Mittelalters unterbreiten.

Geschichte des Mittelalters:

Primo loco: Otto Brunner in Wien.

Secundo loco: Heinrich Appelt in Graz und Heinrich Fichtenau in Wien.

Tertio loco: Hanns Mikoletzky in Wien.

Ganz allgemein möchte ich sagen, daß alle vier genannten für den Lehrstuhl des Mittelalters durchaus geeignet sind; insbesondere sind die primo loco und secundo loco Vorgeschlagenen allgemein anerkannte Gelehrte von internationalem Ruf, die gewiß auch der Innsbrucker Fakultät zur Ehre gereichen würden.

Otto Brunner hatte ja früher die österreichische Lehrkanzel in Wien inne. Er war bei der Partei, ist aber schon 1946 durch die Sonderkommission positiv beurteilt worden und lebt nun als Pensionist. Er ist wirkliches Mitglied der Akademie und publiziert ununterbrochen wertvolle wissenschaftliche Arbeiten. Wenn das Ministerium Huter für Österreichische Geschichte passieren läßt, würde es sicher gegen Brunner für Mittelalter keine Bedenken haben. Brunner ist meines Wissens mit Huter befreundet, so daß sich da gewiß ein erfreuliches Zusammenarbeiten ergäbe.

Heinrich Appelt, der den Mittelalter-Lehrstuhl in Graz bekleidet, hat seinerzeit mit mir die Brixner Urkunden herausgegeben und weiß daher auch in tirolischer Geschichte des Mittelalters gut Bescheid. Er ist ein ganz ausgezeichneter Forscher und erfolgreicher Lehrer. Gegenwärtig arbeitet er unter meiner Leitung an der Edition der Urkunden Kaiser Heinrichs VI. im Rahmen der Monumenta Germaniae Historica, so daß mit einer Berufung Appelts nach Innsbruck zum erstenmal auch eine Abteilung der Monumenta nach Innsbruck übersiedeln würde. Ich glaube, daß Appelt wohl eine Berufung annehmen würde.

Über Fichtenau ist die Fakultät wohl bereits unterrichtet. Er ist soeben hier zum wirkl. a.o. Professor ernannt worden; an sich wäre er gewiß auch für Innsbruck geeignet, doch würde er, soviel ich sehe, sowohl aus wissenschaftlichen (er bearbeitet das Babenberger Urkundenbuch) wie auch aus persönlichen Gründen einen Ruf nach Innsbruck kaum annehmen.

Mikoletzky ist ein sehr eifriger Wissenschaftler (demnächst erscheint ein Band Regesten Ottos II.) und erfolgreicher Lehrer. Zu Tirol hat er allerdings kaum Beziehungen; ob er einem Rufe Folge leisten würde, kann ich nicht sagen.

Unser Gastprofessor Pivec hat in seinen Anfängen recht gut gearbeitet, aber seit seiner 1938 erfolgten Ernennung zum a.o. Professor in Leipzig hat er nichts mehr publiziert. Daher wurde ihm auch jetzt in Wien der jüngere Fichtenau vorgezogen. Ich könnte ihn daher nicht empfehlen.

Fall B: Huter würde für österreichische Geschichte nicht ernannt. In diesem Falle wäre daher eine Liste für Österreichische Geschichte vorzulegen.

Österreichische Geschichte:

Mit dem Nachwuchs für dieses Fach ist es im Augenblick etwas schwierig, weil in der Zeit von 1938 - 1945 das Fach der österreichischen Geschichte nicht bestanden hat und sich daher nun der Ausfall bemerkbar macht. Nach reiflicher Überlegung möchte ich folgenden Vorschlag anraten:

Primo loco: a.o. Professor Erna Patzelt in Wien

Secundo loco: a.o. Professor Hermann Wiesflecker in Graz

Tertio loco: Privatdozent Erich Zöllner in Wien.

Frau Prof. Patzelt ist nicht nur Schülerin, sondern auch langjährige

Assistentin des seinerzeitigen bedeutendsten Vertreters der österreichischen Geschichte an der Wiener Universität, Prof. Alfons Dopsch. Sie hat bedeutende Arbeiten auf dem Gebiete der österreichischen und der allgemeinen Geschichte veröffentlicht (mehrere Untersuchungen, Darstellungen und Editionen liegen mehr oder weniger druckfertig vor), sie wird als Lehrerin gerühmt, sie steht in engstem Kontakt mit der französischen und anglo-amerikanischen Wissenschaft und ist in den internationalen Organisationen außerordentlich tätig. Prof. Dopsch bezeichnet sie in einem an mich gerichteten Schreiben für die Österreichische Geschichte als ganz besonders qualifiziert. Daß Patzelt nicht für Wien ernannt wurde, hat seinen Grund hauptsächlich darin, daß sie niemals Mitglied des Instituts für österreichische Geschichtsforschung war und unsere Lehrkanzel für Österreichische Geschichte auf das engste mit dem Institut verbunden ist. Ich glaube, daß Patzelt, die meines Wissens vor allem auch durch Dopsch zahlreiche persönliche Beziehungen zu Innsbruck hat, für die Innsbrucker Universität in der verschiedensten Hinsicht ein bedeutender Gewinn wäre.

Hermann Wiesflecker ist ein jüngerer Gelehrter. Als Forscher hat er sich bis jetzt vor allem mit tirolischer Geschichte beschäftigt: von seinem großangelegten Regestenwerk der Grafen von Görz-Tirol, das ja grundlegend auch für die Tiroler Geschichte ist, erscheint in diesen Tagen der erste Band bei Wagner in Innsbruck. Besonders gerühmt werden die Fähigkeiten Wiesfleckers als Lehrer – eine Eigenschaft, die bei dem heutigen Studentenmaterial auch für die Universitäten von größtem Werte ist; seinerzeit galt er als einer der besten Mittelschulpädagogen Wiens. Wiesflecker ist gebürtiger Tiroler (aus Lienz), hat mehrere Jahre an der Innsbrucker Universität studiert, steht mit den Innsbrucker Historikern und Archivaren in freundschaftlichem Kontakt und hat auch sonst mannigfache Beziehungen zu Innsbruck; fast jedes Jahr arbeitet Wiesflecker am Tiroler Landesregierungsarchiv in Innsbruck. Ich glaube, daß Wiesflecker einem Rufe nach Innsbruck gerne Folge leisten würde.

Erich Zöllner, Privatdozent für Österreichische Geschichte und Assistent am Institut für österreichische Geschichtsforschung, hat bereits einige sehr gut gearbeitete, wertvolle Werke fertiggestellt. Ein schöner Aufsatz über den hl. Rupert ist im letzten Heft unserer Mitteilungen erschienen, sein Buch über die Stellung der Völker im Frankenreich kommt dieser Tage heraus und desgleichen der erste Band des Babenberger Urkundenbuches, den er mit Fichtenau bearbeitet hat. Seine Vorlesungen sind erfolgreich; er hat bereits mehrfach das Proseminar und im letzten Semester sogar zusammen mit Prof. Lhotsky das Seminar für Österreichische Geschichte abgehalten. Er prüft auch bereits bei der Lehramtsprüfung die Österreichische Geschichte. Ich kann daher auch Zöllner für die österreichische Lehrkanzel warm empfehlen.

Gschliesser, der ja auch in diesem Zusammenhang genannt wird, kenne ich persönlich nicht. Er ist meines Wissens praktischer Jurist, gehört also eigentlich gar nicht in die Philosophische Fakultät. Seine wissenschaftlichen Leistungen sind bescheiden. Was man von ihm als Lehrer hört, ist wenig erfreulich. Ich könnte ihn daher für einen Vorschlag nicht empfehlen.

Geschichte des Mittelalters:

Falls Huter für die österreichische Lehrkanzel nicht in Betracht kommt, ist er, wie ich bereits oben ausführte, der gegebene Anwärter für das Mittelalter. Seine bisherigen Arbeiten lassen ihn ja gerade für dieses Fach ganz besonders geeignet erscheinen.

Wenn die Fakultät auch in diesem Falle eine Liste vorzulegen gedenkt, würde ich etwa folgenden Vorschlag empfehlen:

Primo loco: Huter (eventuell Brunner aequo loco).

Secundo loco: Appelt.

Tertio loco: Mikoletzky.

Im Begleitschreiben würde selbstverständlich hervorzuheben sein, daß Huter für Innsbruck als ganz besonders geeignet und erwünscht erscheint. Das Ministerium würde dies ja auch richtig verstehen.

So glaube ich, Euerer Spektabilität nach bestem Wissen und Gewissen Ihre Anfrage beantwortet zu haben. Ich würde mich freuen, wenn ich damit Euerer Spektabilität und Ihrer Fakultät einen brauchbaren Dienst erwiesen hätte. Ich darf noch bemerken, daß ich gern auch zu weiteren Auskünften bereit bin; insbesondere könnte ich wohl über die meisten der in meinem Vorschlage genannten Personen ausführlichere Einzelgutachten vorlegen.

Darf ich Euerer Spektabilität bitten, bei Gelegenheit Ihren Bruder, mit dem ich im ersten Weltkrieg einige Zeit im Fleimstal beisammen war, bestens zu grüßen.

Mit den besten Empfehlungen bin ich Euerer Spektabilität aufrichtig ergebener Leo Santifaller m.p.

Dokument Nr. 20

1950 03 13. Wien. Landesarchivar Eduard Widmoser schreibt an Franz Huter über eine Begegnung mit Leo Santifaller.
Original. Personalakt Franz Huter. Eigenhändige Unterschrift.
Universitätsarchiv Innsbruck.

[...]
Weiter sprach ich auch davon, daß man sich um die Politik in Innsbruck (gemeint ist die NS-Frage) schon seit einiger Zeit nicht kümmere und daß man es daher unverständlich fände, daß in W[ien] immer wieder dies hervorgezogen werde. Ich sagte auch, daß Sie sich auf dem Rechtsstandpunkt fühlen, wenn Sie auf die Prof. für Ö.G. beharren, daß Sie der Meinung sind, daß für die Ö.G niemand Geeigneter da wäre, während das MA mit anderen guten Kräften besetzt werden könnte.
[...]

Dokument Nr. 21

1950 04 04. Ehrwald. Heinrich Srbik (1878-1951) gibt dem Fakultätsausschuß der Philosophischen Fakultät Innsbruck ein Gutachten über die Besetzung der Lehrkanzel für Geschichte des Mittelalters.
Original. Eigenhändige Handschrift. Aktenkonvolut Lehrkanzel für Mitteltalter. Universitätsarchiv Innsbruck.

Der mich ehrenden Einladung, mich zur Wiederbesetzung der Lehrkanzel für Geschichte des Mittelalters zu äußern, komme ich im Folgenden nach. Ich sende voraus, daß ich den ao. Professor der Universität in Innsbruck, Dr. Franz Huter, lediglich aus dem einen Grund in diesem Zusammenhang nicht charakterisiere, da er meines Erachtens der bei weitem Höchstqualifizierte unter allen Historikern ist, die heute für die gleichfalls vakante Innsbrucker Professur für Österreichische Geschichte in Frage kommen. Die Nominierung von namhaften Fachvertretern für die Mittelalterliche Geschichte glaube ich auf folgende drei Herren beschränken zu dürfen, die ich in alphabetischer Ordnung anführe.
Die Spitzenstellung kommt unstreitig dem in den Ruhestand versetzten ord. Professor der Universität in Wien Dr. Otto Brunner zu. Er ist ein

Gelehrter von erstem Rang auf der Höhe des Lebens, ein Forscher von weitestem Horizont, Originalität der Gedanken und schärfster Akribie der Quellenarbeit. Die mittlere Generation der österreichischen Historiker besitzt in ihm eine der schöpferischsten Persönlichkeiten, die namentlich in ihren jüngsten Werken und Abhandlungen eine seltene Vereinigung der Beherrschung der sozial- und wirtschaftsgeschichtlichen, der geistes- und verfassungsgeschichtlichen und des politisch-historischen Gebietes im europäischen Bereich der mittleren und der neueren Geschichte erweist. Ich begnüge mich, indem ich von seinen weit- und tiefgreifenden Arbeiten zur Geschichte der Stadt Wien und zahlreichen Sonderstudien absehe, auf die beiden bedeutenden Bücher Brunners zu verweisen: „Land und Herrschaft. Grundfragen der territorialen Verfassungsgeschichte Südostdeutschlands im Mittelalter" (1939) und „Adeliges Landleben und europäischer Geist" (1949). Der Kürze halber sei zu dem erstgenannten Buch nur die ihm gewidmete, von größter Anerkennung getragene Abhandlung eines so hervorragenden Rechtshistorikers wie Heinrich Mitteis im 163. Bd. (1941) der Historischen Zeitschrift genannt. Das zweite Werk ist eine der prominentesten Schöpfungen der österreichischen Geschichtsschreibung und rückt das Lebensgefühl und den geistigen und materiellen Lebensstil des Landadels im europäischen Kulturbereich vor dem Durchbruch des industriellen Zeitalters in ein großenteils ganz neues Licht. Ein besonderes Verdienst Brunners liegt in der Befreiung der Geschichte des realen Lebens von ex post konstruierten Kategorien der Rechtsgeschichte und der Nationalökonomie. Durch die Berufung und Ernennung dieses Gelehrten würde die Universität in Innsbruck eine Zierde der Wissenschaft gewinnen.

Der außerordentliche Professor der Universität Wien Dr. Heinrich Fichtenau ist ein Talent von ungewöhnlicher Stärke, das bereits heute Leistungen von sehr hohem Wert aufzuweisen hat und dem eine Zukunft von sehr bedeutendem Ausmaß vorausgesagt werden kann. Ich darf darauf verzichten, seine kleineren hilfswissenschaftlichen Veröffentlichungen anzuführen, und nenne in dieser Richtung nur sein 1946 erschienenes Buch „Mensch und Schrift im Mittelalter", das meiner Meinung nach geeignet ist, mit besonderer Heranziehung der Strukturpsychologie die Paläographie aus der bloßen Dienstbarkeit gegenüber der Urkundenlehre herauszuführen und zur kulturgeschichtlichen Disziplin zu erheben. Fichtenau ist darüber hinaus mit Geistesreichtum und Scharfsinn zur geistesgeschichtlichen Forschung und zur großen, vornehmlich politischen Synthese in der Geschichte des Mittelalters vorgedrungen. Beweis dessen das feinsinnige Buch „Askese und Laster in der Anschauung des Mittelalters" (1948), das tiefgreifende, Realistik und Metaphysik mit großem Erfolg verbindende Werk „Das karolingische Imperium. Soziale und geistige Problematik eines Großreiches" (1949) und seine „Grundzüge der Geschichte des Mittelalters" (1947). Ich habe keine nähere Kenntnis von Fichtenaus akademischem Lehrerfolg, betone aber als meine Überzeugung, daß auch seine Gelehrtenpersönlichkeit für Innsbruck ein großer Wert wäre.

Das gilt auch von dem früheren ao. Professor der Universität in Leipzig, dem Österreicher und Sprößling der Wiener historischen Schule, dem heute mit einem Lehrauftrag an der Universität in Wien wirkenden Professor Dr. Karl Pivec. Das Schwergewicht der wissenschaftlichen Veröffentlichungen von Pivec liegt bei den historischen Hilfswissenschaften. Er hat von seinem verstorbenen Lehrer Hans Hirsch die hervorragende Methodik der Kanzlei- und Urkundenforschung übernommen und zählt wie der Verstorbene zu jenen Diplomatikern, die weit über das formale Gebiet der „äußeren" und „inneren" Merkmale hinaus die „angewandten Hilfswissenschaften", ihre fruchtbare Verwertung für die politische und Verfassungsgeschichte des Mittelalters, repräsentieren. Vgl. etwa seine Abhandlung „Die Stellung der Hilfswissenschaften in der Geschichtswissenschaft", Mitt. d. Inst. f. österr. Geschichtsforschung 54. Bd. Ohne Vollständigkeit anzustreben, nenne ich als seine wichtigsten Publikationen die drei großen Studien über den Codex Udalrici (MJÖG. 45., 46., 48. Bd.), ferner „Die Briefsammlung Gerberts von Aurillac" (MJÖG. 49. Bd.) und die Abhandlungen über Urkunden Kaiser Heinrichs V. für mehrere italienische Empfänger und über den ersten Romzug Heinrichs V. (MJÖG. 51. u. 52. Bd.). Diesen Arbeiten verdankt die Geschichte Kaiser Ottos III., der letzten französischen Karolinger und Hugo Capets, sowie der Kaiserin Theophanu und des Papstes Silvester II., somit des späten zehnten Jahrhunderts im deutschen und außerdeutschen Bereich, ebenso wertvolle Erhellungen wie das hohe Mittelalter der Kaiser Heinrich IV. und Heinrich V., der großen Päpste Gregor VII. und Urban II., des Investiturstreites, der literarischen Bildung und der Ideen- und Machtgegensätze. Von der Kanzleigeschichte oder der Untersuchung der vita Henrici IV., von der scharfsinnigen Einzelkritik und dem Diktat- und Stilvergleich der Diplome hat Pivec den Weg in die große Geschichte des politischen und geistigen Lebens gesucht und gefunden, der Tradition seiner Schule getreu und doch ein Forscher eigenen Ausmaßes, dessen Gesichtkreis ein weiter ist. Pivec gilt auch als vorzüglicher akademischer Lehrer.

Ehrwald, 4. April 1950. Prof. Dr. Heinrich R. v. Srbik m.p.

Dokument Nr. 22

1950 04 20. Innsbruck. Vorschlag des Ausschusses der Philosophischen Fakultät der Universität Innsbruck, bestehend aus Hermann Wopfner (1876-1963) (Referent), Hans Kramer (1906-1992) (Schriftführer), Karl Brunner (1887-1965), Theodor Erismann (1883-1961), Wilhelm Fischer (1886-1962), Franz Hampl (*1910) und Hans Kinzl (1898-1979), zur Besetzung der Lehrkanzel für Mittelalterliche Geschichte und Historische Hilfswissenschaften. Dieser Besetzungsvorschlag wurde von der Philosophischen Fakultät der Universität Innsbruck in ihrer Sitzung vom 21. April 1950 in geheimer Abstimmung einstimmig (24 abgegebene Stimmen, 24 ja) angenommen. Original. Maschineschrift mit handschriftlichem Schlußsatz. Eigenhändige Unterschriften der Ausschußmitglieder. Beilage zum Sitzungsprotokoll der Philosophischen Fakultät der Universität Innsbruck vom 21. April 1950. Universitätsarchiv Innsbruck.

Der oben genannte Ausschuß beschließt, der Fakultät folgenden Vorschlag zu unterbreiten.

Der Ausschuß erklärt, in den Vorschlag für Geschichte des Mittelalters und Histor. Hilfswissenschaften Prof. Franz Huter nicht aufzunehmen, weil ihn die Fakultät bereits unico loco für die freie Lehrkanzel für Österreichische Geschichte vorgeschlagen hat. Er ist auch nach dem übereinstimmenden Gutachten aller befragten Fachleute der bei weitem Höchstqualifizierte und kommt nach Ansicht der Fakultät als einziger für die Lehrkanzel für Österreichische Geschichte und Wirtschaftsgeschichte in Frage. Nach den vorliegenden Mitteilungen des Unterrichtsministeriums besteht kein Hindernis gegen seine Ernennung auf diese Lehrkanzel.

Der Ausschuß schlägt nun aus einer Reihe von Historikern aus dem Gebiete des Mittelalters und der Historischen Hilfswissenschaften folgende Gelehrte vor:

Primo loco:

Professor i.R. der Universität Wien Dr. Otto Brunner.

Geb. 1898 in Mödling bei Wien, 1929 Priv.-Doz. an der Universität Wien, 1931 ao. Univ.-Prof. an derselben Universität, später o. Professor, seit 1932 Mitredakteur der „Mitteilungen des Instituts für öst. Geschichtsforschung" in Wien, seit 1930 Teilredakteur der Jahresberichte für deutsche Geschichte, Sparte Österreich, und des Handwörterbuchs für das Auslandsdeutschtum, wirkl. Mitglied der Wiener Akademie der Wissenschaften, Inhaber des Verdun-Preises.

Prof. Brunner ist ein Gelehrter von erstem Rang auf der Höhe des Lebens, ein Forscher von weitem Horizont, großer Originalität der Gedanken und scharfer Genauigkeit in der Quellenarbeit. Er ist eine der schöpferischsten Persönlichkeiten der mittleren Generation der österreichischen Historiker. Er vereinigt in seltener Weise die Beherrschung des sozial- und wirtschaftsgeschichtlichen, des geistes- und verfassungsgeschichtlichen und des politisch-historischen Gebietes im Bereich der europäischen mittleren und neueren Geschichte. Prof. Brunner hat tiefgreifende Arbeiten zur Geschichte der Stadt Wien und zahlreiche sonstige Sonderstudien veröffentlicht. Die bedeutendsten Bücher Brunners aus seiner letzten Periode sind: „Land und Herrschaft. Grundfragen der territorialen Verfassungsgeschichte Südostdeutschlands im Mittelalter" (1939, dann mehrere Auflagen, er erhielt dafür den Verdunpreis), das überhaupt auch tirolische Probleme behandelt. Ferner „Adeliges Landleben und europäischer Geist" (1949), das den geistigen und materiellen Lebensstil des Landadels im europäischen Kulturbereich vor dem Durchbruch des industriellen Zeitalters in ein großenteils neues Licht rückt. Beide Bücher haben bei ihrem Erscheinen in den wissenschaftlichen Kreisen großes Aufsehen erregt. Sie bringen, wie erwähnt, beide viele neue Gedanken. Prof. Brunner sucht die Geschichte des realen Lebens von ex post konstruierten Kategorien und Lehrsätzen der Rechtsgeschichte und der Nationalökonomie zu befreien. Er gilt ebenso als ausgezeichneter Vortragender.

Secundo loco:

In alphabetischer Reihenfolge aequo loco:

Dr. Heinrich Fichtenau, geb. in Wien, ao. Professor an der Universität Wien. Der relativ junge, heute ungefähr 35 Jahre alte Gelehrte hat schon eine Reihe von bedeutenden Leistungen aufzuweisen. Es sei hier nur auf seine Bücher verwiesen: 1) Mensch und Schrift im Mittelalter, 1946, das die Paläographie aus der bloßen Dienstbarkeit gegenüber der Urkundenlehre herausführt und sie zur kulturgeschichtlichen Disziplin erhebt. Seine „Grundzüge der Geschichte des Mittelalters" 1947, auch in 2. A. erschienen, sind viel gekauft worden und haben großen Erfolg gehabt. Die politische Geschichte des gesamten Mittelalters ist hier auf relativ knappem Raum in den wesentlichen Grundzügen sehr anschaulich dargestellt. Fichtenau drang hierauf immer mehr in das Gebiet der Geistesgeschichte vor. Zuerst im feinsinnigen Buche „Askese und Laster in der Anschauung des Mittelalters" 1948, hierauf vor allem in dem sehr erfolgreichen Bande „Das karolingische Imperium, soziale und geistige Problematik eines Großreiches" 1949, der sich bemüht, im Gegensatz zu mancher bisheriger Verherrlichung dieser Periode auch deren Schattenseiten herauszuheben. Fichtenau gilt als ebenso geistreicher wie fruchtbarer Erforscher der mittelalterlichen Geschichte, es wird ihm eine schöne wissenschaftliche Zukunft vorausgesagt.

Dr. Karl Pivec.

Geb. 1905 in Wien, 1935 Privatdozent an der Universität Wien, kam 1938 mit Lehrauftrag an die Universität Leipzig, wurde dort 1939 ao. Univ.-Professor, kehrte nach seinem Wehrdienst 1945 nicht mehr an diese Universität zurück, ist heute Gastprofessor mit Lehrauftrag an der Universität Wien. Prof. Pivec, ein seinem Lehrer, dem verstorbenen Forscher Hans Hirsch besonders nahe stehender Schüler, setzt dessen Traditionen fort. Er ist ein genauer Kenner der Geschichte des Mittelalters, u. a. besonders auch Frankreichs im Mittelalter. Das Schwergewicht seiner Publikationen liegt bei den historischen Hilfswissenschaften. Er hat von Hirsch die hervorragende Methodik der Kanzlei- und Urkundenforschung übernommen. Er zählt wie u. a. Hirsch zu den Diplomatikern, die weit über das formale Gebiet der sogenannten „äußeren" und „inneren" Merkmale hinaus auf die fruchtbare Verwertung der Hilfswissenschaften für die politische und Verfassungsgeschichte des Mittelalters besonderes Gewicht legen. Hier sei besonders auf seine Abhandlung „Die Stellung der Hilfswissenschften in der Geschichtswissenschaft" verwiesen. Pivec hat mit einer Reihe von Abhandlungen u. a. über den Codex Udalrici, über die Briefsammlung des Gerbert von Aurillac, über Urkunden Kaiser Heinrichs V. in die Geschichte der letzten französischen Karolinger und Hugo Capets, der Kaiserin Theophanu, der Päpste Silvester II., Gregor VII. und Urban II., vor allem der deutschen Kaiser Otto III., Heinrich IV. und Heinrich V. gegriffen, viele Probleme geklärt und viele neue Tatsachen erbracht. Von der scharfsinnigen Einzelkritik und dem Diktat- und Stilvergleich der Urkunden hat Pivec den Weg in die große Geschichte des politischen und geistigen Lebens gesucht und gefunden. Pivec ist einer der treuen Bewahrer der großen Tradition und der Schule des berühmten Wiener Instituts für österreichische Geschichtsforschung. Gerade deswegen sollte er in Österreich wieder eine Professur erhalten. Er gilt auch als guter akademischer Lehrer.

Die Listen sämtlicher Bücher und Abhandlungen der drei hier aufgezählten Gelehrten liegen im Anhang bei.

Alle drei Gelehrten sind österreichische Staatsbürger und leben in Wien.

Der Ausschuß sieht sich nicht veranlaßt, mehr als drei Gelehrte in den Vorschlag aufzunehmen.

Nach Mitteilungen des Unterrichtsministeriums beabsichtigt dieses, die Lehrkanzel für österr. Geschichte und die Lehrkanzel für Mittelalter und Hist. Hilfswissenschaften mit zwei Herren gleichzeitig zu besetzen und daher erscheint mit diesem und dem seinerzeit f. d. Lehrkanzel f. österr. u. Wirtschaftsgeschichte vorgelegtem Vorschlag, der Auftrag des BMU., Vorschläge für beide Lehrkanzeln zu erstatten, erfüllt. In der Annahme, daß die Besetzung beider Lehrkanzeln vom B.M.f.U. gleichzeitig vorgenommen wird, bittet die Fakultät beide Lehrkanzeln bis zum Beginn des W.S. 1950/51 zu besetzen.

H. Kinzl m.p. H. Wopfner m.p. W.Fischer m.p. F. Hampl m.p. Th. Erismann m.p. K. Brunner m.p. /H. Kramer/

Dokument Nr. 23

1959 04 15. Wien. Leo Santifaller (Professor der Geschichte des Mittelalters in Wien, Erstunterzeichner), Karl Brunner (Professor der Anglistik in Innsbruck), Hans Gerstinger (Professor der Klassischen Philologie in Graz), Hugo Hantsch (Professor der Geschichte der Neuzeit in Wien), Albin Lesky (Professor der Klassischen Philologie in Wien), Alphons Lhotsky (Professor der Österreichischen Geschichte in Wien), August Loehr (Generaldirektor der Kunsthistorischen Sammlungen in Wien), Richard Meister (Professor der Pädagogik in Wien), Richard Pittioni (Professor der Urgeschichte in Wien), Hubert Rohracher (Professor der Psychologie in Wien), Johann Schima (Professor des Zivilgerichtlichen Verfahrens in Wien), Ernst Schönbauer (Professor des Römischen Rechts in Wien) und Theodor Rittler (Professor des Strafrechts in Innsbruck) beantragen die Wahl von Franz Huter zum wirklichen Mitglied der Österreichischen Akademie der Wissenschaften.

Vervielfältigte Maschineschrift. Archiv der ÖAdW.

Die Unterzeichneten schlagen die Wahl des ord. Professors für Österreichische Geschichte an der Universität Innsbruck, Dr. Franz Huter, zum wirklichen Mitglied vor. Huter (geb. 14. Aug. 1899 in Bozen) hat in den Jahren 1923 - 1925 dem Institut für österreichische Geschichtsforschung als ordentliches Mitglied angehört, trat 1925 zunächst in Innsbruck in den staatlichen Archivdienst, wirkte in den Jahren 1928 bis 1941 am Haus-, Hof- und Staatsarchiv in Wien, wo er sich 1938 an der Universität als

Privatdozent habilitierte, um schon drei Jahre später seine Professur in Innsbruck anzutreten. Seine wesentlichen Arbeitsgebiete sind Wirtschaftsgeschichte und Historische Hilfswissenschaften. Von seinen größeren Publikationen sind zunächst die Vollendung der von Voltelini begonnenen Südtiroler Notariatsimbreviaturen des XIII. Jahrhunderts (Acta Tirolensia IV) und eine Ausgabe der Matrikel der Universität Innsbruck zu nennen. Besondere Hervorhebung verdient aber die wahrhaft monumentale, derzeit schon bis zum III. Bande gediehene Veröffentlichung des Tiroler Urkundenbuches. Angesichts der besonderen Schwierigkeiten, die gerade das Tiroler Urkundenwesen infolge der Berührung und Überschneidung zweier Kulturbereiche bietet, und der gewaltigen Fülle des kritisch zu bewältigenden Materiales darf diese nur durch leidenschaftliche Hingabe an die Sache mögliche, entsagungsvolle und in ihrer vorbildlichen Durchführung meisterliche Leistung als ein Werk bezeichnet werden, das der österreichischen Wissenschaft Ehre macht.

Es versteht sich, daß so große editorische Arbeiten durch sehr zahlreiche, in Aufsätzen niedergelegte Einzelstudien und Forschungsberichte begleitet wurden – Huters Oeuvre ist sehr ansehnliche auch in dieser Hinsicht. Ebenso hat er durch seine Mitarbeit an „Österreich-Ungarns Außenpolitik", am Repertorium der internationalen Diplomatie, am Generalinventar des Haus-, Hof- und Staatsarchivs, dessen Bestände ihm selbstverständlich aus langjähriger Tätigkeit wohl vertraut sind, weite Übersicht auch über den Bereich der Tirolensia hinaus gewonne, denen er sich in den letzten Jahren verständlicherweise in erster Linie widmet.

Seit seiner im Vorjahr erfolgten Wahl zum korrespondierenden Mitglied unserer Akademie war Huter unermüdlich wissenschaftlich tätig: so hat er in dem großen internationalen Handbuch der Weltgeschichte „Historia Mundi" den wichtigen Teil „Europa im Spätmittelalter" meisterhaft bearbeitet und sich dabei als Universalhistoriker im besten Sinne erwiesen. Außerdem hat er in der Zeit 1958-1959 noch folgende größere und kleinere Arbeiten veröffentlicht: Österreich und Vorderösterreich. Von ihren mittelalterlichen Beziehungen, in: Fr. Metz, Vorderösterreich. Eine geschichtliche Landeskunde, Bd. 1, S. 63-81 (Freiburg i. Br., Rombach 1958); das Bozner Untgerland (Südtirol in Wort und Bild II/4, 1958, S. 11-12); Nekrolog auf Otto Stolz, Historische Zeitschrift Bd. 186 (1958), S. 727-728; ein neues Buch über Bozen (Nicolo Rasmo, Bolzano 1958, in: Tiroler Heimat Bd. 22, S. 153-156, Innsbruck 1959); Südtirol – Deutsches Land (in: Die Aula, Jg. 9, Folge 3, S. 16-19, Graz 1958); Der Ablauf der Ereignisse im Tiroler Freiheitskampf 1809 (in: Südtirol in Wort und Bild III/1, 1959, S. 6-10); Zum Hundertfünfzig-Jahrgedenken an 1809 (in: Der fahrende Skolast. Mitteilungsblatt der Südtiroler Hochschülerschaft IV/1959, S. 1-3, Bozen); Die Geschichte der Tiroler Freiheitskämpfe 1796-1809 (in: Tirol. Erbe und Auftrag. Zum 150. Gedenkjahr von Anno Neun. Innsbruck 1959, S. 3-24); Artikel Eppan, Grafen von und Egno Bischof von Trient (in: Neue Deutsche Biographie Bd. 3, München 1959).

Prof. Huter hat sich in der kurzen Zeit seiner Akademie-Mitgliedschaft auch bereits wissenschaftsorganistorisch im besten Sinne bewährt, indem er für die von der Akademie seit Jahren geplante repräsentative „Geschichte Österreichs" die Gesamtdisposition entworfen und die Bildung eines entsprechenden Mitarbeiterstabes in die Wege geleitet hat. Huters organistorische Fähigkeiten zeigen sich auch in der von ihm seit Jahresfrist übernommenen Leitung des Verbandes österreichischer Geschichtsvereine.

Die fachgemäße Oberaufsicht der in das Eigentum der Akademie übergeganenen „Tessmann-Bibliothek" in Bozen erfordert dringend einen ersten Kenner der tirolischen Geschichte und der komplizierten Verhältnisse in Südtirol - Huter als führender Tiroler Historiker und gebürtiger Bozner vereinigt beide Eigenschaften in seiner Person in vorzüglichster Weise.

Es sei schließlich noch hinzugefügt, daß die Akademie abgesehen von Linz kein einziges wirkliches Mitglied der historischen Gruppe außerhalb Wien - vor allem auch nicht an den Universitäten Innsbruck und Graz - besitzt ein Zustand, der sich immer wieder sehr fühlbar geltend macht.

Aus all diesen wissenschaftlichen und wissenschaftsorganisatorischen Gründen und mit Rücksicht auf die Bedeutung Südtirols für Österreich glauben die Unterzeichneten, die Wahl Huters im dringenden Interesse der Akademie vorschlagen zu sollen. Die Wahl des ausgezeichneten Südtiroler Historikers Huter würde zugleich auch eine Ehrung Südtirols von Seite der Akademie bedeuten.

Wien, den 15. April 1959

Leo Santifaller – K. Brunner – H. Gerstinger – Hugo Hantsch – Albin Lesky – Alphons Lhotsky – Loehr – R. Meister – R. Pittioni – H. Rohracher – J. Schima – E. Schönbauer – Th. Rittler.

Dokument Nr. 24

1964 02 15. Innsbruck. Franz Huter bedankt sich bei Eduard Wallnöfer, Landeshauptmann von Tirol, für die Verleihung des Tiroler Adlerordens. Durchschlag des maschinegeschriebenen Originals. Eigenhändige Unterschrift. Nachlaß Franz Huter. Universitätsarchiv Innsbruck.

Für die Heimat zu leisten, zu kämpfen, zu dulden und, wenn es nottut, zu sterben, haben uns unsere Väter und Vorväter tausendfach vorgelebt. Dieser Haltung nachzuleben, schien mir seit der Jugend als idealistisches Streben nachahmenswert. Ich weiß, daß es mir nicht gelang, es zu erfüllen. Aber wenn ich als Achtzehnjähriger am Pasubio die Heimat verteidigte und unter Einsatz des Lebens die kleine Silberne verdiente, wenn ich während des zweiten Weltkrieges in nächtlichen Fahrten durch von brennenden Häusern gesäumte Straßen hindurch vor dem Bombenregen die unersetzlichen Archivschätze der Heimat in Sicherheit brachte, wenn ich in Trient vor befangenen Richtern stand und die Welle des Hasses verspürte, die mir wegen meines Eintretens für die Heimat entgegen schlug, wenn ich endlich über vielfältiger wissenschaftlicher und wissenschafts-organisatorischer Arbeit saß und deren bescheidene Früchte in den Kampf um die Heimat werfen durfte – dann fühlte ich doch etwas vom Hauch jener Haltung und war glücklich, daß ich mir sagen konnte, ich hätte meine Tage doch nicht ganz umsonst verbracht. Dies war mir Dank und Anerkennung zugleich!

Daß nunmehr das Heimatland Tirol mein Streben anerkennt und mit dem Zeichen des Tiroler Adlers belohnt, ist mir eine übergroße Freude und verpflichtet mich gegenüber dem Landtag und der von Ihnen, sehr verehrter Herr Landeshauptmann, geführten Regierung zu tiefem Danke. Ich brauche nicht zu versichern, daß ich meine Kraft dem ganzen, ungeteilten Land Tirol weiterhin weihen will, solange mir das Leben geschenkt ist.

Es lebe das alte Land Tirol!

Franz Huter m.p.

Dokument Nr. 25

1964 08 14. Häring. Steinacker schreibt Franz Huter zum 65. Geburtstag. Original. Eigenhändige Handschrift. Nachlaß Franz Huter. Universitätsarchiv Innsbruck.

Lieber Freund!

Ich führe augenblicklich hier das faule Leben des Rekonvaleszenten: viel auf der Couch oder im Liegestuhl im Garten. So habe ich Zeit für allerlei Gedanken, auch für Gedanken an Deinen 65. Geburtstag, die zurückwandern bis ans Ende des Ersten Weltkrieges, als der junge Oberleutnant (oder Leutnant?), durch den Krieg gereift, den Boden der Geschichtswissenschaft betrat, dem sein Interesse längst zugewandt war. Das ist fast ein halbes Jahrhundert her, in dem uns das ursprüngliche Schüler - Lehrer - Verhältnis zum Nebeneinander zweier wissenschaftlicher Lebensläufe, dann zum Miteinander des Kollegentums und einer aufrichtigen Freundschaft wurde, die sich nach 1945 für mich zu einem echten Wert entwickelt hat und ein Ausgleich für so manche Schwierigkeit und Enttäuschung war. So habe ich naturgemäß umgekehrt mit der Freude des Lehrers und älteren Freundes Deinen allmähligen Aufstieg, Dein Hereinwachsen in einen stetig wachsenden Aufgabenkreis miterlebt, durch das Du das Erbe Wopfners und meines an unserer Universität übernommen und als Einziger sinngemäß fortgeführt hast. Dies Erbe steht durchaus auf Deinen zwei Augen. Was Du geleistet hast und leistest, es liegt darin auch eine keineswegs leichte Verpflichtung. Du bist über den Bereich, der Deinem Herzen am nächsten stand, ich meine die Geschichte der Heimat Tirol, hinausgewachsen. Die Aufgaben, die Dir durch die Akademie zugewachsen sind, umfassen heute den weiteren Bereich des ganzen österreichischen Betriebs der Geschichtswissenschaft, die ihren eigenständigen Platz in der deutschen Geschichtswissenschaft besessen hat und nicht verlieren sollte. Aber siehe Dich einmal an unseren österreichischen Universitäten um: die alten schönen Traditionen von Ficker und Sickel, von Mühlbacher, Redlich und Dopsch, von Friedjung, Srbik und Hirsch, sind heute nur sehr unvollkommen vertreten und betreut. Und wie dürftig ist es um den Nachwuchs bestellt! - Auch auf diesem weiten Feld bist Du Depositär und Treuhänder kostbarer geistiger Überlieferung, zu denen nach Dir niemand mehr vollen Kontakt hat.

So gilt für Dich in besonderem Mass die alte Einsicht, dass die Sechzigerjahre für den Gelehrten eine kritische Zeit sind. Man steht in ihnen vor der unerbittlichen alten Wahrheit: Vita brevis, ars longa! Man hat noch fünfzehn, zwanzig arbeitsfähige Jahre vor sich. Wie soll man sie auf die Fülle von Aufgaben, Plänen, Verpflichtungen aufteilen, die herandrängen? – Ich habe von dem, was ich bis 1935 angeschnitten hatte, vieles unvollendet gelassen: die kurze ungarische Geschichte im Rahmen des Donauraumes und der habsburgischen europäischen Politik, – die Deutsche Geschichte im europäischen Rahmen, über die ich einen Vertrag mit dem Bibliogr. Institut hatte, und gar manche Streitfrage der Österr. Geschichte und der Urkundenlehre, zu denen ich gerne noch ein Wort gesagt hätte. Nur einiges davon konnte ich in der Arbeit für die Südostdeutsche Historische Kommission und Historia mundi erledigen.

Auch Du wirst wohl eine Auswahl treffen müssen. Du kennst meinen alten Wunsch nach einer ein- oder zweibändigen Tirolischen Geschichte aus Deiner Feder, – voll wissenschaftlich und doch lesbar und vom Atem des Heimatsgefühls getragen, – aber nicht in der landesgeschichtlichen Problematik stecken bleibend, über den landesgeschichtlichen Horizont von O. Stolz und das herznahe Verhältnis zum Bauerntum von Wopfner hinausgreifend und Tirol einordnend in den Strom der Entwicklung des deutschen Volkes, in der Mitte zwischen den Nachbarn im Westalpen und Ostalpenraum: Schweiz, Ostmark, Bayern. Was würdest Du an dankbaren Hörern finden, entwürfest Du ein solches Werk als ein- oder zweistündiges Kolleg über Geschichte Tirols! Und wenn Du es unter dem Echo namentlich der Tiroler Hörer zwei-dreimal gelesen hast, würde es sich Dir wie von selbst zum Buch formen, das ich leider nicht mehr zu lesen bekäme. – Aber so wichtig mir diese Aufgabe scheint, die Du nicht den Händen von Nikolaus Grass überlassen solltest, auch für die Unternehmungen der Akademie zur österreichischen und allgemeinen Geschichte ist Deine Mitwirkung unersetzlich. Ich möchte nicht den Rat verantworten, dass Du sie der Geschichte Tirols zu Lieb abschüttelst. Ich musste das Alles einmal aussprechen, bevor es für mich dafür zu spät wird, – überlege es bei Dir, lieber Freund, und mache Dir einen festen Arbeitsplan. Ich gebe damit den Rat, den Lamprecht mir einmal gegeben und den ich nicht befolgt habe, an Dich weiter.

Die Ruhe von Häring und die Behaglichkeit des Hauses Leitner sind unverändert und tun uns gut, aber mit der Verpflegung klappt es beim neuen Pächter des Altwirts nicht so recht. Auch hat mich eine Bronchitis, deren Sulfanomidbehandlung meinen Magen gründlich verstimmt hat, mit anschliessender Stimmlosigkeit gut zwei Wochen des Urlaubs gekostet. Ich erhoffe von den restlichen 3 Wochen, bis 7.-10. Sept. einen Auftrieb und die Erledigung so manchen Rückstandes und auch eine rechte Erholung für meine Frau. Ich weiss nicht, ob man Dir auch dies Jahr den Abstecher nach Häring zumuten darf, uns würde Dein Besuch natürlich freuen. Das hängt ja wohl auch von Eueren Sommerplänen ab, für die wir Deinen Damen und Dir viel gute Wünsche senden - Mit herzlichen Grüssen von Haus zu Haus Dein altverbundener H. Steinacker.

Dokument Nr. 26

1950 - 1966. Franz Huter leitet seine Hauptvorlesungen über Österreichische Geschichte mit § 1 des Einleitungskapitels über den „Begriff Österreich in der Geschichte" ein.

Eigenhändige Handschrift. Manuskripte von Vorlesungen von Franz Huter. Nachlaß Universitätsarchiv Innsbruck.

Von der Geschichtswissenschaft sagt man, daß sie mehr als andere Fächer eine Gegenwartsbezogene Wissenschaft sei. So wie wir als Menschen mit ein Produkt der Vergangenheit sind, so wie die Ereignisse, deren Zeugen wir sind, und die Zustände, in denen wir leben, in der Vergangenheit wurzeln, so neigen wir selber dazu, die Ereignisse und Zustände vergangener Zeiten mit den Augen der Gegenwart zu betrachten und in den Maßstäben unserer Zeit zu messen.

Das kann der historischen Wahrheit nicht zuträglich sein. Forschung und Lehre müssen sich bei der Betrachtung der Vergangenheit nach Möglichkeit von der Gegenwartsbrille freimachen und versuchen, Zustände und Ereignisse aus den Ideen ihrer Zeit und aus der vorausgegangenen Entwicklung zu verstehen.

Das ist nicht immer leicht und besonders schwer dann, wenn der Raum und das Volk, mit dessen Geschichte wir uns befassen, unserem Herzen nahe stehen, wenn also Momente des Gemütes mit ins Spiel kommen. Denn hier fühlen wir uns als Glieder einer Kette wirkender Menschen, hier sind wir eng verbunden mit der gottgeschaffenen Landschaft, die unsere Ahnen mit umgestaltet haben, hier leben wir die Höhen und Tiefen der staatlichen Entwicklung, das Stirb und Werde des geistigen und materiellen Lebens nicht nur mit dem Verstande, sondern auch mit dem Gemüte mit. Hier sehen wir endlich schärfer zu, wenn wir nach Haltung und

Leistung des Einzelnen und der Gemeinschaft fragen, welche in der Geschichte entschieden.

Aber diesen Gefahren, die einer unvoreingenommenen Betrachtung und Darstellung der heimatlichen Vergangenheit drohen, steht das eine große Positivum gegenüber, daß wir mit der ganzen Kraft unserer Seele, nicht nur mit dem Verstande allein, die große Vergangenheit unseres Staates, unserer Heimatländer, unserer Städte und Dörfer in uns aufzunehmen und sie in ihren großen Linien wie in ihren Einzelheiten zu erkennen versuchen. Goethe sagt einmal, daß der Enthusiasmus das Beste ist, was die Geschichte zu geben vermag. Dies ist gerade für uns Österreicher von besonderer Bedeutung, die wir in unserem heutigen Staatswesen als Kern und Rest eines viel gewaltigeren Staatengebildes übrig geblieben sind und als Träger seines Namens dessen Traditionen zu hüten haben, die für uns zugleich eine Verpflichtung bedeuten.

Das wird sofort klar werden, wenn wir nach dem Begriff Österreich fragen, der unserer Darstellung zu Grunde liegt und damit den Rahmen unserer Vorlesung abzustecken beginnen. Wir Österreicher befinden uns, wenn wir den geschichtlichen Begriff unseres Staates definieren wollen, nicht in der glücklichen Lage der Engländer oder der Franzosen. Und zwar in doppelter Hinsicht, da bei ihnen nicht nur 1. Staat und Volk seit langem übereinstimmen, sondern 2. auch der historische Begriff ihres Landes (England oder Frankreich) seinem Inhalt nach im Wesentlichen durch Jahrhunderte gleichgeblieben ist, sodaß nebstdem die geschichtlichen Aufgaben dieser Länder trotz aller Wandlungen im Einzelnen in ihren Grundlagen unberührt dieselben bleiben.

Österreich bedeutet hingegen zu verschiedenen Zeiten Verschiedenes. 1. Zunächst versteht man darunter die Ostmark an der Donau, einen mehr oder weniger schmalen Streifen Gebirgsland zu beiden Seiten dieses Schicksalstromes; sie hat die Aufgabe, das Donautal zwischen Alpen und böhmischen Massiv zu sperren. Schon im Karolingischen Reichs wird ihr diese Aufgabe und ist sie zugleich ein christliches Floß im heidnischen Meer des Ostens, von dem aus der Same des Erlöserglaubens ausgestreut wird. Dann geht die madjarische Flut darüber hinweg, aber gleich nachdem der Magyarensturm abgeebbt ist, nimmt diese Ostmark ihre alte Mission, und zwar nunmehr im Rahmen des heiligen römischen Reiches deutscher Nation wieder auf. Und zwar unter dem Namen Ostarrichi, der zuerst 996 auftaucht und unter der Führung eines kraftvollen Geschlechtes, das zu den ersten des Reiches gehört. Bald wird es Herzogtum und breitet sich räumlich nach allen Seiten aus, vor allem auch nach Osten in das Wiener Becken, das, geographisch gesehen, ein Vorhof der pannonischen Ebene ist. Die Tendenz der Zusammenfassung der vielen kleinen Raumbildungen (Grafschaften und Markgrafschaften) zu größeren Einheiten im Prozeß der sogenannten Territorienbildung macht sich angesichts der zunehmenden Schwächung der Zentralgewalt gerade hier im Grenzraum in erhöhtem Maße geltend. Zu dem arrondierten Herzogtum Österreich gewinnt das Geschlecht der Babenberger das steirische Herzogtum, noch vor 1250 besteht der Plan beide Herzogtümer zu einem Königreich Österreich zu erheben, und, als kaum ein Jahrhundert später Rudolf von Habsburg seine Hausmacht begründet, spricht man – in der Mehrzahl – von österreichischen Herzogtümern. 2. Im Laufe des 14. Jarhunderts kommen dann Kärnten und Krain, Tirol und die Grafschaften vor dem Arlberg hinzu. So war die Verbindung mit den habsburgischen Stammlanden in der Schweiz und am Oberrhein hergestellt und damit eine habsburgische Hausmacht geschaffen, welche von der ungarischen Grenze bis zu den Vogesen reichte. Ihr Name ist „Herrschaft zu Österreich" oder, wie man später sagte, österreichische Erbländer. Zur alten Grenzlandaufgabe gegen Osten und nunmehr auch gegen Süden tritt die Funktion der Hausmacht, der Grundlage der Habsburger für ihr Streben nach der Kaiserkrone und für die Stellung des ersten Fürstengeschlechts im Reich. 3. 1526 beginnt mit der Erwerbung Böhmens und Ungarns im Erbwege der grandiose Aufstieg eines Reiches an der Donau – die übernationale Raumbildung der drei Glieder geht unter dem Namen „Haus Österreich". Es ist die österreichische Linie des Hauses Habsburg (zum Unterschied von der spanischen) und ihr Donaustaat. Die Osmanengefahr hat dem Hause Österreich in einem noch ausgedehnteren Sinne als der Ostmark und der Herrschaft Österreich den Schutz des Abendlandes gegen die Reitervölker der östlichen Steppen zugewiesen. Nicht nur mit den Kriegswaffen, in dem es schließlich die türkische Herrschaft bis jenseits der Karpathen und in die bosnischen Berge zurückdrängte, sondern auch mit den geistigen und wirtschaftlichen Waffen ist es dieser Aufgabe nachgekommen, indem es die östlichen Grenzvölker von der Weichsel bis zur Adria wenigstens in den oberen Schichten für die westliche Kultur gewann und eine neue, vielstößige, größtenteils deutsche Besiedlungswelle nach dem Südosten lenkte.

4. Das Aussterben der spanischen Habsburger (1700) eröffnet dem Haus Österreich die Aussicht auf eine neue Weltstellung. Im Kampfe mit dem alten Rivalen, dem Haus Frankreich-Bourbon, gewinnt es wenigstens die italienischen und niederländischen Gebiete der spanischen Krone (1714). Damit erstand die bis an den Atlantik und in das Mittelmeer hinauswirkende „weitläufige Monarchia Austriaca" (nach einem Wort des Prinzen Eugen). Bismarck hat sie als die nach dem Osten verschobene Monarchie Karls des Großen bezeichnet. Darin liegt beschlossen, daß dieses weitausgreifende Großreich mit seinen drei Weltstellungen in Deutschland, Italien und an der Donau wenigstens zum Teil noch die alten, übernationalen abendländischen Ideen der Pax Romana und des Orbis Christianus, des römischen und christlichen Völkerfriedens, verkörperte. Diese weitläufige Monarchie erscheint seit derselben Zeit (1713) durch die staatsrechtlichen Klammern der pragmatischen Sanktion zusammengehalten, sie hat an die Stelle mehrerer Personalunionen eine einzige Realunion und zum erstenmal das Bekenntnis einer einheitlichen österreichischen Reichsidee gesetzt.

5. Die französischen Revolutionskriege und Napoleons Imperialismus bringen die deutsche und italienische Säule der Monarchia Austriaca zum Einsturz. Ohne Kaiserkrone kann auch das Restreich nicht sein: 1804 wird das Kaisertum Österreich ausgerufen, im selben Jahre, da Napoleon sich Kaiser der Franzosen nannte. Aber dieses Kaisertum Österreich ist gerade in seiner Erniedrigung der Hort von Europas Freiheit und sein Heer das erste, das dem stolzen Eroberer den Nimbus der Unbesiegbarkeit raubt. Nicht umsonst tagt in Wien der große Kongreß, der das Napoleonische Erbe liquidiert. Die Weltstellung im Reich erlangte Österreich auch nach 1815 nicht mehr, die Niederlande blieben selbständig, Österreich wollte sie gar nicht mehr im Interesse seiner abgerundeten Staatspersönlichkeit, ebensowenig die alten Vorlande am Oberrhein, denn die Militärs wollen der Monarchie, deren Kräfte im Osten und Süden ganz angespannt sind, nicht noch Aufgaben im Westen stellen. Aber als Vorsitzender des deutschen Bundes nahm Österreich doch noch Anteil am Ideenerbe des Reichs. Die wiedergewonnene Stellung in Italien weitete es dafür zur Vormacht über die Apenninenhalbinsel aus mit dem Ziele, im Interesse des europäischen Gleichgewichts und der Legalität die nationalen und liberalen Bewegungen, die im Gefolge der Aufklärung und Revolution immer kühner und verbreiteter hervortraten, zu bändigen. Diese neuen Bestrebungen ergriffen auch die Völker und Volkssplitter des mittleren Donauraums

und bedrohten zumal seit 1848 ernstlich die alte, universalistische Aufgabe Österreichs: die zwischen östlicher Welt und westlicher Welt sitzenden Mittel- und Kleinvölker der Ruthenen, Polen, Tschechen und Slowaken, Rumänen und Ungarn, Slowenen und Kroaten und Serben unter deutscher Führung zu einer Völkerbundgroßmacht zu vereinen und mit westlicher Kultur zu erfüllen.

6. Österreichisch-ungarische oder Donaumonarchie. Dies ist für Österreichs Schicksal umso bedeutsamer als es, 1866 zugleich aus Deutschland und Italien verdrängt, nunmehr ganz auf jene Donauaufgabe hingewiesen war. Die größten Schwierigkeiten, welche sich der Lösung der Frage, wie zwischen der Eigenständigkeit der erwachenden Nationen und dem Machtkreis des übergeordneten Staates eine mittlere Linie zu finden sei, kamen von der Seite Ungarns. Das Wahlkönigreich hatte nur mit Widerstreben und unter der Zusicherung, daß seine alten Verfassungsgesetze aufrechterhalten blieben, die pragmatische Sanktion angenommen, welche den Eintritt in die österreichische Erbmonarchie bedeutete. Trotz der Zugehörigkeit zur Monarchia austriaca und zum Kaisertum Österreich von 1804 ist die eigene ungarische Reichsidee lebendig geblieben. Es ist die Gottunmittelbarkeit und die der Ewigkeit und Unteilbarkeit der Länder der Stephanskrone festerhalten durch die Jahrhunderte der Türkenherrschaft und des Josefinischen Zentralismus. 1867 gewann es unter dem Druck von Königgrätz die alte Staatlichkeit wieder und trat als gleichberechtigter Partner in die Ehe des österreichisch-ungarischen Dualismus ein, was schon im Namen des neuen Staates (Österreich-Ungarn oder österreichisch-ungarische Monarchie) sichtbar zum Ausdruck kam. In dieser Ehe erscheint Ungarn als räumlich geschlossener, von einer starken, nationalistischen Herrenschicht zentralistisch regierter Staat gegenüber der österreichischen Reichshälfte mit ihrer Vielgestaltigkeit von Raum, Volk und geschichtlicher Tradition von vornherein als der stärkere Teil. Die inneren Spannungen mehrten sich trotz der bedeutenden Kultur- und Zivilisationsleistungen, welche auch das Österreich Kaiser Franz Josefs im Zeitalter der werdenden modernen Technik bis in die polnische und padolische Ebene und in den Balkan hinunter bzw. hinüber ausstrahlte. Zu der von den Austroslawen geförderten Föderalisierung, welche die Auferstehung der alten, im 17. und 18. Jahrhundert unterlegenen Reichsideen Böhmens und Polens bedeutet hätte, konnte sich der Monarch nicht verstehen; sie wäre gleichbedeutend gewesen mit der Aufgabe der führenden Stellung der Deutschen und Wiens. Vor allem aber stand hinter einer solchen Ver-

selbständigung der slawischen Völker der Monarchie drohend das russische Reich, der Patron Allslawiens, der Todfeind der österreichischen Idee. In heldenhaftem Kampf, mit wehender Fahne sank 1918 das Vielvölkerreich an der Donau unter den inneren Gebrechen und äußeren Schlägen dahin. Was von ihm übrig blieb unter dem alten schlichten Namen Österreich ist nach Lage und Größe der frühen Jugend des späteren Großstaates vergleichbar. Österreich ist unter allen Nachfolgestaaten der österreichisch-ungarischen Monarchie der einzige, der dem nationalstaatlichen Gedanken widerspricht, also jenem System trotzt, das die Monarchie gestürzt hat. Das ist ein Hinweis darauf, daß diesem Lande die europäische Mission des Menschen- und Völkerverbindenden auf allen Gebieten des Lebens erhalten bleiben soll, zu der unsere österreichische Heimat durch ihre Lage an der Grenze zweier Welten und als Bewahrerin großer Gedanken und Erinnerungen vorherbestimmt ist.

Blicken wir am Schlusse dieser Übersicht noch einmal zurück auf den Weg, den der Begriff Österreich gegangen ist und auf die Aufgaben, die Staat und Volk von Österreich in den einzelnen Epochen seiner Geschichte gestellt waren, so erhalten wir ein farbenbuntes Bild, das oft des Rätselhaften in der Entwicklung nicht zu verleugnen vermag. Der schicksalumdrängte Raum ist voller geographischer Vorteile und Gefahren, als erschwerend für einen Ausgleich der nationalen Interessen zeigt sich die Überschneidung der Volkstümer und Kulturgrenzen. Dazu kommt das Zusammenstoßen zweier großer, heute ideell mehr denn je geschiedener Welten. Das alles hat zur Folge, daß Österreichs Vergangenheit allein weder von der rein nationalen noch von der bloß europäischen Blickrichtung her richtig gesehen werden kann. Es ist keine Überheblichkeit, wenn wir feststellen, daß Österreich, insbesondere sein Osten von jeher zu den sogenannten neuralgischen Punkten des Weltgeschehens gezählt hat. Das wirkt sich nicht nur in den äußeren politischen Geschehnissen, sondern auch in den Einrichtungen und Entwicklungen der geistigen und materiellen Kultur aus und gestaltet Forschung und Darstellung der Österreichischen Geschichte zu einem ebenso interessanten wie schwierigen Erlebnis. Die Liebe zur Heimat mag uns dabei führen, aber auch der Glaube an die irrationalen Momente ist von nöten, wo das Wechselspiel von Widersprüchen und Unberechenbarkeiten, von scheinbaren Zufällen und plötzlichen, nicht zu ergründenden, weil im Übernatürlichen wurzelnden Umschwüngen der Forschung den Weg zur Wahrheit versperrt.

Dokument Nr. 27

1969 08 12. Innsbruck. Eduard Wallnöfer gratuliert Franz Huter zum 70. Geburtstag.
Original. Maschineschrift. Eigenhändige Unterschrift. Nachlaß Franz Huter. Universitätsarchiv Innsbruck.

Lieber Herr Professor!
Zu Ihrem 70. Geburtstag, den Sie am 14. August begehen, möchte ich Ihnen meine herzlichsten und aufrichtigsten Glückwünsche sagen. Allen, die Sie kennen, Herr Professor, fällt es keineswegs leicht, dem Kalender zu glauben; denn Ihre Arbeitsenergie, Ihr Temperament, Ihre verständnisvolle Aufgeschlossenheit für die Probleme der Zeit und besonders auch der Jugend, wirken auf uns alle so mitreißend und belebend, daß wir uns nur wünschen können, wir bleiben so jung wie Sie, lieber Herr Professor.

Im Namen aller Tiroler südlich und nördlich des Brenners möchte ich Ihnen aber auch von Herzen danken. Sie, der Bozner, der seit vielen Jahrzehnten in Innsbruck lebt und lehrt, der Sohn einer alten Bauernfamilie vom Fuße des Schlern, der zu einem der bedeutendsten Vertreter der Tiroler und der gesamtösterreichischen Geschichtswissenschaft geworden ist, verkörpern in Ihrer Person auf schönste Weise die unzerstörbare Einheit unseres Landes. Sie haben der Erforschung der Geschichte Tirols, dem Nachweis dieser Einheit, unter Verzicht auf manche verlockende Möglichkeit Ihr ganzes Leben gewidmet und Werke geschaffen, die zum bleibenden Besitz der Wissenschaft gehören; Sie haben sich aber nicht nur als Forscher sondern als Lehrer unvergängliche Verdienste erworben; Sie lehrten unsere Jugend, daß man nur im Bewußtsein der eigenen Vergangenheit die Zukunft gestalten kann und Sie taten dies auf eine Weise, daß Sie nicht nur den Respekt, sondern auch das Vertrauen dieser Jugend gewannen. Gerade heute ist dies ein unschätzbarer Gewinn.

Sie haben in Ihrem Leben viele schwere Zeiten mitgemacht. Sie haben als Soldat für Tirol gekämpft, Sie haben als Wissenschaftler für das Recht Südtirols Gefahren auf sich genommen und Bitteres erlitten. Noch heute dürfen Sie nur ausnahmsweise Ihr Heimatland betreten; noch heute dürfen Sie nur von Ferne für den Aufbau eines wissenschaftlichen Zentrums in Ihrer Vaterstadt Bozen wirken. Das alles hat Sie aber in Ihrer Gesinnung, in Ihrer freudigen Bereitschaft, stets und unter allen Umständen Ihrem Land zu helfen, nie wankend gemacht.

Für alles das möchte ich Ihnen von Herzen danken, verehrter Herr

Professor. Mögen Sie noch viele Jahre in voller Frische und Gesundheit wirken, mögen Sie viel Freude an Ihrer Familie haben; mögen Sie und wir alle den Tag erleben, an dem sich der Bozner nicht nur in Innsbruck, sondern auch in Bozen wieder zu Hause fühlen darf.

In diesem Sinn nochmals meine allerherzlichsten Glückwünsche
Ihr Eduard Wallnöfer m.p.

Dokument Nr. 28

August 1979. Franz Huter dankt Eduard Wallnöfer, Landeshauptmann von Tirol, für seine Glückwünsche vom 3. August 1979 zum 80. Geburtstag.: *„Sie sind, lieber Herr Professor, als Südtiroler, der zutiefst mit der österreichischen Geschichtswissenschaft und mit der Universität Innsbruck verbunden ist, der in Bozen, in Kastelruth und in Innsbruck gleichermaßen zu Hause ist, der heute noch für die Belange Gesamttirols, sei es als Gelehrter, sei es als Beauftragter der Akademie der Wissenschaften in Bozen, intensiv arbeitet, wie kaum ein anderer zum Vertreter der geistigen Einheit Tirols geworden".*

Eigenhändiges, handschriftliches Konzept. Nachlaß Franz Huter. Universitätsarchiv Innsbruck.

Sehr verehrter, lieber Herr Landeshauptmann!
Zwar hatte ich Gelegenheit, mündlich zu danken, aber beim Anblick des schönen Blumengestecks, das Sie mir zusandten, und namentlich beim wiederholten Lesen Ihres Briefes drängt es mich, Ihnen doch auch noch schriftlich zu danken.

Ihre Zeilen sind nicht nur herzlich, sondern auch eindringlich und zeigen, daß Sie sich trotz Ihrer vielfachen Belastung die Zeit nehmen, sich mit meiner Person und bescheidenen Leistung zu befassen und sie mit dem Ihnen eigenen Blick für das Wesentliche und Aktuelle zu charakterisieren.

Wenn auch noch manches, was ich plante und begann, noch offen ist und nicht alles gelang, was ich wollte, so hoffe ich doch, das Talent, das mir Gott in die Wiege legte, einigermaßen genutzt zu haben. Es war vielleicht nicht immer ganz leicht, aber es war auch in Not und Gefahr beglückend und schön, denn es galt und gilt einem Lande, das ebenso großartig und leuchtend in seinem Antlitz wie in seiner Geschichte sich darstellt. So darf ich es als Glück bezeichnen und muß dem Herrgott danken, daß er mich in diesem Lande geboren werden und dessen schwere Stunden erleben ließ. Daraus ergeben sich von selbst die Gedanken und das Wollen für die paar Jahre, die mir noch geschenkt sein mögen: sie werden wie mein bisheriges Leben Tirol gehören.

Wenn Sie in Ihrem mich so ehrenden Schreiben von der Verkörperung beider Landesteile in einer Person sprechen, dann freue ich mich in dieser Hinsicht, es mit Ihnen, lieber Herr Landeshauptmann, halten zu dürfen. Einer der Schützenoffiziere hat es neulich ausgesprochen, daß Sie ideell dem Süden wie dem Norden vorstehen. Möge Gott, der Ihnen die seltene Gabe der politischen Führung in hohem Maße verliehen hat, Ihnen weiter Gesundheit und Kraft dazu geben. Wenn ich Ihnen bei der Aufgabe, die Zukunft aus dem Bewußtsein der Vergangenheit zu gestalten, helfen kann - meine schwachen Kräfte werden diesem Ziel wie bisher an Ihrer Seite dienen!

Mit nochmaligem Danke und mit vielen guten Wünschen für Ihre Person und für Ihr Amt verbleibe ich stets Ihr

Biographische Literatur

Festschrift für Universitätsprofessor Dr. Franz Huter anläßlich der Vollendung des 60. Lebensjahres. Dargebracht von Kollegen, Schülern und dem Verlag. Besorgt von Ernest Troger und Georg Zwanowetz. Schlern-Schriften 207. Innsbruck 1959 (*Bibliographie bis 1959, 395-398*).

Ernest Troger: Univ.-Prof. Dr. Franz Huter - 60 Jahre alt. Der Schlern 33 (1959), 179-181.

Festschrift für Univ.-Prof. Dr. Franz Huter anläßlich der Vollendung des 70. Lebensjahres. Dargebracht von Kollegen, Schülern und dem Verlag. Herausgegeben und redigiert von Ernest Troger und Georg Zwanowetz. Tiroler Wirtschaftsstudien 26. Innsbruck-München 1969 (Hans Kinzl: Franz Huter zum 70. Geburtstag, VII ff.; Karl Pivec: Franz Huter als Historiker, 519-522; *Bibliographie bis 1969, 513-518*).

Nikolaus Grass: Franz Huter und die Geschichte Tirols. Zum 75. Geburtstag des Historikers. Der Schlern 48 (1974), 491-496.

Ehrenfeier für em.o.Univ.Prof. Dr. Dr.h.c. Franz Huter. Herausgeber Südtiroler Kulturinstitut-Bozen 1981.

Franz Huter: Ausgewählte Aufsätze zur Geschichte Tirols. Hg. von Marjan Cescutti und Josef Riedmann. Schlern-Schriften 300. Innsbruck 1997 (*Bibliographie 423-428*).

Adolf Leidlmair: Landeskunde als Verpflichtung. Franz Huter zum 90. Geburtstag (Vorgetragen bei der am 16. September 1989 auf Schloß Prösels veranstalteten Feier für em. o. Univ. Prof. Dr. Dr. h.c. Franz Huter). Der Schlern 64 (1990), 5-16.

Adolf Leidlmair: Em.o. Univ.Prof. Dr. Dr. h.c. Franz Huter in memoriam. Der Schlern 71 (1997), 765 f.

Adolf Leidlmair: Em.o.Univ.Prof. Dr. Dr. h.c. Franz Huter in memoriam. Tiroler Heimat 62 (1998), 201-209.

Adolf Leidlmair: Franz Huter. Nachruf. Almanach der ÖAdW 148 (1998), 415-423.

Peter Goller: „...natürlich immer auf wissenschaftlicher Ebene!". Mystifikationen. Die geisteswissenschaftlichen Fächer an der Universität Innsbruck im Übergang von Nazifaschismus zu demokratischer Republik nach 1945. Dokumentation einer Kontinuität. Innsbruck 1999.

Personenregister

Gerhard Oberkofler

Eduard Rabofsky

Jurist der Arbeiterklasse – Eine politische Biographie

Über den Wiener Eduard Rabofsky (1911-1994) – Autoschlosser, Kommunist an den Brennpunkten der österreichischen Arbeiterbewegung seit 1927, Widerstandskämpfer, von den Nazis als Hochverräter angeklagt, Folteropfer, Jurist der Wiener Arbeiterkammer, Professor für Arbeitsrecht und Strafrecht der Humboldt-Universität Berlin, erster Verfassungsjurist, der die demokratisch-antifaschistischen Grundlagen der Verfassung der zweiten Republik herausbeitete, Bergführer und Schilehrer, Gutachter der Naturfreunde, Verfasser vieler Artikel und Bücher – schreibt Hermann Klenner:

„Was wäre eine Gesellschaft, in der es keine Unbestechlichen, keine Mutigen gäbe, die in Wort und Tat Widerstandshandlungen gegen die immer auf der Lauer liegende Restauration und Reaktion zu begehen befähigt und bereit sind?
Was wäre eine Gesellschaft, in der es keine solchen, wie Eduard Rabofsky einer ist, gäbe?“

Diese Biographie nähert sich einem Leben an, das von tiefer Menschlichkeit, durch unbeugsame Treue zur Arbeiterklasse und zur österreichischen Heimat gekennzeichnet ist.

Gerhard Oberkofler
Eduard Rabofsky (1911-1994)
384 Seiten; öS 398,–/DM 54,80/sfr 49,50
ISBN 3-7065-1237-8

STUDIENVerlag
Innsbruck-Wien-München

Gerhard Oberkofler

Erika Cremer
Ein Leben für die Chemie

Erika Cremer
Ein Leben für die Chemie

STUDIENVerlag

Erika Cremer
Ein Leben für die Chemie

Die Physikochemikerin Erika Cremer, deren Name untrennbar mit der Entwicklung der Gaschromatographie verbunden ist, zählt zu den bedeutendsten Forscherpersönlichkeiten der Universität Innsbruck. Obschon in einem privilegierten persönlichen und wissenschaftlichen Umfeld herangewachsen, hat Erika Cremer als Frau viele diskriminierende Barrieren überwinden müssen, ehe sie sich in der akademischen Konkurrenzgesellschaft durchsetzen hatte können. In ihrer eher unpolitischen, stets auf sich selbst hin konzentrierten und reduzierten bürgerlichen Position wurde sie doch mit den politischen Entwicklungen dieses Jahrhunderts direkt konfrontiert. Gerade dieses Spannungsfeld, in dem ihre ausdauernde und erfolgreiche Orientierung nach exakter naturwissenschaftlicher Erkenntnis sichtbar bleibt, macht den besonderen Reiz ihrer Lebensgeschichte aus.

Gerhard Oberkofler
Erika Cremer
Ein Leben für die Chemie
120 Seiten; öS 218,–/DM 29,80/sfr 27,50
ISBN 3-7065-1301-3

STUDIENVerlag
Innsbruck-Wien-München